Daniela Schetar
Friedrich Köthe

Madeira –
Wanderführer

AF118908

Impressum

Daniela Schetar, Friedrich Köthe
REISE KNOW-HOW Wanderführer Madeira
erschienen im
REISE KNOW-HOW Verlag Peter Rump GmbH
Osnabrücker Str. 79, 33649 Bielefeld

© Peter Rump REISE KNOW-HOW Verlag Peter Rump GmbH
1. Auflage 2018
Alle Rechte vorbehalten.

Gestaltung
    Umschlag: G. Pawlak (Layout und Realisierung)
    Inhalt: G. Pawlak (Layout), Svenja Lutterbeck (Realisierung)
    Karten: Thomas Buri
    Fotonachweis: Daniela Schetar und Friedrich Köthe (sk);
       www.fotolia.com (fo)
    Titelfoto: die Autoren
       (Motiv: Abstieg vom Pico Arieiro in Richtung Pico Ruivo)

Lektorat: Svenja Lutterbeck

Druck und Bindung: Media-Print, Paderborn

ISBN 978-3-8317-2962-3
Printed in Germany

Dieses Buch ist erhältlich in jeder Buchhandlung Deutschlands, der
Schweiz, Österreichs, Belgiens und der Niederlande. Bitte informieren
Sie Ihren Buchhändler über folgende Bezugsadressen:
Deutschland
    Prolit GmbH, Postfach 9, D-35461 Fernwald (Annerod)
    sowie alle Barsortimente
Schweiz
    AVA Verlagsauslieferung AG, Postfach 27, CH-8910 Affoltern
Österreich
    Mohr Morawa Buchvertrieb GmbH, Sulzengasse 2, A-1230 Wien
Niederlande, Belgien
    Willems Adventure, www.willemsadventure.nl

Wer im Buchhandel trotzdem kein Glück hat,
bekommt unsere Bücher auch über unseren
Büchershop im Internet: www.reise-know-how.de

Wir freuen uns über Kritik, Kommentare und Verbesserungsvorschläge.
Alle Informationen in diesem Buch sind von den Autoren mit größter Sorgfalt
gesammelt und vom Lektorat gewissenhaft bearbeitet und überprüft worden.
Da inhaltliche und sachliche Fehler nicht ausgeschlossen werden können, erklärt
der Verlag, dass alle Angaben im Sinne der Produkthaftung ohne Garantie erfolgen und
dass Verlag wie Autoren keinerlei Verantwortung und Haftung für inhaltliche und
sachliche Fehler übernehmen. Die Nennung von Firmen und ihren Produkten und ihre
Reihenfolge sind als Beispiel ohne Wertung gegenüber anderen anzusehen. Qualitäts-
und Quantitätsangaben sind rein subjektive Einschätzungen der Autoren und dienen
keinesfalls der Bewerbung von Firmen oder Produkten.

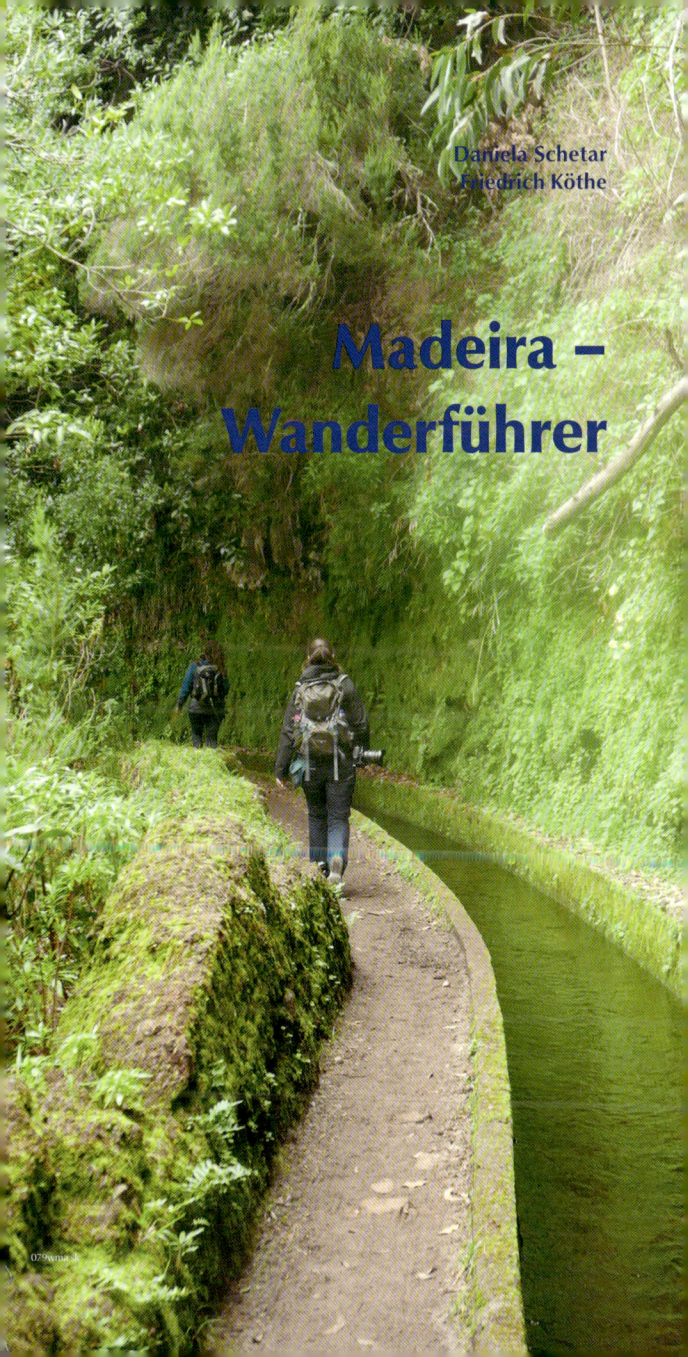

Daniela Schetar
Friedrich Köthe

Madeira –
Wanderführer

Vorwort

Vier Flugstunden von Mitteleuropa liegt mitten im Ozean die „Garteninsel". Die grüne, üppige Natur Madeiras faszinierte seit ihrer Entdeckung im 15. Jh. Seefahrer, Bauern, Händler und Künstler.

So, wie sie im 19. Jahrhundert den ersten Touristen erschien, sah sie ursprünglich allerdings nicht aus. Jede Siedlergeneration pflanzte Neues, legte Felder und Gärten an, grub Terrassen und Wasserkanäle in die steilen Hänge. Im Verlauf von fünfhundert Jahren wichen die **Lorbeerwälder** Bananenpflanzungen, Hortensiengärten und von Palmen beschatteten Parks. Heute steht der verbliebene ursprüngliche Wald unter strengem **Naturschutz** und ist Mitglied im exklusiven Klub des **UNESCO-Weltnaturerbes.**

Die Blütenpracht Madeiras ist den vulkanischen Böden, aber auch dem besonderen **Klima** zu danken. An der Nordküste stauen sich häufig Wolken und regnen ab, während an der Südküste Niederschläge wesentlich seltener sind.

Um aber auch den Süden mit Wasser versorgen und besiedeln zu können, haben bereits die frühen Kolonisten **Tunnels und Kanäle** in die Bergflanken gegraben. Und daran hat sich über die Jahrhunderte nichts geändert. So ist das perfekte Netz an Wanderwegen entlang der – **Levadas** genannten – Wasserrinnen eigentlich ein Zufallsprodukt. Auf den Pfaden, die einst die Levadaarbeiter nutzten, um die Kanäle in Schuss zu halten, sind heute die naturbegeisterten Gäste aus aller Welt unterwegs.

So ist Madeira das perfekte Ziel für **Erholungssuchende,** die einerseits aktiv sein wollen und sich für das Universum an Pflanzen interessieren, das die portugiesischen Seefahrer in aller Welt gesammelt haben, die andererseits aber auch nicht abgeneigt sind, am Hotelpool, am Strand und in den vorzüglichen Restaurants der Insel zu entspannen.

Die in diesem Führer vorgestellten **Wanderungen** sind detailliert mit Gehzeiten, Höhenangaben und Karten beschrieben und verführen zu Exkursionen auf anspruchsvollen Pfaden, aber auch zu kleinen Spaziergängen durch die mal liebliche, mal ungestüme Natur – entlang der Levadas, auf Klettersteigen, durch Urwälder und über kahlen Fels, auf breiter Promenade am Meer entlang und auf weichen, bequemen Waldwegen im Schatten hoher Bäume.

Besonderer Wert wurde auf die Möglichkeit gelegt, **Touren miteinander zu verbinden** und so auch längere Strecken zurücklegen zu können. Ob man nun Teile der Insel am Stück oder in Etappen abwandern will, bleibt dabei jedem selbst überlassen.

Ein Wanderführer kann und will keinen Reiseführer über Madeira ersetzten. Hierzu sei auf die beiden im REISE KNOW-HOW Verlag erschienenen Madeira-Führer verwiesen: **„Madeira und Porto Santo"** und **„Insel|Trip Madeira mit Porto Santo"**. Empfohlen sei auch die Karte im world mapping project **„Madeira 1:45.000"**.

Alle Wanderungen wurden mit einem **GPS-System** protokol-liert. Die Daten sind für jede einzelne Wanderung auf **www.reise-know-how.de** kostenlos herunterzuladen.

Bem vindo a Madeira – willkommen auf der Insel!
Daniela Schetar und Friedrich Köthe

Die Wanderung auf die Ponta de São Lourenço (Tour O4) gehört zu den beliebtesten auf der Insel

080wma sk

Inhalt

Wandern auf Madeira

Die im Wanderführer beschriebenen Wanderungen sind zur Darstellung des jeweiligen Schwierigkeitsgrads (s. S. 18) durch drei verschiedene Farben gekennzeichnet.

grün = leicht   **orange = mittelschwer**   **rot = schwer**

Wanderungen im westlichen Inselinneren 170

Wanderungen im östlichen Inselinneren 258

Wanderungen im Osten 322

Wanderungen im Norden 372

Exkurse

Zum Gebrauch des Wanderführers

Erste Toureninformationen

Den Tourenempfehlungen ist jeweils eine **Kurzbeschreibung des Charakters der Wanderung** vorangestellt. Im Kasten neben der Überschrift sind **Schwierigkeitsgrad, Dauer, Länge** und die Höhe der **An- und Abstiege** für den kurzen Überblick zusammengefasst. Außerdem erfahren Sie im Textkopf Interessantes z.B. zur Geschichte oder zur Natur. Es folgen eine Aufzählung mit **Wissenswertem** zu An- und Abfahrt (Busverbindungen, Streckenführung), zu Einkehr, Angaben zur genaueren Einschätzung der Tour: Schwierigkeit – Orientierung – Schwindel – Kondition und eine Liste der Anschlusstouren am Anfang, am Ende oder auch als Abzweig in der Mitte. Dann folgt die **Wegbeschreibung.** Zu jeder Wanderung gibt es eine **Karte,** in der der Verlauf genau eingetragen wurde, und ein **Höhenprofil** mit Streckenlänge und Wanderzeiten.

Anforderungen

Madeira ist zur Gänze eine Gebirgsinsel. Naturgemäß sind deren Wege nicht flach sondern führen bergauf und bergab. Mit mehreren Kriterien wird dem Wanderer eine **Einschätzung** der einzelnen Touren an die Hand gegeben. Der Bewertungsgrad innerhalb dieser Kriterien wird natürlich immer auch subjektiv erfahren. Dem einen mag eine schwere Tour sehr einfach erscheinen, während ein anderer eine mittelschwere Tour als extreme Herausforderung erlebt. Die Kriterien dienen also als Unterstützung bei der Entscheidung, die objektive Bewertung einer Tour können sie nicht leisten.

Kondition

Eine gewisse Grundkondition sollte man also mitbringen. Im Tourenkopf ist die notwendige Kondition mit **gering – mittel – hoch** veranschlagt. Ist eine Wanderung mit „Kondition: gering"

Kapitelstartseite:
Früh am Morgen an der Levada zwischen Ribeiro Frio und Portela

klassifiziert, hat sie keine bzw. nur moderate Anstiege und eine eher kürzere Länge, bei „Kondition: hoch" muss man mehrere hundert Höhenmeter steil ansteigen und/oder auch mal 6–7 Stunden am Tag laufen können.

Schwindelfreiheit

Die Levadas, die die Insel an ihren Bergflanken durchziehenden Wasserkanäle, verlaufen immer mit minimalem, fast unmerklichem Gefälle, und können schon mal auf einem Kilometer nur 1,25 m Höhe verlieren (wie die Levada do Norte, die man auf der Tour F6 begleitet). Was eigentlich mit einem ebenen Verlauf einen unbeschwerten Spaziergang verspricht entpuppt sich allerdings häufig als zweischneidig. Mit unglaublicher Ingenieurskunst und Vermessungsleistung mussten die Levadas in die Felswände gehauen werden, für breite Wege blieb da kein Platz; und es ist dann eben auch genauso steil, wie es eben ist. Madeiras Wanderwege sind also im Großen und Ganzen nichts für von Schwindel geplagte Menschen. Bei Wanderungen der Klasse **„Schwindel: gering"** sollte aber auch diese Personengruppe keine Probleme haben. Bei **„Schwindel: hoch"** sind Abschnitte der Wanderungen sehr ausgesetzt und verlaufen z.B. – zumindest für kurze Zeit – auf 25–30 cm breiten Mauern, an denen Abgründe gähnen.

Trittsicherheit

Muss man zwischendurch klettern, sich an einem Seil hochziehen oder eine steile Eisenleiter erklimmen, ist der Weg extrem mit rutschigen Wurzeln oder ebenso rutschigen, bemoosten Steinen durchsetzt? In den dunklen Urwäldern Madeiras hält sich die Feuchtigkeit auch nach längeren Trockenperioden. Levadamauern macht herabfallendes, feuchtes Laub unter Umständen zur Eisbahn, ab und an müssen Bäche auf Wackersteinen balancierend gequert werden. Trittsicherheit ist also des Öfteren gefragt. Man kann nicht immer davon ausgehen, dass bei **„Trittsicherheit: hoch"** auch immer die Schwindelfreiheit ausgeprägt sein sollte. Auf extrem rutschigen, steilen Waldwegen nutzt einem die Schwindelfreiheit nix und wenn der Begleitpfad in einem Levadatunnel nur noch ein Sims ist – man fiele zwar nicht tief, nass werden würde man aber sehr wohl.

Levadas und Levadeiros

Über Jahrhunderte ist das komplizierte System der **Wasserbewirtschaftung** über die Levadas gewachsen. Jeder Bauer hatte natürlich das Recht auf Wasser, aber wenn es keines gab, konnte man es auch nicht einfordern. Und im Süden gab es keins, das Wasser aus dem Atlantik regnet seit jeher vornehmlich an den Hängen der Nordküste ab. So entwickelten die Madeirenser ein **Netz aus Kanälen und Tunnels,** die das Wasser an den Quellen zapften (die das in den Hochebenen gespeicherte Nass langsam abgaben) und an die Südküste leiteten. Dort sammelte es sich in Tanks und wurde nach und nach an die Bauern abgegeben.

Zuständig war dafür der **Levadeiro,** der Levada-Arbeiter, in früheren Zeiten eine überaus respektierte Persönlichkeit. Er überwachte in seinem Be-

reich die Kanäle, reinigte sie wenn nötig und schnitt Überwucherungen zurück. Und er verteilte das Wasser. Jeder, der ein Feld zu bewirtschaften hatte, erhielt ein Zeitfenster, an dem am Hauptkanal oder am Sammelbecken eine Schleuse geöffnet wurde, die das Wasser in einen Nebenkanal ließ. Von diesem zweigte wieder ein Kanal ab (an dem ebenso Schleusen geöffnet und geschlossen werden mussten) und so weiter – bis ein Rinnsal am Feld ankam, das der Bauer nun in die Furchen seines Anbaubereiches zu leiten hatte. Die Person des Levadeiros galt als **sakrosankt** und auch in unruhigeren Zeiten mit Wegelagerern und Banditen blieb sie immer unbehelligt. Heute ist es für die Inselverwaltung schwierig, Leute zu finden, die als Levadeiro arbeiten wollen. Dauernd unterwegs, den ganzen Tag draußen, immer steile An- und Abstiege und ein nicht gerade üppiger Salär machen andere Anstellungen wesentlich interessanter.

048wma sk

Orientierung

Wer dem Lauf einer Levada folgt kann sich doch gar nicht verirren! Schön wär's. Hier verschwindet eine Levada in einem engen Tunnel und muss umgangen werden, dort heißt es, in ein Tal abzusteigen, während die Levada den Abbruch als Wasserfall überwindet und erst weiter unten wieder als Kanal fließt. Abstiege aus dem Hochgebirge der Insel verlaufen entlang von Forstwegen und an ihren Verzweigungen stehen recht häufig keine Schilder oder Hinweise, die dem Wanderer aber sowas von gar nicht weiterhelfen.

In 80 % der Fälle (aber eben nicht immer) kommt man auf den mit einem vorangestellten **„PR"** und einer **Zahl** bezeichneten „offiziellen" Wanderwegen ohne große Orientierungsfähigkeiten zurecht. Sobald man aber eine der Wanderungen abseits der „Rennstrecken" unternimmt kann es vertrackt werden. Auch bei der Orientierung gilt also die Klassifizierung **gering – mittel – hoch.**

Ausgangspunkt

Die Anfahrten zu den Ausgangspunkten der Wanderungen (und die Abfahrten von den Endpunkten) sind in den Kopfeinträgen der Wanderungen sowohl für Selbstfahrer, als auch für Nutzer des öffentlichen Personenverkehrs (sofern vorhanden) beschrieben. Nur wenige Wanderungen auf Madeira sind echte **Rundwanderungen.** Viele Touren verlaufen entlang eines Wasserkanals zu seinem Ursprung – und dann gibt es nur einen Weg zurück.

Da einige Routen im Gebirge meist entlang althergebrachter Pfade verlaufen, die traditionell die Nord- mit der Südküste verbanden, befindet sich der Endpunkt auf der „falschen" Inselseite. Um zurückzukehren muss man dann manchmal 50 km Wegsrecke huinter sich bringen. Eine gute Lösung ist die **Teambildung,** also sich mit jemandem zusammenzutun, ein Fahrzeug am Ende zu parken, mit dem anderen gemeinsam zum Start zu fahren und dieses dann abends wieder abzuholen.

Und eine Bitte in aller Namen: Es ist wenig erfreulich und ermüdend, am Ende seiner Wanderung auf Asphalt zum Ausgangspunkt zurückkehren zu müssen. Also sollte es zum guten

Ton eines Wanderers mit Fahrzeug gehören, andere Wanderer, die **per Anhalter** – auf meist nur kurzer Strecke – zum Ausgangspunkt zurück wollen – mitzunehmen.

Gehzeiten

Im Kopfeintrag der Wanderungen sind auch die Gehzeiten als Zeitspanne eingetragen. Beide Werte sind **ohne Pausen** gerechnet. Der untere Wert steht für zügigeres Marschieren, der obere für gemütlicheres Gehen. Keinesfalls sollte man sich von den Gehzeiten unter Druck setzen lassen. Es gibt am Wegesrand so viel zu sehen, die Panoramen sind so herrschaftlich und die Zauberwälder so geheimnisvoll berührend, das man sich seine Zeit nehmen sollte. Es ist schließlich Urlaub.

Wissenswertes A–Z

Ausrüstung

Gute **Trekking-/Bergstiefel** sollte man schon besitzen, wenn man Wanderungen in Angriff nimmt, die ab „mittelschwer" klassifiziert sind. Bei leichten Touren genügen natürlich Turnschuhe. Ein kleinerer **Tagesrucksack** sollte ausreichen, um alles Nötige unterzubringen. Gut sind jene, die mit einem auf Spanung gebrachtem Netzgewebe Abstand zum Rücken halten, sodass sich dort keine kalten Schweißzonen bilden.

Trekkingstöcke sind mit Vorsicht zu genießen. Einmal verlernt man bei dauernder Benutzung Gleichgewichtsfähigkeiten. Zum anderen nützen sie einem auf den schmalen, ausgesetzten Levadapfaden nichts – wo soll man sie auch schon platzieren, auf der einen Seite ist abgründige Luft, auf der anderen Seite ein tiefer Kanal. Hilfreich sind sie allerdings auf steilen und rutschigen Abstiegen.

Pullover sind für Ausflüge hoch oben in den Bergen und auf den Hochebenen hilfreich (frühmorgens kann es dort auch im Sommer sehr frisch sein). Gut geeignet sind solche aus natürlichen Fasern, die heute auch „pflegeleicht" erhältlich sind, und im Gegensatz zu Kunststofffasern eine bemerkenswerte Duftresistenz besitzen.

Zum Gebrauch des Wanderführers

Regenzeug ist wegen der schnellen Wetterumschwünge angeraten – und wer Wasser prinzipiell scheut, kann sich damit auch vor Duschen bei Levadawanderungen schützen; nicht selten rieselt oder fließt es nass auf die Steige, ohne dass man ausweichen könnte (ein kleiner, leichter Regenschirm ist dann übrigens auch nicht falsch).

Ab und zu müssen kürzere und längere, aber immer stockdunkle Tunnel bewältigt werden. Eine **Taschenlampe** ist dabei unabdingbar. Gut sind Stirnlampen, da man dann die Hände frei hat, Handlampen tun es aber auch (Ersatzbatterien nicht vergessen!).

Auf den Wanderungen gibt es nur in seltenen Fällen (meist nur bei denen um Funchal herum) die Möglichkeit mittendrin einzukehren. Ein **Picknick** ist deshalb nicht schlecht. Oft bieten die Hotels dafür auch ein Lunchpaket an. **Wasser** sollte man nur an Zapfhähnen nachfüllen, keinesfalls ist das Levadawasser als Trinkwasser geeignet. Auch bei Quellen weiß man nicht, was sich oberhalb alles verbirgt. Also sollte man **Trinkflaschen** mit ausreichend Volumen von Zuhause mitbringen.

Hut/Mütze, eine **Sonnenbrille** und **Sonnencreme** mit hohem Lichtschutzfaktor gehören unbedingt ins Gepäck. Man bedenke, dass man sich auf dem Breitengrad wie Oualidia in Marokko befindet. Der Atlantik gleicht zwar die Temperaturen aus, auf die Sonneneinstrahlung hat er aber keinerlei Wirkung. Und wenn dann noch Höhe hinzukomt sind ohne Schutz schwere Sonnebrände programmiert.

Feiertage

1. Januar: Neujahr
25. April: Tag der Nelkenrevolution
1. Mai: Tag der Arbeit
10. Juni: Portugal- und Carmões-Tag
1. Juli: Tag der Entdeckung
15. August: Mariä Himmelfahrt
5. Oktober: Tag der Republik
1. November: Allerheiligen
1. Dezember: Nationalfeiertag
8. Dezember: Unbefleckte Empfängnis
25./26. Dezember: Weihnachten
Außerdem: Karnevalsdienstag, Aschermittwoch, Karfreitag, Palmsonntag, Fronleichnam

GPS-Geräte

Jede Wanderung wurde mit einem GPS-Gerät protokolliert und die Dateien können auf **www.reise-know-how.de kostenlos heruntergeladen** werden. Zum Gebrauch siehe **www.reise-know-how.de/gps.** Ob man die Daten mit einer App auf seinem Smarttelefon oder auf einem reinen GPS-Gerät nutzt ist Geschmacksache.

Alle im Buch genannten **GPS-Koordinaten** sind als Angaben nördlicher Breite und westlicher Länge zu verstehen, also z.B. Monte, Largo da Fonte (Tour F1) (N) 32.676632 (W) 16.903213.

Da die engen Schluchten Madeiras häufig einen einwandfreien Satellitenempfang unmöglich machen, mussten die zum Herunterladen zur Verfügung gestellten Tracks nachbearbeitet werden, da sie sonst nicht nutzbar gewesen wären.

Vorsicht: Wer mit **online-Karten** arbeitet, wird feststellen, dass bei einer nachträglichen automatischen Berechnung der An- und Abstiege eines Tracks erstaunliche Ergebnisse zustande kommen. Die Karten sind nicht exakt genug, die korrekten Höhendaten zu jedem Punkt zu liefern, sodass sie bei einer flach verlaufenden Levadawanderung in der Summe An- und Abstieg von mehreren hundert Höhenmetern angeben.

Informationsbüros

Flughafen, Santa Catarina de Baixo/Santa Cruz, Tel. 291 524933, tgl. 9–21.30 Uhr
Funchal, Avenida Arriaga 16, Zentrum, Tel. 291 211902, Mo–Fr 9–20, Sa, So 9–15.30 Uhr
Porto Moniz, Vila do Porto Moniz, Tel. 291 853075, Mo–Fr 10–17, Sa 10–12.30 Uhr
Ribeira Brava, Forte de São Bento, Uferpromenade, Tel. 291 951675, Mo–Fr 10–16, Sa 10–12.30 Uhr
Santana, Rua do Sacristão, Sítio do Serrado, Tel. 291 575162, Mo 14–16.30, Di–Fr 9.30–16, Sa 9–13 Uhr

Karten

Gute **Wanderkarten** sind bei den Verlagen Kompass (1:50.000) und Kümmerly+Frey (1:40.000) erschienen. Ebenfalls im Maßstab 1:40.000 wird die sehr brauchbare Karte Madeira Tour &

Trail (www.dwgwalking.co.uk) verlegt. Im REISE-KNOW-HOW Verlag erschienen ist die **Landkarte** des world mapping project „**Madeira, 1:45.000.**"

Mietwagen

Fast alle **internationalen Mietwagenfirmen** sind auf Madeira vertreten. Üblicherweise werden die Fahrzeuge mit einer Vollkaskoversicherung und freien Kilometern vermietet.

Die **Kosten** eines Mietwagens der kleinsten Klasse betragen ab etwa 150 Euro pro Woche alles inklusive (außer Benzin). Z.B. das Portal www.billiger-mietwagen.de vergleicht alle Mietwagenangebote am Markt und zeigt deutlich die Besonderheiten einzelner Tarife. So fällt die Auswahl im Tarifdickicht leichter.

Man sollte die Reifen **prüfen** und nachschauen, ob das Bordwerkzeug vollständig und die Tankfüllung korrekt in den Übernahmepapieren eingetragen ist. Dann ist der Wagen von außen akribisch zu untersuchen und jeder einzelne Kratzer zu proto-

Tunnel im „Hochgebirge": zwischen Pico Arieiro und Pico Ruivo

047wma sk

kollieren. Auch der kleinste neue Schaden kann bei Abgabe zum Einbehalt der Kaution führen. Bei stark zerschrammten Autos ist die Protokollierung eine echte Aufgabe. Am besten filmt man das Fahrzeug mit seinem Mobiltelefon. Achten Sie auch auf versteckte Schäden an den oberen Türkanten, die von Einbruchsversuchen herrühren und ebenfalls aufgenommen werden sollten.

Notruf

Die **allgemeine Notrufnummer** für Polizei und Rettungsdienst lautet 112. Für die Bergrettung ist die Feuerwehr zuständig, die ebenfalls über 112 erreichbar ist.

Öffentlicher Busverkehr

Madeiras Busnetz ist **hervorragend ausgebaut,** allerdings gibt es nur selten Verbindungen zu abgelegenen Orten und wenn, dann ist die Fahrt sehr zeitraubend.

Die meisten Busse starten an der **Av. do Mar in Funchal. Fahrkarten** gibt es z.B. gegenüber dem Palacio de São Lourenço und an der Praça d'Autonomia, die Verkäufer geben Auskunft über den Abfahrtsort. Die **Fahrpreise** sind niedrig: z.B. nach Porto Moniz um 7 Euro. Drei **Gesellschaften** haben die Fahrstrecken unter sich aufgeteilt: Horários do Funchal, S.A.M. und Rodoeste. **Fahrpläne und Preisinformationen** gibt es je nach Linie auf www.horariosdofunchal.pt (Funchal und Umgebung), www.sam.pt (Ostteil der Insel) oder www.rodoeste.com.pt (Westteil und Norden).

Hinweise zu **An- und Abfarten** zu den einzelnen Wanderungen finden Sie jeweils im Kopfeintrag der jeweiligen Touren.

Tipp

Im Reiseführer **Madeira und Porto Santo,** erschienen im REISE KNOW-HOW Verlag, finden sich praktische Reiseinformationen, sorgfältige Beschreibungen aller sehenswerten Orte und Landschaften, Stadtpläne sowie Übersichtskarten, Tipps zur Anreise und vieles mehr.

Taxi

Taxifahren ist auf Madeira **nicht übermäßig kostspielig.** Man kann die Wagen anhalten, zu den Standplätzen gehen oder sie per Telefon bestellen. Es ist auch durchaus üblich, die Taxis für einen halben oder ganzen Tag zu mieten. In diesem Fall wird der Fahrpreis vorab ausgehandelt. Innerhalb Funchals wird mit Taxameter gefahren. **Richtwerte** für die gängigen Strecken außerhalb Funchals und auf Porto Santo gibt eine Liste vom Taxiverband an, die in jedem Wagen ausliegen muss. Weiteres ist dann Verhaldlungsache. Die Preise sind natürlich auch von der Saison abhängig. Für einen halben Tag muss man ab etwa 60 Euro rechnen, für einen ganzen Tag ab etwa 100 Euro. Neben den unten aufgeführten Taxirufnummern sind weitere bei den Wanderungen im Kopfeintrag angegeben.

Serviço de Radio-táxis Madeira, Tel. 291 795149
Arco da Calheta, Tel. 291 822423
Câmara de Lobos, Tel. 291 942144
Faial, Tel. 291 572416
Machico, Tel. 291 962480
Monte, Tel. 291 782158
Ponta do Sol, Tel. 291 972110
Porto Moniz, Tel. 291 852243
Ribeira Brava, Tel. 291 951800
São Vicente, Tel. 291 842238
Santa Cruz, Tel. 291 524430
Santana, Tel. 291 572540
Santo António da Serra, Tel. 291 743110

Telefonieren

Das eigene **Mobiltelefon** lässt sich in Madeira problemlos nutzen, die Netzabdeckung ist meist ausgezeichnet, auch auf hohen Bergen in der Inselmitte. Probleme hat man allerdings in den engen Tälern der Ribeiras, in die die Funksignale nicht hineinreichen. Seit die EU-Gesetzgebung für die Abschaffung der Roaminggebühren gesorgt hat, kann jeder kosten- und sorgenfrei mit seiner Heimat-SIM-Karte zu denselben Konditionen wie im EU-Heimatland telefonieren und surfen.

Unterkunft

Auf Madeira gibt es eine ganze Reihe von Unterkunftsmöglichkeiten, vom Fremdenzimmer über das Ferienapartment bis zum Luxushotel. Außer um Weihnachten/Silvester dürfte es **keine Probleme** geben, ein Zimmer zu bekommen, wenn man bereit ist, notfalls auch etwas abseits von Funchal oder ein Stück vom Meer entfernt zu wohnen. In der Nebensaison (Frühjahr, Herbst) kann man sogar über den Zimmerpreis verhandeln.

Wer wirklich **in den Bergen** wohnen will, wird am Encumeada-Pass und auch auf dem Paúl da Serra fündig. Ansonsten gibt es viele kleine Hotels und Pensionen auch **im Hinterland** hoch oben an den Hängen der Südküste.

Wanderwege

Auf Madeira sind insgesamt **28 offizielle Wanderwege** ausgewiesen und werden recht und schlecht gepflegt. Da die Bergflanken steil und die meisten Wanderwege an ihnen entlang laufen, ist dies aber auch wirklich ein mühsames Unterfangen. Erdrutsche kommen nach heftigem Regen recht häufig vor, und wenn eine Levada an einem ungünstigen Abschnitt erwischt wird, ist kein Durchkommen mehr. Dann müssen die Levadeiros den Weg erst wieder mit der Schaufel freigraben. Auf der offiziellen Website **www.visitmadeira.pt** sind die Touren gelistet und ihr aktueller Status wird angegeben. Besonders in den Wintermonaten, wenn es immer mal wieder heftig regnet, ist der eine oder andere Pfad vorübergehend geschlossen.

Neben den offiziellen Wegen gibt es eine Unzahl an Pfaden und Steigen, die die ganze Insel durchziehen. In topographischen online-Karten wie **www.opentopomap.org** oder **www.gpsies.com** sind sie detailliert eingezeichnet. Das heißt aber nicht, dass sie auch gangbar wären. Viele der Pfade sind uralt, werden nicht mehr genutzt, sind zugewachsen oder gar vollends verschüttet. Eine Exkursion auf eigene Faust und ohne Ortskenntnis entlang dieser Wege birgt also immer ein hohes Risiko.

Die in diesem Wanderführer vorgestellten Wanderungen sind alle abgegangen worden. Das heißt aber nicht, dass sich die Situation nicht ändern könnte. Jedem Wanderer obliegt es also, sich selbst **vorab von der aktuellen Lage ein Bild zu machen.** Er begeht diese Wege immer auf eigene Verantwortung.

Lufttemperaturen in °C

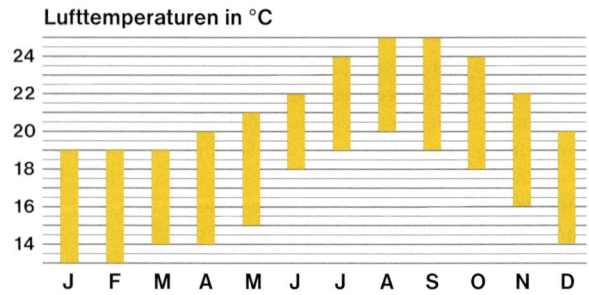

Niederschläge in mm

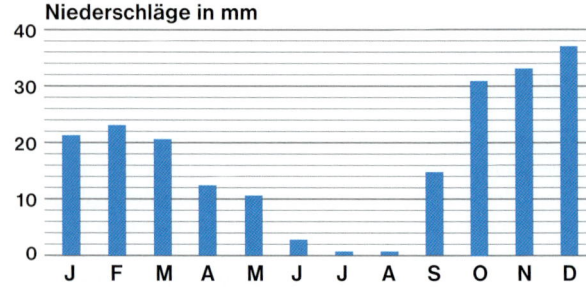

Sonnenstunden im Monat

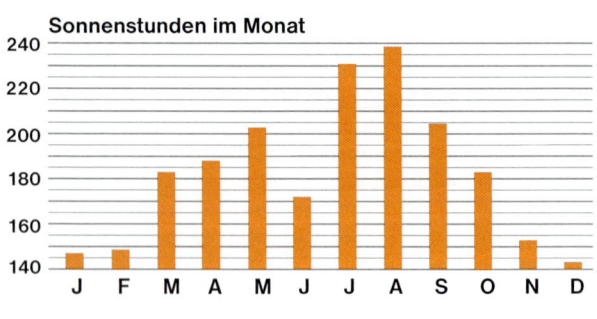

Wassertemperaturen in °C

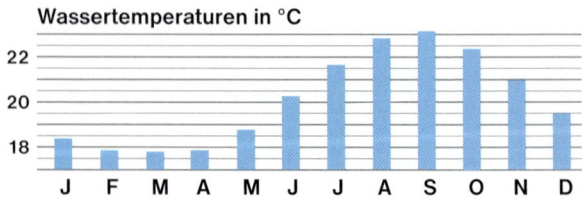

Zum Gebrauch des Wanderführers

Wanderzeit

Auf Madeira kann man dank des ausgeglichenen Klimas **das ganze Jahr über wandern.** Der Himmel ist allerings nur selten in seiner ganzen Weite strahlend blau, meist sind Wolken zu sehen, die immer wieder die Sonne bedecken und sie wieder frei geben. Nur ein paar Kilometer trennen Regengebiete vom Sonnenschein, und wer mobil ist und den Wetterbericht in der Tageszeitung liest, wird meist eine Stelle auf der Insel finden, an der er blauen Himmel sieht.

Eine **deutliche Trennlinie** liegt zwischen der Nord- und der Südküste der Insel. Da die Schlechtwetterfronten fast immer von Norden kommen und dort auch hängen bleiben, regnet es hier häufiger als im Süden. Stabiles, sonniges Wetter garantiert also nur die Südküste, während man das Inselinnere und den Norden häufig nur in den Vormittagsstunden unter klarem Himmel erleben kann. Die **Wetterumschwünge** kommen schnell und unerwartet, deshalb sollte man vor Bergtouren hoch oben sich stets vorab informieren und nur mit entsprechender Ausrüstung aufbrechen.

Im angenehmen Gegensatz zur Launenhaftigkeit des Wetters steht die Stabilität der **Temperaturen.** Mit 19 bis 24 °C ist es auf Madeira das ganze Jahr über gleichmäßig warm, und die Nachttemperaturen sinken an der Küste selten unter 14 °C. In hohen Lagen wie auf dem Pico do Arieiro und dem Pico Ruivo kann es im Winter durchaus schneien. Auch in den Sommermonaten sollte man für Ausflüge in die Bergwelt einen warmen Pullover und eine Windjacke dabei haben.

Die Zeit, in der die Sonne über dem Horizont steht (die Tageslänge) variiert zwischen 10 Stunden (Dezember, Januar) und 14 Stunden (Juni, Juli), Sonnenaufgang ist je nach Jahreszeit zwischen 7 und 8 Uhr, Sonnenuntergang zwischen 18 und 21 Uhr.

Zeit

Auf Madeira gilt die **Westeuropäische Zeit (WEZ).** Sie entspricht der Greenwich Mean Time und liegt eine Stunde vor der Mitteleuropäischen Zeit (MEZ). Da auch auf Madeira eine Sommerzeitumstellung stattfindet, muss man von der MEZ grundsätzlich eine Stunde abziehen, das heißt 12 Uhr in Deutschland entspricht 11 Uhr auf Madeira.

Landeskunde

Die Insel

Der Archipélago da Madeira, zu dem neben der Hauptinsel Madeira die kleinere Insel Porto Santo sowie die unbewohnten Selvagens- und Desertas-Inseln gehören, liegt 545 Kilometer vor der Westküste Afrikas und knapp 1000 Kilometer von Portugal entfernt im Atlantischen Ozean. Entstanden ist der Archipel **als Folge vulkanischer Tätigkeit,** die vor etwa 20 Mio. Jahren unterseeisch ihren Anfang nahm und allmählich die Inseln aufbaute. Etwa 1,7 Mio. Jahre ist es her, dass dieser Prozess zum Stillstand kam. Heute gelten Madeiras Vulkane als erloschen, die Kräfte der Erosion haben das weiche Tuffgestein der vulkanischen Aschen abgetragen und die Basaltschlote zu zerklüfteten Bergspitzen geformt. Das steile Relief Madeiras setzt sich unter dem Meeresspiegel fort, bis zu 5000 Meter hoch ist die Hauptinsel vom Meeresgrund aus gesehen. Über dem Meer erreicht sie mit dem 1862 Meter hohen Pico Ruivo ihre höchste Erhebung. Mit 741 Quadratkilometern Fläche ist Madeira das größte Eiland des Archipels.

„Blumentopf im Atlantik" wird Madeira oft genannt, und diese Bezeichnung hat die Insel nicht nur ihrer legendären Blütenfülle, sondern auch ihrer Form zu verdanken. Madeira erscheint von oben als ellipsenförmiger Klotz, dessen „Seitenwände" kühn und steil aus dem Meer herauswachsen und im Inselzentrum mehrere bizarr erodierte Gipfel bilden. Links und rechts der gebirgigen Inselmitte fällt das Gelände zu zwei Hochebenen ab, die den schroffen, unzugänglichen Eindruck mildern: Westlich zum großen Paúl da Serra, östlich zur kleineren Ebene von Santo da Serra. Wie ein schlafender Drache wirkt die nach Norden schwingende, felsige Silhouette der Halbinsel Ponta de São Lourenço, in deren „Kielwasser" die Desertas liegen. Die Menschen konnten der **unzugänglichen Insel** nur wenig Raum entreißen. Die große halbkreisförmige Bucht von Funchal und kleinere geschützte Stellen liegen entlang der Südküste, während der Norden kaum erschlossen ist.

Kapitelstartseite:
Fruchtbare Küstenabschnitte wie die Fajã Quebrada Nova (Tour W7) sind durch Landabbrüche entstanden

Ein weiteres für Madeira typisches und für seine Wirtschaft außerordentlich wichtiges Phänomen erschließt sich ebenfalls von oben: **tiefe Schründe,** die von der Gebirgsregion zu den Küsten hinunterstreben. Es sind die **Ribeiras,** Flüsse, die in den regenreichen Höhenlagen ihren Anfang nehmen und sich vor allem zur Nord-, aber auch zur Südküste hin ihren Weg durch das weiche Tuffgestein bahnen. In den Jahrmillionen ihrer Erosionsarbeit wurden so **tiefe Schluchten** geschaffen, die sich an der Küste zu **breiten Tälern** öffnen. Diese Mündungen sind deshalb die wichtigsten Siedlungsräume Madeiras und natürlich wird hier, wo die Hänge flacher und weiter werden, intensiv Landwirtschaft betrieben.

Geschichte

Madeira gehört seit Beginn seiner Entdeckung durch portugiesische Seefahrer zu **Portugal** und war nur einmal kurz von Spanien besetzt. **1419** trieb ein Sturm João Gonçalves Zarco und seine Begleiter Tristão Vaz Teixeira und Bartolomeu Perestrelo, im Auftrag des portugiesischen Prinzen Henrique (Heinrich der Seefahrer) unterwegs, trieb ein Sturm bei Porto Santo an Land. Nach Ende des Unwetters setzten sie auf die Hauptinsel über und betraten in der Bucht von Machico Madeira.

Sechs Jahre später wurde das Eiland systematisch besiedelt, Sklaven kamen auf die Insel, legten **Zuckerrohrplantagen** an und zogen **Bewässerungskanäle – die Levadas.** 36 Jahre nach der Entdeckung besuchte der venezianische Kauffahrer Ca da Mosto die Insel und fand ein blühendes Gemeinwesen mit ertragreicher Landwirtschaft vor. 1478 soll Christoph Kolumbus vorbeigeschaut haben. Der Zuckerhändler und spätere Amerikaentdecker habe, so erzählt man stolz, in den Gewässern um die Inseln grundlegende Beobachtungen über die Meeresströmungen gemacht, die ihn zu seinen kühnen Plänen inspirierten.

Ende des 15. Jahrhunderts formierte sich eine **Handelsachse,** die Madeira mit den flämischen Hafen- und Handelsstädten verband. Zucker wurde vor allem nach Antwerpen geliefert und zahlreiche flämische Kaufleute ließen sich in Funchal nieder. Der Reichtum ließ Kirchen und Palästen entstehen, aus allen Teilen der damals bekannten Welt kamen Waren und Pflanzen. Im Kontrast zum Reichtum der Handelsherren stand die Armut der einfachen Bevölkerung. 1485 kam es zur ersten **Hungersnot,** der noch zahlreiche weitere folgen sollten, denn von Anfang an wurde nicht zur Selbstversorgung, sondern nur für den Export gepflanzt.

1521 begann der **wirtschaftliche Niedergang** der Insel, der ausgelaugte Boden lieferte immer weniger Erträge. Vielerorts ersetzten nun Weinreben das Zuckerrohr. 1580 hatte Spanien die Macht in Portugal übernommen und regierten 60 Jahre, bis die Portugiesen erfolgreich revoltierten.

Die Eheschließung der portugiesischen Prinzessin Katharina von Braganza mit dem englischen König Charles II. im Jahr 1662 öffnete den **Engländern** Tür und Tor auf Madeira – und sie brachten **neuen Aufschwung.** Es avancierte zum bedeutenden Versorgungspunkt englischer Kauffahrer auf dem Weg in die amerikanischen Kolonien. Wichtigstes Exportgut war auf der Insel nach einem speziellen Verfahren produzierter **Wein,** der sich als außerordentlich widerstandsfähig erwies und stürmische Seefahrten sowie extreme Temperaturschwankungen hervorragend überstand.

050wma sk

Mitte des 19. Jahrhunderts vernichteten Mehltau und Reblaus die Weinpflanzungen und brachten den Handel zum Stillstand, Hungersnöte waren die Folge. 1856 starben bei einer Cholera-Epidemie 7000 Madeirenser. Die trostlosen Lebensbedingungen zwangen immer mehr Menschen zur **Auswanderung** (vornehmlich nach Südamerika und ins südliche Afrika).

Eine neue Epoche für Madeiras Wirtschaft brach 1891 mit der Eröffnung von **Reid's Palace Hotel** an: Bereits ab Mitte des 19. Jahrhunderts waren immer mehr europäische Adelige nach Madeira gekommen, um im milden Klima ihre Leiden zu kurieren. Besonders bei Lungenkrankheiten empfahlen Ärzte einen Aufenthalt. Der **Madeira-Tourismus** war geboren.

1893 verband eine **Zahnradbahn** Funchal mit Monte, 1947 die erste **Wasserflugzeugverbindung** England mit der Inselhauptstadt, 1960 war der **Flughafen auf Porto Santo** und vier Jahre später der **Aeroport Santa Clara** auf Madeira fertig. Ab den 60er Jahren des 20. Jahrhunderts wurde westlich Funchals eine Hotelzone aus dem Boden gestampft.

Mit Portugal flüchtete auch Madeira 2011 unter den **EU-Rettungsschirm** und musste harte Sparmaßnahmen akzeptieren. Dabei musste Madeiras Präsident Jardim eingestehen, dass er nur die Hälfte der tatsächlichen Schulden der autonomen Region nach Lissabon gemeldet hatte. Madeiras Defizit betrug knapp 6 Milliarden US-Dollar, 123 % des BIP!

Die **Monokulturen des Eukalyptus** haben Madeira immense Probleme beschert: Waldbrände, Sturzfluten und Wasserknappheit. Eukalyptus brennt nicht wie eine Fackel, er explodiert regelrecht. Die Abholzung des ursprünglichen Waldes hatte zudem die Speicherfähigkeit der Böden minimiert. Regnet es, sind Sturzbäche die Folge, die schnell im Meer verschwinden und kostbaren Boden mitschwemmen. Dass der Eukalyptus wegen seines hohen Wasserverbrauches ideal ist, um Moore trockenzulegen, hat die Situation auch nicht verbessert. Im August 2016 wurde Madeira wieder einmal von **schweren Waldbränden** geplagt, die nicht nur weite Flächen der Vegetation um Funchal zerstörten, sondern auch drei Menschenleben forderten.

Landeskunde

Eukalyptus ist der „Brotbaum" der Insel

Der 15. August – **Mariä Himmelfahrt** – ist ein wichtiger Tag in Monte (und das bedeutendste Heiligenfest der Insel). Zu der Prozession „Senhora do Monte" rund um die Wallfahrtskirche fahren Tausende in das Örtchen oberhalb Funchals. 2017 kollabierte der Stamm einer 200 Jahre alten Eiche und erschlug 13 Pilger, verletzte 50 weitere teils schwer.

Naturpark

Zwei Drittel Madeiras stehen unter **Naturschutz:** Die landwirtschaftlich nutzbare Fläche der Insel endet in etwa 800 Metern Höhe, darüber beginnt der **Parque Natural da Madeira,** der zu Teilen für Holz- und Viehwirtschaft oder als Erholungsgebiet genutzt werden darf. Innerhalb dieses Naturschutzgebietes sind außerdem kleinere Naturparks ausgewiesen, in denen vor allem Lauraceenbestände gehegt werden: so bei Ribeiro Frio, im Caldeirão Verde nördlich des Pico Ruivo und bei Rabaçal unterhalb des Paúl da Serra. Mit **Wiederaufforstungsprogrammen,** besonders im Bereich der Hochebenen (z.B. rund um die Bica da Cana), wird versucht, der Insel wenigstens einen Teil des ursprünglichen, dichtbewaldeten Antlitzes zurückzugeben (dafür wurde dort auch die viehwirtschaftliche Nutzung stark eingeschränkt und Ziegen hat man aus den Bergen vollständig verbannt). Besonders geschützt ist auch das (häufig von Waldbränden geplagte) Areal oberhalb Funchals, der Parque Ecológico do Funchal.

Arche der Pflanzen

Dass die Welthandelsnationen Portugal, Spanien, Holland und England auf ihrem Weg zum südafrikanischen Kap gerne Madeira anliefen hat einen guten Grund. Die Küsten des Schwarzen Kontinentes waren mit Untiefen gesegnet und die Piraterie in ihrer Nähe war – sagen wir mal unschön. So fuhren die Schiffe von der sicheren Insel in die Welt und kamen mit vollen Bäuchen zurück. Und Madeira erhielt ein Pflanzenkleid, das sich aus **Samen aus allen Erdteilen** zusammensetzte.

Als **L. do Lolegname, Holzinsel,** ist Madeira auf historischen Weltkarten wie dem berühmten Medici-Atlas aus dem Jahre

1351 verzeichnet, und auch der portugiesische Name leitet sich von **madeira = Holz** ab. Die Insel war bei ihrer „offiziellen" Entdeckung im Jahr 1419 so dicht bewaldet, dass die Kapitäne Zarco und Teixeira Mühe hatten, eine Stelle für die erste Siedlung zu finden. Nachdem sie in der Bucht von Câmara de Lobos ihre Zelte aufgeschlagen hatten, gingen sie daran, die weitaus größere und sicherere Bucht weiter östlich auf der Höhe des heutigen Funchal zu roden. Sieben Jahre wüteten Feuer auf der Insel, so berichten die Chronisten, bevor die Kolonisatoren endlich ihren Sitz in der **Fenchelbucht** (*funchal* = Fenchel) nehmen konnten. Im gleichen Tempo ging es weiter. Der ursprüngliche Baum- und Pflanzenbestand wurde systematisch abgeholzt und gerodet. Heute sind vom **Laurazeenwald** – dem Laurisilva –, wie man die vornehmlich Lorbeerarten beherbergende grüne Lunge Madeiras nennt, nur noch Teile erhalten.

Welche Pflanzen außer Fenchel die ersten Siedler auf Madeira vorfanden, ist heute nicht mehr zu rekonstruieren. Sicherlich zählte der endemische, also nur auf Madeira beheimatete **Schopf-Fingerhut** (*Isoplexis sceptrum*) mit seinen großen, lanzettförmigen Blättern dazu. Seine bienenkorbartigen Blütenstände zeigen sich zwischen Juni und August in strahlendem Gelb. Auch der lila blühende **Madeira-Storchschnabel** (*Geranium maderense*) – mit bis zu einem Meter Höhe ein respektabler Busch – dürfte die Neuankömmlinge mit betörenden Duftschwaden begrüßt haben. Beide Pflanzen sieht man häufig als Ziergewächse in den Gärten und Parks, aber auch wild wachsend in freier Natur.

Unter den 780 auf Madeira ursprünglich beheimateten Pflanzenarten bilden die **Laurazeen** sicherlich die auffälligste Spezies: Lorbeer wächst in Höhen zwischen 700 und 1500 Meter, also dort, wo die Feuchtigkeit durch Regenfälle am höchsten ist. Als Teil der Pflanzengesellschaft des Laurisilva stehen sie weitgehend unter Naturschutz und zählen zum UNESCO-Weltnaturerbe.

In höheren Lagen weichen die Lorbeerwälder dem **Heidewald**. Die Besenheide (*Erica scoparia*) erreicht stolze drei Meter Höhe; ihre Zweige finden als schützende Zäune vor allem in den Weinbaugebieten entlang der Nordküste vielfach Verwendung. Der mit ihr verwandte Baumwacholder (*Juniperus cedrus*) gedeiht dagegen in niedrigeren Lagen am besten. Eine endemische Heideart ist die häufig auf Felsen siedelnde Glockenheide (*Erica madeirensis*), deren zartrosa Blütenglöckchen im Juli und

August die grauen Steinplatten beleben. Die bis zu zwei Meter hohe Madeira-Heidelbeere *(Vaccinium padifolium)* erfreut mit ihren aromatisch schmeckenden Früchten im September und Oktober die Wanderer.

Vor allem in Hochlagen fällt der dichte Farnbewuchs auf. Ein weicher, tiefgrüner Teppich breitet sich links und rechts der Pfade aus. Unter den **über 40 Farnarten** kann man Gold-Milzfarn *(Ceterach aureum)* und Talerfarn *(Adianthum reniforme)* mit runden Blättern sowie den endemischen Schildfarn *(Polystichum falcinellum)* entdecken. Dazwischen breiten über hundert verschiedene Moose und Flechten ihre samtigen Polster aus.

Madeiras Nationalblume, die aus Südafrika importierte, orange-lilafarbene **Strelitzie** *(Strelizia reginae),* hat ebenso wie die meisten ihrer dekorativ blühenden Schwestern die Insel erst besiedelt, als die einheimischen Pflanzen weitgehend gerodet waren.

Nicht zuletzt der **englischen Gartenleidenschaft** ist es zu danken, dass sich so viele **Exoten** auf Madeiras fruchtbaren Vulkanböden heimisch fühlen und die Insel in ein tropisches Paradies verwandeln. Hortensien wachsen nicht nur in den Vorgärten, sie säumen als blau-weiß-rosé blühende Hecken auch viele Straßen, meist abwechselnd mit der Afrikanischen Schmucklilie (*Agapanthus praecox*), deren zartlila Blütendolden auf schlanken Stielen über das Blattwerk hinauswachsen. Häufig drängen sich die feinen rotorangen Rachenlilien (*Chasmanthe aethiopica*) zwischen das Blau-Weiß und sorgen für hübsche Farbakzente. Nicht mit der Artischocke verwandt ist die südafrikanische Königsprotea (*Protea cynaroides*), die ihre großen roséfarbenen Blüten zwischen April und Juni entfaltet. Aus unseren Blumenlä-

Im Lorbeerwald tanzen die Feen

052wma sk

051wma sk

den bekannt ist die Calla, ein wächsern aussehendes, zartes Geschöpf in Rosé, Rot oder Weiß. Im Gegensatz zur Königsprotea finden sich Calla gelegentlich auch wild blühend am Wegesrand. Bougainvillea, Hibiscus und Weihnachtsstern lassen Blütenkaskaden über Gartenmauern regnen. Alleen aus Jacaranda verwandeln sich im April und Mai in ein lilafarbenes Schattendach, während Mimosen und andere Akaziengewächse Duftwolken aus ihren gelben Blüten verströmen. Auch an Kakteen und Aloen mangelt es nicht: Baum-Aloen aus Südafrika wuchern in Form von stacheligen Hecken als Wegbegrenzung in den Parks, und Fächer-Aloen wachsen zu richtigen kleinen Bäumen heran. Skurril und fremdartig wirken die wie überdimensionale Fühler aussehenden Blütenstände der mexikanischen Drachenbaum-Agaven, wogegen die Hundertjährige Agave mit ihren bis zu acht Meter hohen Blütenstängeln auch aus Südeuropa bekannt ist.

Die erste **Kulturpflanze,** die auf Madeira heimisch wurde, war **Zuckerrohr.** Der Konkurrenz durch die Sklavenplantagen Südamerikas konnten die Pflanzungen allerdings nicht lange standhalten und wurden schnell von Weingärten verdrängt. **Wein** spielt noch heute eine wichtige Rolle in der Wirtschaft, daneben sorgen **Bananen,** die vor allem an der Südküste gedeihen, für Exporterlöse.

Ähnlich vielfältig wie die „nutzlose" blühende Verwandtschaft sind die verschiedensten **Nutzpflanzen,** die ebenfalls aus allen Teilen der Welt stammen: Maracujas, Guaven, Ananas, Papayas und Mangos sind nur einige der Vitaminspender, die auf Madeiras Märkten rund um das Jahr verkauft werden. Um den Getreideanbau ist es dagegen eher schlecht bestellt. Einen Ersatz fand man mit der **Kastanie,** deren Mehl so nahrhaft ist.

Welt der Tiere

Entsprechend der isolierten Lage Madeiras und Porto Santos ist es um die Landfauna eher mager bestellt. Autochthone Arten konnten sich abgesehen von der Fledermaus nicht entwickeln, und da alle verfügbaren Böden in den Dienst der Landwirtschaft gestellt wurden, blieb für versehentlich oder absichtlich importierte Wildtiere kaum Raum. Heute begegnen dem Wanderer unzählige **Eidechsen** auf Mäuerchen und Wegen. Die ganze Farbenpalette der Natur spiegelt sich auf ihren schlanken, glänzenden Körpern, und viele sind außerordentlich zutraulich.

Zauberhaft sind die vielen **Schmetterlinge,** darunter Totenkopf, Taubenschwänzchen und Monarchenfalter.

Nutztiere sieht man eher selten. Dies liegt daran, dass auf Madeira Rinder nicht frei weiden dürfen, sondern in sogenannten *palheiros,* kleinen Ställen, gehalten werden. Nicht besser ergeht es den Ziegen. Nur auf der Hochebene Paúl da Serra wird ein wenig Weidewirtschaft betrieben. Dort dürfen einige Rinder den Sommer über ungestört am Farn knabbern und die frische Luft genießen.

Der Madeira-Archipel liegt auf der Wanderroute der **Zugvögel** und wird deshalb als Zwischenstopp von zahlreichen Vogelarten besucht – wobei sie den einsamen Inseln wie Desertas oder Porto Santo deutlich den Vorzug vor dem landwirtschaftlich erschlossenen Madeira geben.

In den Gebirgsregionen und auf der Hochebene Paúl da Serra kann man mit Glück **Raubvögel** wie Falken und Bussarde beobachten. Zahlreiche **Sturmtaucher** leben in den Küstenzonen und kommen wie die vom Aussterben bedrohten *Pterodroma madeira* und *Pterodroma deserta* zum Brüten auf unzugänglichen Felsvorsprüngen an Land. Beide wurden durch Landsäuger (Hunde, Katzen, Ratten) und den Eingriff der Menschen in ihrem Bestand stark dezimiert.

Als besonders schützenswert gilt auch die **Silberhalstaube** (*Columba trocaz*), ihren Lebensraum bildet der Laurisilva. Nur mit großem Glück ist das graue, fast schmucklose Geschöpf auszumachen.

Landeskunde

Madeiras Nationalblume – die Strelitzie

Wanderungen
rund um Funchal

Wanderungen rund um Funchal

Funchals Lage an einer weiten Bucht an der Südküste inspirierte Reisende zu allen Zeiten zu immer neuen Lobeshymnen. Bis zur Eröffnung des Flughafens 1964 fand die erste Begegnung mit Madeira stets vom Wasser aus statt: Die Bucht und die steil ansteigenden Berge bilden ein mit tiefem Grün ausstaffiertes antikes Theater, in dem weiße Häuser wie Bauklötzchen übereinander gestapelt sind. Auf den unteren „Rängen" stehen die Wohnhäuser, Paläste und Kirchen dicht an dicht, während die Bebauung nach oben hin lockerer und übersichtlicher wird und sich schließlich zwischen Eukalyptuswäldern verliert. Dort verlaufen die Levadas, die mit ihrem komplizierten System das kostbare Nass für die Hauptstädter von der Nord- an die Südküste transportieren und dort weiter verteilen – ein perfektes Netz aus Wanderwegen.

Kapitelstartseite:
Blick vom Aussichtsbalkon bei Eira do Serrado
auf das tief unten liegende Curral das Freiras

F1 Monte – Camacha (Levada da Serra do Faial)

3–4 Std. | 13,6 km
leicht
▲ 320 m ▼ 190 m

Die **Levadawanderung** entlang der Levada dos Tornos und der Levada da Serra gehört zu den meistbegangenen der Insel. Meist im Schatten von Eukalyptuspflanzungen verlaufend hat man immer wieder schöne Ausblicke auf die Südküste. Auch wenn die Wanderung relativ unspektakulär ist, sie hat nur zwei etwas steilere (aber kurze) Abschnitte und sollte auch von weniger Trainierten und älteren Kindern unproblematisch bewältigt werden können.

Die **Levada dos Tornos** hat ihren Ursprung direkt westlich des Parque Ecológico do Funchal (und ist von diesem auch über einen Verbindungsweg erreichbar). Sie entstand in der heutigen Form 1966 für die Wasserversorgung des östlichen Funchal und besteht nicht allein aus dem offen verlaufenden Kanal, sondern besonders an ihrer Quelle aus einem ganzen System mit Tunnel, Rohren, Wasserhäusern und sogar einem kleinen Kraftwerk. Eine Ausstellung zum Wasserhaushalt Madeiras ist im Centro Temático da Água im Parque Ecológico untergebracht (Tel. 29178 4700, Mo–Fr 9–14 Uhr, von Curral dos Romeiros einfach 4 km, hin und zurück 2 Std., siehe Route O2).

Die 1905 gebaute **Levada da Serra** (genauer – da mehrere Kanäle mit diesem Namen existieren – Levada da Serra do Faial) ist in diesem Abschnitt nicht mehr in Betrieb, teilweise verschüttet und überwuchert. Der sie begleitende Weg allerdings ist in sehr gutem Zustand, breit und fest. Seine geografischen Ursprünge hatte das östliche Levadasystem an den Flanken des Pico Ruivo und bei Ribeiro Frio und seine Anfänge im 16. Jh. sind in der Wasserversorgung der Zuckerrohrfelder bei Caniçal begründet.

Rund um Funchal

Vom Villenviertel ins ländliche Madeira

Start: Monte, Largo da Fonte (32.676632, 16.903213)
Ende: Camacha, Largo da Achada (32.679382, 16.844811)
Gesamtzeit: 3–4 Std.
Länge: 13,6 km
Anstieg: 320 m

Abstieg: 190 m
Trittsicherheit: gering
Orientierung: gering
Schwindel: mittel
Kondition: mittel
Einkehr: Cafés und Restaurants am Ausgangs- und Endpunkt
Anfahrt: Horários do Funchal Bus Nr. 20/21 ab Funchal (auch Sa/So etwa halbstündlich, einfach 1,95 Euro); Seilbahn Teleférico do Monte ab Funchal (www.madeiracablecar.com, 9–17.45 Uhr, einfach 10 Euro)

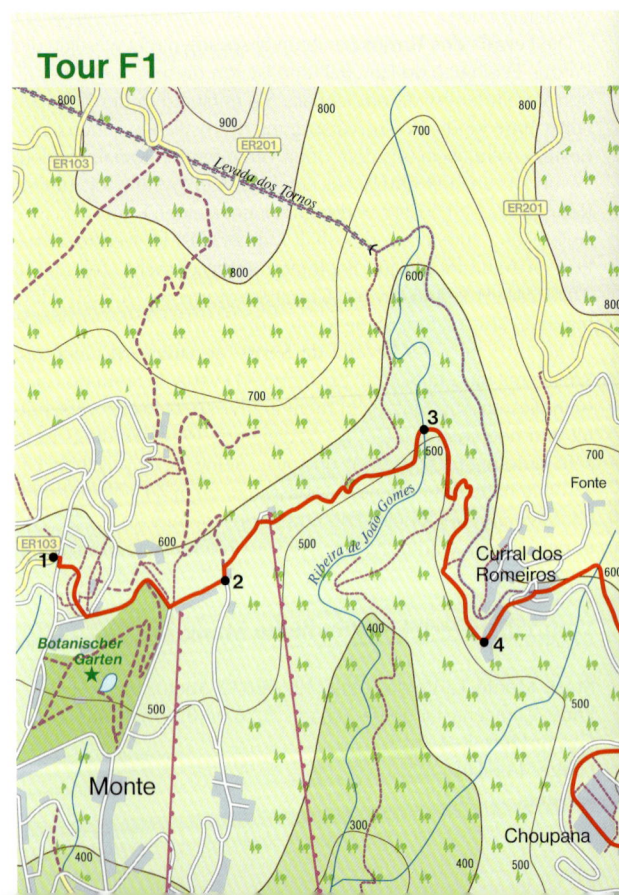

Tour F1

Abfahrt: Horários do Funchal Bus Nr. 129 nach Funchal (auch Sa/So etwa stündlich, einfach 2,20 Euro)
Ausrüstung: Feste Schuhe, Sonnenschutz

Wegbeschreibung

Der **Largo da Fonte (1),** Hauptplatz von Monte, erhielt sein heutiges Aussehen um 1900, als man unter den hohen Platanen einen Musikpavillon errichtete und das Quelltempelchen zu Ehren der Madonna von Monte, wegen eines Baumsturzes zer-

0 ▬▬▬ 200 m   ©REISE KNOW-HOW

WF_MadF1a 1/18

- 1 Largo da Fonte
- 2 Bergstation der Seilbahn
- 3 Brücke
- 4 Curral dos Romeiros
- 5 Sportstadion
- 6 Levada da Serra do Faial
- 7 Straße ER203
- 8 Largo da Achada/Camacha

Carreiras de Cima

ER203

900

800

900

Pico do Infante 944

900

700

ER201

600

6

800

Anschluss siehe Seite 50

Devónia

5

700

700

Lev. da Serra do Faial

600

stört, neu bauen musste. Rundherum stehen die Villen der alten und reichen, portugiesischen und britischen Geschlechter Madeiras wie Inseln in den Meeren riesiger Gärten. Unterhalb des Platzes durchkreuzt das Kiespflaster der Wege den schattigen, mit tropischen Pflanzen schön verwucherten Stadtpark. Der aus mit rundgelaufenen Steinen gepflasterte Camino das Babosa verlässt den Largo da Fonte nach Südwesten und führt unterhalb der Treppenanlage der Kirche Nossa Senhora do Monte herum nach Westen. Hier soll im 16. Jh. einem Hirtenmädchen die Jungfrau erschienen sein und mit dem Mädchen gegessen ha-

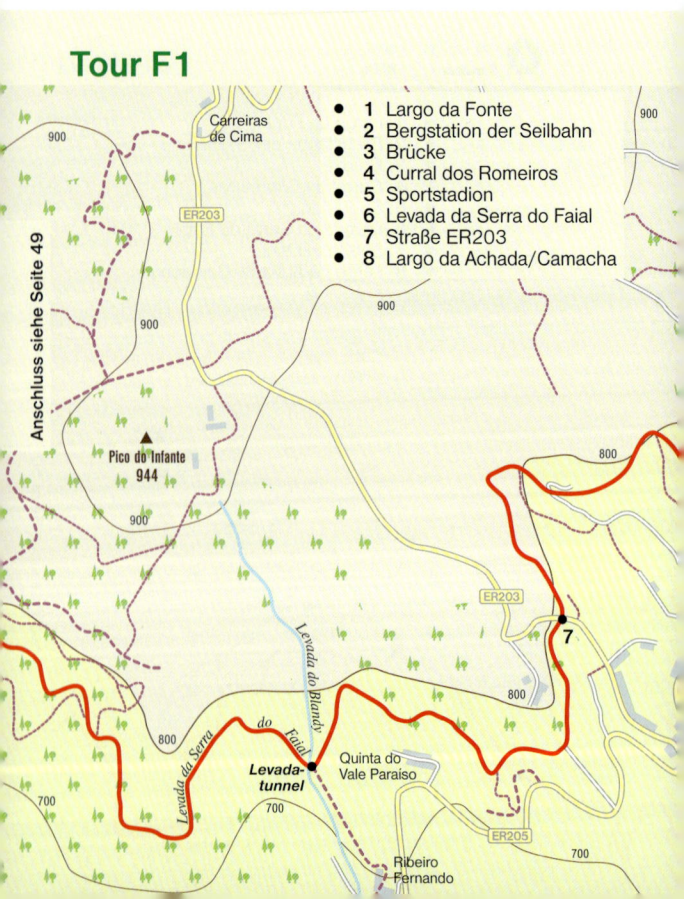

Tour F1

- 1 Largo da Fonte
- 2 Bergstation der Seilbahn
- 3 Brücke
- 4 Curral dos Romeiros
- 5 Sportstadion
- 6 Levada da Serra do Faial
- 7 Straße ER203
- 8 Largo da Achada/Camacha

ben. An der Straße stehen zu früherer Stunde noch die Korb-schlitten säuberlich hochgestellt in langer Reihe und warten auf den Ansturm der im Bus hochgebrachten Kreuzfahrer, die später bequem in den Körbe platziert die steilen Gassen nach unten in die Stadt schlittern.

Wenige Schritte weiter (und 10 Min. nach Start) befinden sich rechter Hand die Eingänge zum Monte Palace Tropical Garden (http://montepalace.com, 9.30–18 Uhr, 12,50 Euro) und gleich anschließend die **Bergstation der Seilbahn (2),** die von Funchal heraufkommt. Nun senkt sich der breite Weg ab zur Bergstation

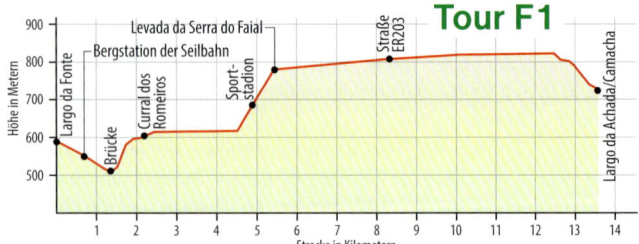

der Seilbahn hinüber zum Botanischen Garten, die man rechts unter den Seilen hindurch passiert. (http://telefericojardimbota nico.com, 9–17 Uhr, hin und zurück mit Eintritt in den Garten 13,50 Euro).

Es wird nun steiler und der breite Weg führt hinab ins Tal der Ribeira de João Gomes. Wild und wuchernd ist die Natur hier unten im Schatten, der Bach, meist freundlich über die Felsen springend, kann nach ergiebigem Regen zum reißenden, mahlenden Ungeheuer werden. Über eine breite **Steinbrücke (3)** (25 Min. ab Start) geht es zur anderen Seite des Tales und auf meist gutem Pfad recht zügig und in Serpentinen bergan. Den Abzweig 5 Min. hinter der Brücke ins Tal hinunter ignoriert man (der Weg zur Levada do Bom Sucesso ist steil, gefährlich und häufig gesperrt). Schließlich wird es etwas flacher, der Pfad wendet sich nach links um eine Hügelnase herum (oben sind schon Häuser zu sehen) und der Blick reicht nun hinunter zum Hafen von Funchal. Dann ist die Asphaltstraße Caminho Rev. Padre Eugenio Borgonovo in **Curral dos Romeiros (4)** erreicht (45 Min. ab Start), die man entlang geht. Nach zwei Minuten weist ein Schild zur „Levada dos Tornos", dem man in eine Sackgasse folgt. Zwischen den Häusern hindurch gelangt man auf einen Pflasterweg und nach 5 Min., wenn die Häuser enden, führt eine Treppe hinauf zum Wasserkanal, der über eine Distanz von 10 m mit Platten gedeckt, dann aber offen fließt.

In etwa 10 Min. führt der Weg nun im Schatten der Eukalyptusbäume in das Tal einer Ribeira hinein und wieder heraus. Immer wieder kommen kurze, ausgesetzte und schmale Passagen, weswegen man schwindelfrei sein sollte. 15 Min. hinter dem Talschluss geht es auf einer kurzen Treppe hinunter, an einer Bushaltestelle vorbei und durch ein Tor auf das Gelände des Luxushotels Choupana Hills (2016 bei den Waldbränden teilweise zerstört, es soll jedoch renoviert werden) und mitten zwischen den Bungalows der Anlage hindurch. Ist das Hotel nach 5 Min. durch ein weiteres Tor durchschritten, verlässt man die Levada dos Tornos nach links auf der Asphaltstraße Caminho do Meio bergan. Nach 5 Min. taucht das **Sportstadion (5)** von Choupana auf, das rechts liegen gelassen wird. Es geht nun entlang der Mauer der Quinta do Meio weiter aufwärts. An der folgenden Kreuzung biegt man nicht ab, sondern wandert geradeaus in den gepflasterten Caminho do Pico del Infante recht steil bergauf. Nach etwa 300 m achte man rechter Hand auf eine große freie Fläche mit Koppeln und Baumaterial.

054wma sk

055wma sk

Hier verlässt man den Hauptweg und geht schattenlos entlang eines Zaunes nach Südosten und nimmt den Begleitweg der **Levada da Serra do Faial (6)** auf. Nach wenigen Minuten ist man wieder unter Bäumen und spaziert nun auf breitem und gutem Weg entgegen der ehemaligen Fließrichtung des Kanals durch den Eukalyptuswald fast unmerklich bergan. 10 Min. hinter dem Abdreh erstreckt sich für 5 Min. rechter Hand zum Meer hin eine riesige gerodete Fläche. Über sie schweift das Auge über den Hafen Funchals bis hin zum Cabo Girão. 15 Min. später verschwindet die Levada in einem kurzen Tunnel. Über sie hinweg fließt die Levada do Blandy vom Poiso-Pass zum am Meer liegenden Garajau. Nach weiteren 10 Min. passiert man einige Häuser und das Tor der Quinta do Vale Paraíso. Für einige Meter teilt man sich hier die Straße mit den Fahrzeugen der Anrainer, aber bald ist man wieder auf gutem Richtung Forstweg unterwegs.

Nach 5 Min. quert die **Straße ER203 (7).** Jetzt herrscht nicht mehr Eukalyptus vor, sondern hier ist die ursprüngliche Pflanzenvielfalt noch erhalten. 10 Min. hinter der Querung der ER203 folgt man erneut ganz kurz einem Fahrweg (Caminho Ribeira Grande). 25 Min. später quert man den Caminho do Madeira und ist gleich dahinter im Örtchen Achadinha angekommen. Links und rechts gehen Treppenwege zu den Häuschen ab, bunte Blumen begleiten die Levada, Eukalyptus und Kiefern spenden Schatten. Sofort nachdem man durch eine Häusergruppe gekommen ist führen ein paar Stufen zur Straße hinunter. Dort links gegangen kommt man nach 3 Min. an der Bar Moisé vorbei und hält sich mehr oder weniger geradeaus, an Häusern und Beeten vorbei (die Straßen bergab ignorieren). 5 Min. nach der Bar hat man wieder die Levada erreicht. Noch einmal heißt es in 10 Min. einen Talbogen abgehen. An seinem Ende stehen Häuser und beginnt ein Betonsträßlein, auf dem man nach 2 Min. an die Hauptstraße Caminho Municipal da Portela hinunter nach Camacha gelangt. Die abgehenden Treppenwege ignorierend, folgt man der Straße (kurz auch leicht bergauf) an einem Wassertank vorbei, um dann recht steil nach Camacha abzusteigen. Die Wanderung endet am Hauptplatz von **Camacha** dem **Largo da Achada (8).**

Largo da Fonte (1)	0 Min.	591 m
32.676632, 16.903213		
Bergstation der Seilbahn (2)	15 Min.	547 m
32.676047, 16.899174		
Brücke (3)	25 Min.	509 m
32.679269, 16.893806		
Curral dos Romeiros (4)	45 Min.	605 m
32.675078, 16.892368		
Sportstadion (5)	100 Min.	681 m
32.671875, 16.883546		
Levada da Serra do Faial (6)	115 Min.	774 m
32.674622, 16.880398		
Straße ER203 (7)	145 Min.	811 m
32.675279, 16.863661		
Largo da Achada/Camacha (8)	180 Min.	727 m
32.679382, 16.844811		

Blauer Eukalyptus

(eucalyptus globulus, engl. tasmanian bluegum)

Fast auf allen Wanderungen begegnet man dem hochaufgeschossenen, silbrig-grauem Baum, der bis zu 35 m in den Himmel ragt, und dessen glatte Rinde in ganz typischer Weise in langen, schmalen Streifen abblättert. Auch bei auf dem Weg konzentriertem Blick ist er allgegenwärtig. Seine Samen liegen ungezählt auf dem Boden. Charakteristisch ist die kreuzförmige Anordnung der vier Fruchtfächer, obwohl auch Kapseln mit drei oder fünf Fächern vorkommen. Wegen seines schnellen Wachstums ist der Baum nicht nur auf Madeira beliebt (bis zu 15 m in 10 Jahren). Seine in den Blättern enthaltenen ätherischen Öle wirken antibakteriell, schleim- und krampflösend. Als Plantagenpflanze ist der Eukalyptus heute weniger wegen seiner Öle, sondern als Zellstofflieferant bedeutend. Allerdings machen ihn aber genau diese leichtflüchtigen Stoffe (die auch im Stamm enthalten sind) brandgefährlich. Er geht wie Zunder in die Luft und macht Löscharbeiten schwierig. Der erste Eukalyptusbaum Madeiras wuchs übrigens 1857 im Viertel Choupana. Dass das gleichnamige Hotel 2016 abbrannte? Ein Schelm, der Schlimmes dabei denkt! Eukalyptus jedenfalls profitiert regelrecht vom Feuer. In der Hitze platzen die Samenschalen auf und treiben anschließend aus. Ökologisch ist der Baum aber nicht nur wegen der Brandgefahr eine Last. Sein Wasserverbrauch ist enorm, für Sumpfgegenden ideal (um das Land auszutrocknen und urbar zu machen), für Madeira mit seinem steten Wassermangel ungut.

001wma sk

F2 Camacha – Sítio Quatros Estradas (Levada da Serra do Faial)

2½–3 Std.	10 km
	leicht
▲ 110 m ▼ 160 m	

Ruhige, gern gegangene, schattige **Levadawanderung** auf guten und breiten Waldwegen unter vornehmlich Eukalyptusbäumen.

Die Levada da Serra do Faial hat man schon bei der Wanderung von Monte nach Camacha kennengelernt. Insgesamt misst sie etwa 35 km und entstand ab 1905. Heute sind einige Abschnitte aufgegeben, andere hat man verrohrt und in der Erde vergraben. Auf breiten Waldwegen kann man dem historischen Verlauf ab Camacha bis zu ihrem Beginn bei Lamaceiros folgen.

Von Sítio Quatros Estradas geht es mit dem Bus zurück, alternativ kann man von dort auch entlang der Levada dos Tornos nach Camacha zurückkehren (Tour F4) oder die Tour verlängern, indem man über Lamaceiros bis Portela weiterwandert (Tour F3).

Waldwege I

Start: Rochão/Camacha (32.685660, 16.852925)
Ende: Sítio Quatro Estradas (32.712994, 16.836151)
Gesamtzeit: 2½–3 Std.
Länge: 10 km
Anstieg: 110 m
Abstieg: 160 m
Trittsicherheit: gering
Orientierung: mittel
Schwindel: gering
Kondition: gering
Einkehr: Café/Restaurant in Camacha, Snack-Bar Flôr do Rochão am Anfang der Wanderung (Vereda dos Lavadouros, Tel. 291924007)
Anfahrt: Horários do Funchal Bus Nr. 129 ab Funchal (tgl. mindestens stündlich, einfach 2,20 Euro), ab Hauptplatz Camacha 20 Min. Anmarsch zur Levada (100 Höhenmeter, siehe auch Tour F1)
Abfahrt: Sam (von Faial) ab Portela über Machico nach Funchal (Mo–Fr 7 mal, Sa 3 mal, So einmal, einfach 4 Euro) bzw. Taxi (Taxistand in Portela)

Rund um Funchal

Tour F2

0 ▬▬ 200 m

- 1 Rochão/Camacha
- 2 Betontreppe
- 3 Levada
- 4 Ribeiro dos Vinháticos
- 5 Levada da Morena
- 6 Sítio Quatro Estradas

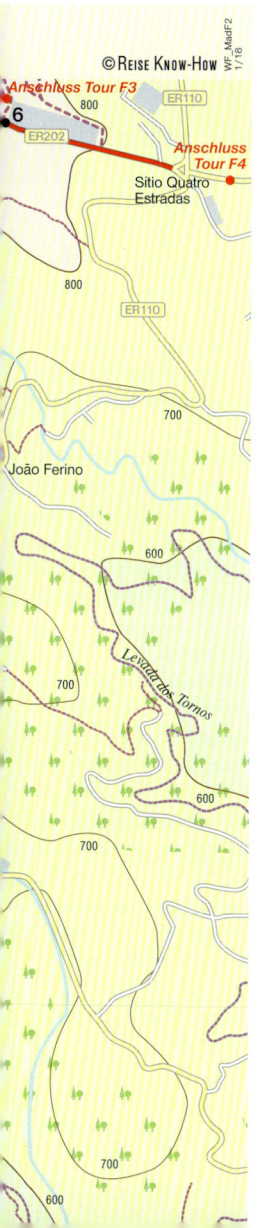

Ausrüstung: Wanderschuhe
Anschluss: Tour F1 Monte – Camacha, F3 Sítio Quatros Estradas – Camacha, O5 Ribeiro Frio – Portela, O6 Portela – Maroços (und weiter auf O3 nach Machico oder Caniçal)

Wegbeschreibung

Am Caminho Municipal da Portela oberhalb von **Camacha** im **Ortsteil Rochão (1)** beginnt die Wanderung mit einem breiten und guten Fußpfad entlang der Levada da Serra do Faial. Nach knapp 10 Min. wird der Fußweg zum Sträßlein, das bei der Bar Flôr do Rochão leicht bergan führt und nach 50 m hinter der Bar in eine Straße mündet.

Man nimmt nun den Gehsteig der Straße rechts herunter zur ER110 (die Schilder, die nach links zur Levada weisen ignoriert man – man würde auf dem tiefen Bogen ins Tal der Ribeira do Porto Novo hinein etwa 45 Min. länger benötigen), biegt an der ER110 links ein und folgt ihrem Talbogen für knapp 15 Min. Dann achte man linker Hand an einer Bushaltestelle auf eine **Betontreppe (2)** (Vereda da Ladeira) und nehme diese hinauf.

Auf mehreren Windungen und in knapp 10 Min. überwindet man 80 Höhenmeter und folgt der Straße oben nach rechts. Hier hat man wieder die **Levada (3)** erreicht, die unter der Bepflanzung entlang der Hausfassaden kaum zu sehen ist.

Man folgt der Fahrstraße und biegt nach gut 5 Min. nach links in den

Rund um Funchal

Caminho Azinhaga do Ribeiro Serrão ein. Nach weiteren 10 Min. wird der Forstweg in einer Linkskurve zum Pfad. Im Wald überwiegt der Eukalyptus, doch ab und an sind auch alte Bäume zu sehen und es sprießt der Farn. Man kreuzt eine Betonstraße und 10 Min. hinter ihr die Levada do Pico das Eiroses. Die Levada da Serra do Faial ist nun teilweise verschüttet, ab der zu kreuzenden Schotterpiste nach 3 Min. aber wieder offen, wenn auch verschmutzt und ohne Funktion. Auf der Schotterpiste bergan käme man in 20 Min. zu einem der größeren Staubecken der Insel, der Lagoa das Águas Mansas (über 200.000 m³, 2009 erbaut). 10 Min hinter der Schotterpiste kann man einen Blick auf die Küste erhaschen, unten ist die Straße zu sehen und nach vorne blickt man in ein idyllisches Tal mit Bergbach, Wiesen, Weiden und gelben Ginstertupfen. Nach 5 Min. ist ein Gatter zu passieren und am Talschluss wartet eine breite Levadatreppe, in der das Wasser hinabrauscht. Gleich darauf quert man an einer ähnlich romantischen Stelle auf einer alten gemauerten Brücke (über die auch die alte, offene Levada geführt ist) den **Ribeiro dos Vinháticos (4).** Tatsächlich fließt die Levada verrohrt unter dem Pfad – Kanaldeckel erlauben die Inspektion. Der Pfad ist schmal und die Büsche überwuchern ihn teilweise.

Es folgt ein weiterer Talschluss mit Wasserfall, einer Staumauer und einer kleinen Brücke, 3 Min. danach verläuft die Levada in einem 8 m langen Tunnel und es kommt noch ein tiefgrüner Talschluss. Die uralten Eichen sind mit Baumbart behangen. Hier kreuzt die **Levada da Morena (5),** fließt parallel zum Bach zu Tal und bewässert die Region oberhalb des Flughafens.

Ein getreppter Levadazufluss mildert die Gewalt des Wassers

056wma-sk

5 Min. später passiert man ein Viehgatter, der Weg wird zur breiten Forststraße, es geht an einem Lagerplatz vorbei und der Weg mündet in die ER202 von Santo da Serra zum Poiso-Pass (und weiter zum Pico do Arieiro) – **Sítio Quatro Estradas (6).** Gegenüber geht es weiter nach Portela (Tour F3). Zur Straße mit der Bushaltestelle runter sind es 500 m (10 Min.). Dort beginnt Tour F4 zurück nach Camacha entlang der Levada dos Tornos.

Rochão/Camacha (1) 32.685660, 16.852925	0 Min.	800 m
Betontreppe (2) 32.691728, 16.851236	30 Min.	730 m
Levada (3) 32.693051, 16.851665	40 Min.	810 m
Ribeiro dos Vinháticos (4) 32.704201, 16.849219	110 Min.	815 m
Levada da Morena (5) 32.710069, 16.842749	115 Min.	820 m
Sítio Quatro Estradas (6) 32.712994, 16.836151	150 Min.	825 m

Eichen

(quercus, port. carvalho, engl. oak)

Die knorrigen Eichen sind für Madeira ein sehr untypischer Baum, da ihre Samen aus Gewichts- und Größengründen weder durch den Wind über das Meer getragen, noch durch Vogelfraß verbreitet werden konnten. Obwohl heute Eichen nur noch vereinzelt vorkommen, wurden sie bereits im 16. Jh. auf der Insel kultiviert, die auch als Holzlieferant für das portugiesische Mutterland reüssierte (nicht umsonst trägt die Insel ihren Namen, Holz = *madeira*). Mit seinem weltumspannenden Handel hatte es einen immer stärkeren Bedarf an Schiffen gegeben (wofür nicht nur Eichen, sondern auch Zedern, Pinien und Lorbeerbäume von Madeira aufs Festland kamen).

002wma sk

F3 Sítio Quatros Estradas – Portela (Levada da Serra do Faial)

| 2½–3 Std. \| 10 km |
| leicht |
| ▲ 50 m ▼ 220 m |

Ruhige, weniger begangene, schattige **Levadawanderung** auf guten und breiten Waldwegen unter Eukalyptus, Lorbeer und Eichen entlang der (nicht sichtbaren, verrohrt eingegrabenen) Levada da Serra do Faial zu ihrem Ursprung bei Lamaceiros, wo der Kanal von Ribeiro Frio (Levada do Furado, Tour O5/Ribeiro Frio – Portela) am Wasserhaus oberhalb der Forststation die Levada da Serra und die Levada da Portela speist. Ab dem Wasserhaus folgt man dann der Levada da Portela bis zu den Lokalen bei Portela.

Waldwege II

Start: Sítio Quatro Estradas (32.712994, 16.836151)
Ende: Portela (32.746614, 16.826184)
Gesamtzeit: 2½–3 Std.
Länge: 10 km
Anstieg: 50 m
Abstieg: 220 m
Trittsicherheit: gering
Orientierung: mittel
Schwindel: gering
Kondition: gering
Einkehr: Café/Restaurant in Portela
Anfahrt: Horários do Funchal, Bus Nr. 77 von Funchal nach Sítio Quatros Estradas (tgl. 5–7 mal, einfach 1,95 Euro)
Abfahrt: Sam von Portela über Machico nach Funchal (Mo–Fr 7 mal, Sa 3 mal, So 1 mal, einfach 4 Euro) bzw. Taxi (Taxistand in Portela)
Ausrüstung: Wanderschuhe
Anschluss: Tour F2 Camacha – Sítio Quatros Estradas (Levada da Serra do Faial), F4 Sítio Quatros Estradas – Camacha (Levada dos Tornos), O5 Ribeiro Frio – Portela, O6 Portela – Maroços (und weiter auf O3 nach Machico oder Caniçal)

Rund um Funchal

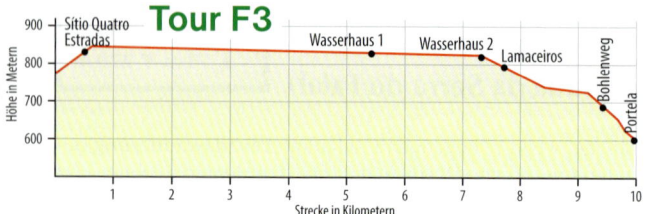

Wegbeschreibung

Von der Landstraße ER110 mit der Bushaltestelle bei **Sítio Quatro Estradas (1)** zum Einstieg der Wanderung sind es 500 m
(10 Min., 50 Höhenmeter) auf der ER202 hoch zum Poiso-Pass.

Man nimmt die Levada beim Schild „Portela" auf und wandert
auf breitem und gutem Waldweg im Schatten von Eichen und
Eukalyptus, wobei letzterer bald vorherrscht. An einem querenden Waldweg sind nach 15 Min. an einem kleinen Wasserhaus
allerdings noch einmal drei schöne alte Eichen zu sehen. Es geht
über eine kleine Brücke und weiter an der offenen Levada.
5 Min. hinter dem Wasserhaus überspannt eine moderne Eisenbrücke einen Seitenarm der Ribeira Primeira, gleich darauf folgt
eine alte, marode Brücke mit einem riesigen Loch und als Wie-
dergutmachung für die mangelnde Sicherheit eine 10 m lange
Seilsicherung an einer nicht sonderlich ausgesetzten Stelle.
40 Min. nach Beginn mündet rechts ein Weg von Santo da Serra
ein, 10 Min. danach und hinter einem Talschluss spenden alte
Lorbeerbäume Schatten. Nach einem weiteren Talschluss ist die
Levada wohlgefüllt. Eine Forststraße wird gekreuzt und 3 Min.
hinter ihr ist das historische **Wasserhaus 1 (2)** erreicht. Das Baujahr des Gebäudes weist eine Inschrift aus: 1906. Steintafeln geben Richtung und Kilometrierung an. Rechts weg geht es nach
Santo da Serra (2 km, 35 Min.) geradeaus nach Portela (5 km).

15 Min. hinter dem Wasserhaus lässt sich die Levada auf 60 m
unterhalb umgehen (oder man nutzt die 30 cm breite Begrenzungsmauer, auf der man an querliegenden Bäumen immer gut
auf die talabgewandte Seite ausweichen kann). 10 Min. danach
– hinter einem Talschluss – geht es durch einen kurzen Tunnel
(keine Taschenlampe vonnöten) und an einem gigantischen ab-
gestorbenen Baum vorbei. 5 Min. darauf kommt ein weiterer Tal-

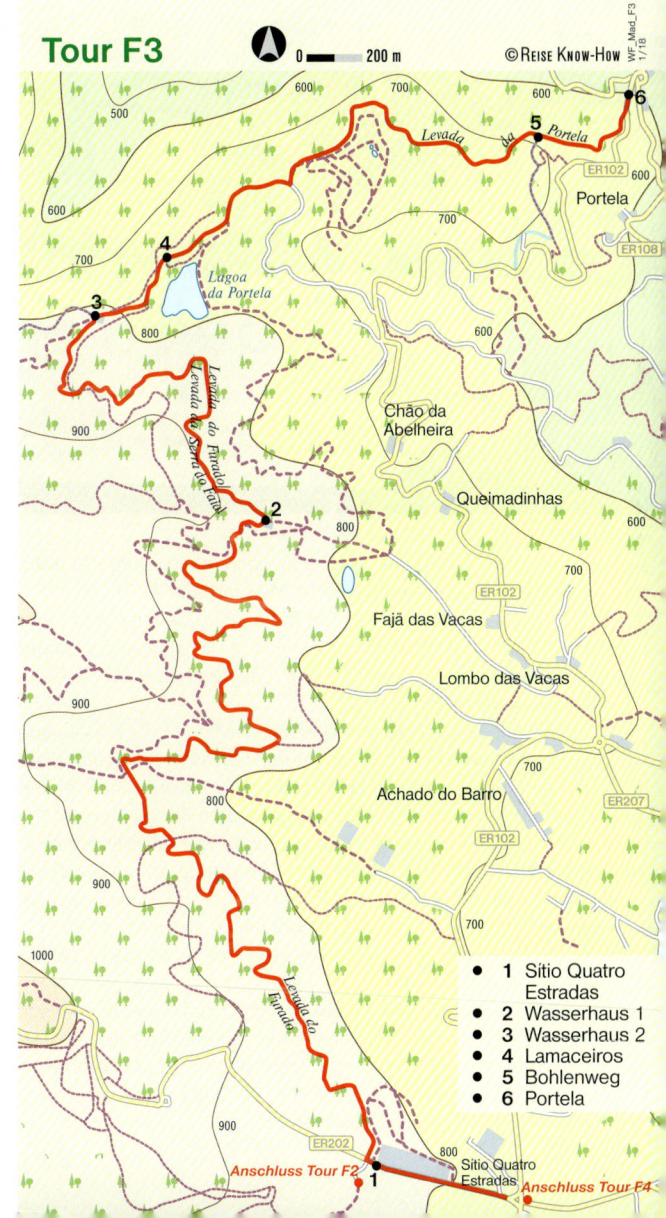

Tour F3

0 — 200 m

© Reise Know-How

WF_Mad_F3
1/18

Levada da Portela

Portela

ER102

ER108

Chão da Abelheira

Lagoa da Portela

Levada do Furado

Levada da Serra da Faia

Queimadinhas

Fajã das Vacas

ER102

Lombo das Vacas

Achado do Barro

ER207

ER102

Levada do Furado

Anschluss Tour F2

ER202

Sítio Quatro Estradas

Anschluss Tour F4

- 1 Sítio Quatro Estradas
- 2 Wasserhaus 1
- 3 Wasserhaus 2
- 4 Lamaceiros
- 5 Bohlenweg
- 6 Portela

schluss (mit Levadafassung) und nach noch einmal 5 Min. schließlich das zweite historische **Wasserhaus 2 (3)** von 1906. Hier geht es hoch zum 1028 m hohen Pico de Suna (mit meist geschlossenem Aussichtsturm), entlang der Levada do Furado nach Ribeiro Frio (s. Tour O5) und entlang der Levada da Portela nach Lamaceiros herunter.

In 8 Min. stößt ein breiter Wirtschaftsweg auf die Forststation von **Lamaceiros (4)** mit einem riesigen Wasserbecken unterhalb und einem ausnehmend schmucken Picknickplatz im Schatten alter Bäume und mit zahlreichen gepflegten Blumenbeeten.

Nun nimmt man den Forstweg bergab (wer möchte, kann ein Stück weit auch parallel auf einen Treppenpfad ausweichen), hält sich an der vom Staubecken hoch einmündenden Asphaltstraße nach links und weiter bergab und achtet nach 3 Min. hinter der Einmündung auf einem gelben Pfeil rechterhand, wo ein schmaler Pfad entlang einer Levada rechts weg geht. Nach nochmal 3 Min. steigt man am Schild „Portela" von der Levada weg weiter herunter und einem anderen Kanal folgend bis zu einem **Bohlenweg (5),** dem man links runter folgt (25 Min. hinter Lamaceiros). An der Asphaltstraße 100 m links gehend ist nach weiteren 10 Min. **Portela (6)** erreicht.

Sítio Quatro Estradas (1)	0 Min.	825 m
32.712994, 16.836151		
Wasserhaus 1 (2)	70 Min.	830 m
32.733122, 16.840367		
Wasserhaus 2 (3)	105 Min.	840 m
32.739535, 16.846901		
Lamaceiros (4)	115 Min	780 m
32.741329, 16.844117		
Bohlenweg (5)	140 Min.	680 m
32.745102, 16.829738		
Portela (6)	150 Min.	620 m
32.746614, 16.826184		

Die Hauptwege sind meist gut gekennzeichnet

F4 Sítio Quatros Estradas – Camacha (Levada dos Tornos)

4–5 Std. | 15,5 km
mittelschwer
▲ 120 m ▼ 200 m

Wenig begangene **Levadawanderung** auf meist gutem Weg mit relativ wenig Schatten, einem etwas steilen Aufstieg am Ende, einigen, etwas ausgesetzten Stellen und mehrere Tunnel, weshalb eine Taschenlampe unabdinglich ist.

Die **Levada dos Tornos** entstand als Teil des letzten großen Kanalsystems auf der Insel in den 1960er Jahren zur Versorgung der fast 10.000 ha Landwirtschaftsflächen östlich von Funchal. Das System transportiert auf 106 km Länge das Wasser durch insgesamt 16 km Tunnel (der längste misst 5 km) und speist ein Elektrizitätskraftwerk. Die Levada dos Tornos selbst hat eine Länge von 43 km und gilt damit als längste Madeiras.

Da der Weg auch durch Weiler und an Gehöften vorbei führt hat man Gelegenheit, einen Blick auf die mühselige Landwirtschaft der Insel zu werfen. Die winzigen Parzellen liegen häufig weit verteilt und teilweise auch schwer zugänglich in schmalen Tälern und an den Hängen. Man kann den Aufwand, sie zu bewirtschaften, gut ermessen.

Levada in Schatten und Sonne

Start: Sítio Quatros Estradas (32.712994, 16.836151)
Ende: Largo da Achada/Camacha (32.679382, 16.844811)
Gesamtzeit: 4–5 Std.
Länge: 15,5 km
Anstieg: 120 m
Abstieg: 200 m

Trittsicherheit: gering
Orientierung: gering
Schwindel: mittel
Kondition: mittel
Einkehr: Café/Restaurant in Camacha
Anfahrt: Horários do Funchal Bus Nr. 77 ab Funchal (tgl. etwa alle 3 Std., einfach 2,20 Euro)
Abfahrt: Ab Hauptplatz Camacha Horários do Funchal Bus Nr. 129 nach Funchal (tgl. mind. stündlich, einfach 2,20 Euro)
Ausrüstung: Wanderschuhe, Taschenlampe
Anschluss: Tour F2 Camacha – Sítio Quatros Estradas (Levada da Serra do Faial), F3 Sítio Quatros Estradas – Portela (Levada da Serra do Faial), O5 Ribeiro Frio – Portela, O6 Portela – Maroços (und weiter auf O3 nach Machico oder Caniçal)

Wegbeschreibung

Wer vom Camacha hergelaufen ist, nimmt von der **Levada da Serra do Faial (1)** die ER202, die vom Paso de Poiso herunterkommt, für 600 m bergab bis zur Kreuzung von **Sítio Quatros Estradas (2).**

Von ihr führt der Asphalt der Rua Mary Jane Wilson nach Westen und bergab. Nach 500 m ist ein Abzweig nach rechts zu ignorieren, 100 m darauf an der Gabelung hält man sich rechts. Kurz vor der Rechtskurve nach 300 m geht man geradeaus und gelangt nach 400 m auf dem Pflastersträßlein an ein Haus. Hier geht es nun geradeaus auf dem Naturweg mit Pflastersteinresten schnell und steil abwärts. Nach 5 Min. ist die am Übergang mit einem Betontritt gedeckte **Levada dos Tornos (3)** erreicht (etwa 20 Min. nach der Kreuzung).

Links ginge es hier nach Santo da Serra, abwärts nach Madre de Água und Ponte de Roma (und weiter nach Santa Cruz). Der gute Weg folgt nun der Levada nach rechts unter Schatten spendenden Eukalyptus und Akazien. Nach 15 Min. kreuzt man den Asphalt der Rua Mary Jane Wilson – die in einem Bogen oberhalb verlief – und nach weiteren 5 Min. einen kleinen Bachlauf. Ab hier geht es für einige Zeit unter altem Wald mit Eichen und Kastanien weiter. An einem Zaun entlang und zwischen einem Haus, das oberhalb liegt, und einem Tank, der unterhalb liegt, hindurch gelangt man nach 10 Min. in einen Talschluss mit Kehre. Oberhalb sind Häuser zu sehen. Zwölf Minuten später öffnet sich die Aussicht auf die Hafenanlagen von Funchal. Kurz hintereinander sind nun zwei Asphaltstraßen zu queren. Anschließend folgt das **Wasserhaus 1 (4)** und ein kurzer betonierter Abschnitt.

Tour F4

0 — 400 m   © Reise Know-How

WF_Mad_F4
1/18

1 Levada da
   Serra do Faial
2 Sítio Quatro Estradas
3 Levada dos Tornos
4 Wasserhaus 1
5 Levadabrücke 1

6 Tunnel
7 Wasserhaus 2
8 Levadabrücke 2
9 Abzweig
10 Largo da Achada/
    Camacha

Anschluss
Touren F2/F3

Sítio Quatro
Estradas

Rua Mary Jane Wilson

Pontinha

João Ferino

Lagoa das
Águas Mansas

Levada dos Tornos

Ribeira da Boaventura

Ribeira
do Eixo

Cerquinha

Águas
Mansas

Lombo
Barreto

Anschluss
Touren
F1/F2

Camacha

Levada dos Tornos

Gaula

Gute 10 Min. später quert man zwischen weit verteilten Häusern und Ställen des Weilers Ribeira do Eixo eine weitere Fahrstraße, folgt kurz einem betonierten Abschnitt, dann wieder dem Naturweg und quert nach einer kurzen Treppe nochmals Asphalt. Nach 15 Min. und der Querung eines Bachs und eines Forstwegs auf einer Betonrampe (100 Min. nach Start) müssen nun immer wieder etwas ausgesetzte Abschnitte bewältigt werden. Der Weg zieht der Sonne ausgesetzt in ein Tal hinein und wird auf 200 m Länge schmal (0,40 m) – der „Abgrund" ist 20 m tief. Auf der schmalen **Levadabrücke 1 (5)** geht es gemeinsam mit der Levada über die Schlucht im Talschluss der Ribeira da Boaventura.

Immer wieder folgen ausgesetzte Abschnitte, nach 10 Min. senkt sich der Pfad kurz um 5 m ab, dahinter zwischen zwei Häusern durch- und aus dem Tal schattenlos herauswandernd, öffnet sich der Blick auf das Meer. Voraus sind die Ilhas Desertas zu sehen. Die Gebäude des Weilers Águas Mansas stehen wie kleine Gehöfte in großem Abstand zueinander. 20 Min. hinter der Brücke und nach einer 5 m langen ausgesetzten Passage umfängt einen die Dunkelheit eines 30 m langen, niedrigen **Tunnels (6),** in dem man sich tunlichst bücken sollte.

Nach je 10 Min. folgen erst unterhalb einer Häusergruppe eine Betonstraße, dann eine Asphaltstraße und schließlich die ER202. 5 Min. hinter dieser steht das **Wasserhaus 2 (7)** mit seinem großen Reservoir oberhalb von Gaula.

2 Min. dahinter kommt eine weitere Straßenquerung, die Levada wird nun kurz zum Fahrweg, voraus sind hoch oben bereits die Häuser von Camacha erkennbar. Die Levada ist hier abgedeckt, wird aber bald wieder offen verlaufen. Knapp 20 Min. nach dem Wasserhaus gabelt sich der Weg vor einem niedrigen Tunnel mit einem sehr schmalen Begleitweg. Sinnvollerweise nutzt man die Umgehung links herunter und an der Felswand entlang (dem in den Stein gehauenen ehemaligen Verlauf der Levada folgend). Nach 4 Min. spaziert man wieder an der Levada, balanciert über eine 20 m lange ausgesetzte Passage, tritt auf Betonsteinen über einen Bach, blinzelt sich durch einen 50 m langen Tunnel, durchschreitet einen Torbogen und gelangt im Talschluss der Ribeira do Porto Novo wieder an eine **Levadabrücke 2 (8).**

Ab hier wird das Wasser in einem dicken Rohr parallel zum Weg geleitet. Nach oben führt ein Betonweg, der zu ignorieren

ist. Dem Rohr folgend gelangt man nach 10 Min. an den mit 100 m längsten Tunnel der Wanderung. Am anderen Ende wartet eine Brücke und nach weiteren 5 Min. der **Abzweig (9)** rechts hoch nach Camacha (Schild: „Monte"; links ginge es nach Gaula).

Erst über eine Treppe (und an einem Zaun und kläffenden Hunden vorbei), dann über steile Betonstraßen geht es – sich immer bergauf orientierend – zügig hoch und die letzten 3 Min. nach einer Brücke über die Schnellstraße flach weiter zum **Largo da Achada (10)** von **Camacha.**

Levada da Serra do Faial (1)	0 Min.	825 m
32.712994, 16.836151		
Sítio Quatro Estradas (2)	10 Min.	775 m
32.711947, 16.830089		
Levada dos Tornos (3)	30 Min.	610 m
32.709510, 16.818025		
Wasserhaus 1 (4)	65 Min.	610 m
32.700116, 16.821055		
Levadabrücke 1 (5)	105 Min.	610 m
32.702197, 16.835448		
Tunnel (6)	135 Min.	610 m
32.693096, 16.826849		
Wasserhaus 2 (7)	165 Min.	610 m
32.685399, 16.829107		
Levadabrücke 2 (8)	210 Min	610 m
32.687164, 16.846595		
Abzweig (9)	225 Min.	610 m
32.681552, 16.842577		
Largo da Achada/Camacha (10)	240 Min.	727 m
32.679382, 16.844811		

Rund um Funchal

Die Kanäle sind nicht selten in die Felswände gehauen

Avocado

(Persea americana, port. abacateira,
engl. avocado/alligator pear)

Die aus Süd- und Mittelamerika stammende subtropische Baumfrucht haben bereits die Azteken geschätzt. Auch auf Madeira wird sie gerne angebaut (bis in 350 m Höhe). Auf etwa 100 ha Fläche werden jedes Jahr über 1000 t geerntet (v.a. Oktober/November). Eingeführt wurde das 5–12 m hohe baumartige Gewächs aus der Lorbeerfamilie im 18. Jh., diente aber erst einmal nur als Schmuckpflanze für die Gärten und Parks. Keiner kam zunächst auf die Idee, die Früchte – botanisch korrekt eigentlich den Beeren zugeordnet – dem Speiseplan zuzufügen. Dabei sind sie extrem nahrhaft: ihr essbarer Anteil besteht hauptsächlich aus Wasser (zu zwei Dritteln) und Fett (zu einem Viertel). Wer also eine ganze Avocado vertilgt, hat je nach Größe und Sorte 30–60 g ungesättigte Fettsäuren zu sich genommen. Sie gilt aber als Superfood mit einer Menge an gesunden Inhaltsstoffen, darunter Antioxidantien (und soll u.a. bei der Regeneration der Leber helfen).

003wma sk

F5 Funchal – Câmara de Lobos

> 1½–2 Std. | 5,2 km
> leicht
> ▲ 60 m ▼ 60 m

Der unanstrengende **Spaziergang** entlang der Küste auf der breiten Uferpromenade verläuft mehr oder weniger flach, passiert die Hotels westlich des Zentrums von Funchal, die Badeanstalten mit ihren Becken und perfekter Infrastruktur und führt schließlich entlang des langen Strandes Praia Formosa. Immer wieder lässt sich in einem der Cafés oder einer der Bars eine Pause einlegen.

   Die **Promenade** vom Complexo Balnear bis nach Câmara de Lobos ist seit der Eröffnung des 2 km langen, teils auf Betonpfählen verlaufenden Fußwegs im Jahr 2011 zwischen der Praia Formosa und der Ribeira dos Socorridos kurz vor Câmara durchgängig begehbar (bis auf einen kurzen Strandabschnitt, den man umgeht). Nicht nur Touristen flanieren hier, auch bei den Joggern und Familien aus Funchal ist der breite Fußgängerboulevard ausgesprochen beliebt und am Wochenende immer sehr gut besucht. Wenn dann im Sommer noch das Strandleben hinzukommt muss man schon schauen, in einer der Bars einen Platz für einen Drink zu finden – speziell in der Zeit um den Sonnenuntergang. Auf dem Weg lassen sich zahlreiche exotische Pflanzen aus der Nähe und in aller Ruhe studieren. Hotelparks, Gärten und die öffentlichen Bereiche zeigen sich immer wieder sattgrün und bestens gepflegt.

Vom Hotel ins Fischerdorf

Start: Funchal, Complexo Balnear do Lido (32.636450, 16.931504)
Ende: Câmara de Lobos, Porto (32.647947, 16.974412)
Gesamtzeit: 1½–2 Std.
Länge: 5,2 km
Anstieg: 60 m
Abstieg: 60 m
Trittsicherheit: gering
Orientierung: gering
Schwindel: gering
Kondition: gering
Einkehr: Durchgängig Cafés und Restaurants am Wegesrand

Rund um Funchal

Anfahrt: Horários do Funchal Bus Nr. 1/2/4 ab Funchal (auch Sa/So etwa viertelstündlich, einfach 1,95 Euro)
Abfahrt: Rodoeste Bus Nr. 1/3/4/5 etc. nach Funchal (auch Sa/So mind. stündlich, einfach 2,20 Euro)
Ausrüstung: Sonnenschutz

Wegbeschreibung

Der Spaziergang beginnt beim **Complexo Balnear do Lido (1)** mit seinen Meerwasserschwimmbecken (www.frentemarfunchal.com, 8.30/9–18/20 Uhr, 5 Euro, Kind 1,80 Euro) der die platzartige Fläche vor den Hotels mit Parkplätzen und Restaurants zum Meer hin mit einem Maschendrahtzaun abriegelt. Auf dem Meer zieht der Nachbau der Karavelle Santa Maria gemächlich eine Kielwasserspur, Speedboote voller Touristen preschen an ihr vorbei. Man wendet sich nach Westen und folgt

Tour F5

- 1 Complexo Balnear do Lido
- 2 Club Naval do Funchal
- 3 Denkmal
- 4 Beginn Praia Formosa
- 5 Ende Praia Formosa
- 6 Haltestelle
- 7 Câmara de Lobos

der Küstenlinie. Rechter Hand türmen sich die Hotelbauten auf, alle mit Pools gerüstet. Links zeigen sich die Felsen am Meer unbeeindruckt und so wie sie immer waren.

Nach gut 10 Min. und einem kleinen Anstieg passiert man eine weitere Badeanstalt, den **Club Naval do Funchal (2),** der – obwohl privat – auch Gäste zulässt, die es ein wenig exklusiver mögen (Rua da Quinta Calaça 32, www.clubenavaldofunchal. com, 10 Euro/Tag mit Liege und Schirm, auch Restaurant). Die Promenade senkt sich nun wieder ab und nach 5 Min. ist die dritte Badeanstalt der Hotelzone erreicht, der Complexo Balnear Punta Gorda (www.frentemarfunchal.com, 8.30/9–18/20 Uhr, 5 Euro, Kind 1,80 Euro). Gleich danach, gegenüber dem Bar-Restaurant-Komplex von Magic on the Rocks zeigt sich die Felsküste wieder unberührt. 10 Min. nach Ponta Gorda besteht die Möglichkeit, auf einem schmalen Pfad zu den Felsen am Wasser abzusteigen (kein Meerzugang).

Rund um Funchal

Nach weiteren 10 Min. stößt man auf die Fahrstraße Rua da Ponta da Cruz. Hier steht ein **Denkmal (3)** für João Gonçalves Zarco (1380–1467), den (Wieder-)Entdecker Madeiras. Nach 50 m verlässt man die Straße nach links hinunter zum Complexo Balnear Doca di Cavacas (www.frentemarfunchal.com, 8.30/9–18/20 Uhr, 2 Euro, Kind 1 Euro) mit natürlichen Felsenbecken und dem bekannten, gleichnamigen Feinschmecker-Restaurant. Hier beginnt der Tunnel von Cavacas. 100 m ist er lang und gut beleuchtet. Auf der Hälfte der Strecke lassen drei in den Fels gehauene Fenster den Blick zu auf eine von Tageslicht erhellte Höhle, in der das Wasser braust. Nun steht man am östlichen Ende des frei zugänglichen Kieselstrandes **Beginn Praia Formosa (4)**.

Zu Beginn spaziert man kurz auf einem aus Holzlatten genagelten Pfad, dann wieder auf Pflaster. 5 Min. hinter dem Tunnel (gleich nach dem Pestana Bay Ocean Hotel und direkt vor der Strandbar) muss man sich entscheiden. Man kann nun für 250 m über die Wackersteine des Strandes balancieren, oder auf der Straße vom Strand weg einen kurzen Umweg (500 m) unternehmen. Nach 7 Min. auf der Umgehung gelangt man wieder an den Strand mit befestigtem Weg und mehreren Bars/Restaurants. 5 Min. sind es nun bis zum Beginn des Betonwegs, der teils auf Säulen errichtet wurde. Hier ragt ein schwarzer Felsen aus dem Meer, den man auf einer Treppe „erklimmen" kann. Der Strand zeigt sich mit schwarzem Sand und feinen Kieseln. Nur noch ein Hotel (das sich schräg den Hang hochzieht) folgt nun, die Küste ist in diesem Abschnitt steil und unnahbar. Hoch oben stehen Villen auf den Klippen. 10 Min. später ist das **Ende der Praia Formosa (5)** erreicht.

059wma sk

Man passiert eine lange ins Meer ragende Löschbrücke für die Zementfrachter, die ihre Ladung in die Tanks rechter Hand blasen. Der Weg schwingt nun auf Säulen hoch zur Fahrstraße mit der **Haltstelle (6)** des Hop-on-hop-off-Busses. In 10 Min. gelangt man von hier – vorbei am legendären Restaurant Churchill (wo der „Bullterrier" seinen Lieblingsplatz gehabt haben soll) – hinunter zum Hafen von **Câmara de Lobos (7).**

Complexo Balnear do Lido (1)	0 Min.	20 m
32.636450, 16.931504		
Club Naval do Funchal (2)	10 Min.	36 m
32.635282, 16.939465		
Denkmal (3)	35 Min.	45 m
32.634165, 16.946463		
Beginn Praia Formosa (4)	40 Min.	5 m
32.636749, 16.947864		
Ende Praia Formosa (5)	70 Min.	5 m
32.644688, 16.969076		
Haltestelle (6)	80 Min.	40 m
32.644965, 16.970644		
Câmara de Lobos (7)	90 Min.	5 m
32.647947, 16.974412		

Schwanenhals-Agave

(agave attenuata, engl. foxtail agave)

Wenige Gewächse auf Madeira vermitteln ein so deprimierendes Bild wie die auch Drachenbaum-Agave genannte Sukkulente. Ihr Blütenstand hängt regelmäßig traurig krummgebogen in die Landschaft. Er zeigt allerdings, dass die Pflanze bereits ein passables Alter erreicht hat. Bis zu 4 m kann er lang werden und entwickelt sich erst nach 10 bis 15 Jahren. Bis zwei Meter Höhe ragt er noch kerzengrade in den Himmel, dann fordert die Schwerkraft ihren Tribut. Der ganze Blütenstand ist mit Samen besetzt, die schließlich auf den Boden fallen. Nur ein einziges Mal blüht die Agave, dann hat sie sich auch schon völlig verausgabt (beim Missverhältnis des Gewichtes zwischen Pflanze und Blüte kein Wunder) und trocknet aus. Da sie aber sehr genügsam ist, auch auf sehr trockenen Böden und lange Dürreperioden überlebt, wachsen die jungen Pflanzen unproblematisch (aber eben auch sehr langsam) nach. Ihren Ursprung hat diese Agavenart in Mexiko, wo sie normalerweise in einer Höhe von 1900 bis 2500 m wächst. Den Weg nach Madeira fand sie wohl im 19. Jh. über Kew Gardens in London, den Königlichen Botanischen Garten, zu dem die englischen Villenbesitzer des Archipels ausgezeichnete Beziehungen unterhielten.

004wma sk

F6 Estreito de Câmara de Lobos – Cabo Girâo (Levada do Norte)

2½–3 Std. | 8,5 km
leicht
▲ 120 m ▼ 80 m

Die leichte **Levadawanderung** folgt der Levada do Norte, die 580 m über dem Meer in weiten Bögen durch die Weinberge in den Westen mäandriert. Einige Stellen sind etwas ausgesetzt und nicht gesichert, weswegen man eher schwindelfrei sein sollte. Der Weg führt durch die Weinbauregion der Insel. Fast 70 % des Rebensaftes für den berühmten „Madeira" stammen aus der Gegend (der Rest wird bei São Vicente im Norden angebaut). Doch nicht nur Weinranken begleiten den Weg. Die Levada passiert Wohnhäuser und Beete, Blumen sind fast überall gepflanzt und wenn nicht, blühen sie wild.

Der Kanal der **Levada do Norte** gehört zu einem ganzen System an Levadas und bildet den Südarm, der unterhalb des Encumeada-Passes seinen Ursprung hat und östlich von Estreito bei Vargem endet. Insgesamt ist er 32 km lang und wurde 1953 so präzise geplant und ausgeführt, dass er auf dieser Wegstrecke nur 40 m Höhe verliert – eine Meisterleistung mit einem Gefälle von nur 1,25 m auf 1000 m.

Gegen Ende der Wanderung, wenn die Levada do Norte aus einem Tunnel strömt, verlässt man sie und folgt der **Levada do Facho,** ein 1 km langer, 1952 gebauter Kanal, der – von der Levada do Norte gespeist – in einem Reservoir 300 m westlich des Kaps endet und dort die Terrassen und Gärten bewässert.

Unter Weinranken zum Aussichtspunkt

Start: Estreito de Câmara de Lobos (32.67603, 16.98092)
Ende: Cabo Girão (32.65773, 17.00479)
Gesamtzeit: 2½–3 Std.
Länge: 8,5 km
Anstieg: 120 m
Abstieg: 80 m
Trittsicherheit: gering
Orientierung: gering
Schwindel: mittel
Kondition: gering

Rund um Funchal

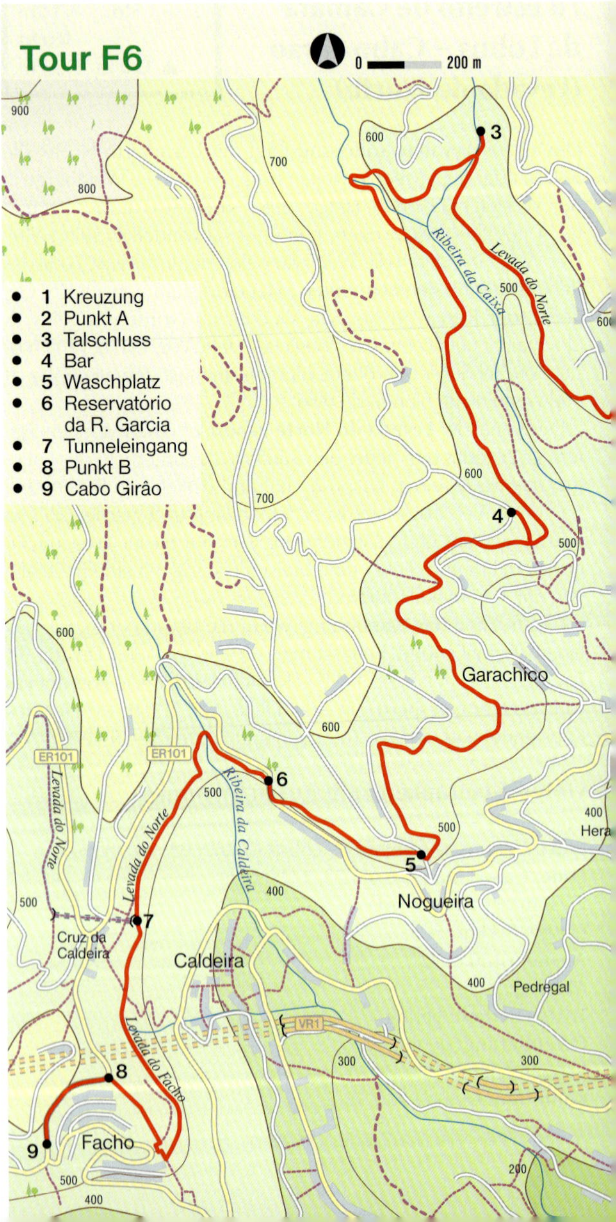

Tour F6

0 ▬▬▬ 200 m

900
800
700
600
500

• **1** Kreuzung
• **2** Punkt A
• **3** Talschluss
• **4** Bar
• **5** Waschplatz
• **6** Reservatório
     da R. Garcia
• **7** Tunneleingang
• **8** Punkt B
• **9** Cabo Girâo

3

Ribeira da Caixa

Levada do Norte

600

600

4

500

500

700

Garachico

600

ER101   ER101

6

500

600

Ribeira da Caldeira

5

400
Hera

500

Nogueira

600

Levada do Norte

Levada do Norte

500

7

Cruz da
Caldeira

400

Caldeira

400

Pedrégal

VR1

300

300

Levada do Facho

8

200

9 Facho

500
400

©Reise Know-How WF_MadF6 1/18

Romeiras

ER251 600

Marinheira

2 1

500

500

400

ER101

Estreito de Câmara de Lobos ℹ

Ribeira da Caixa

300

300

ER101

Quinta do Lemen

VR1

300

200

Terra Chã

Rund um Funchal

Einkehr: Bar in Garachico (Rua Padre António Sousa da Costa); Bar am Cabo Girão

Anfahrt: Rodoeste Bus Nr. 96 ab Funchal (stündlich, Sa/So etwa zweistündlich, einfach 2,75 Euro); weitere Linien bis Estreito de Câmara de Lobos

Abfahrt: Rodoeste Bus Nr. 4/6/7/8 etc. nach Funchal (auch Sa/So mind. stündlich, einfach 2,20 Euro)

Ausrüstung: Feste Schuhe, Sonnenschutz, Regenjacke

Wegbeschreibung

Die Wanderung beginnt an der **Kreuzung (1)** der Rua Dr. A. V. Castro Jorge mit dem Weg entlang der Levada Do Norte 600 m und 10 Min. Fußmarsch oberhalb der Pfarrkirche von Estreito de Câmara de Lobos. Man nimmt den Weg nach links und Westen auf und geht die ersten Meter auf der abgedeckten Levada an Häusern vorbei unter den Weinranken hindurch zum Ortsende von Câmara und über eine Brücke, wo ein Nebenkanal einmündet.

Nach 10 Min. kommt an die Straße Caminho Velho do Foro, kreuzt sie, nimmt den Caminho da Quinta de Santo António gegenüber auf und folgt seinem Gehsteig für 100 m bis man bei **Punkt A (2)** wieder auf die nun offene Levada trifft, die sich sofort von der sich nun absenkenden Straße entfernt. Nach 5 Min. ist der Kanal bei ein paar Häusern für

Tour F6

100 m wieder abgedeckt. Danach kommen zwei Passagen, wo sich der Weg so verschmälert, dass man zumindest an der ersten Stelle die Umgehung unterhalb wählen sollte.

Nun wendet sich die Levada nach Norden und führt in ein schmales Tal hinein. Am **Talschluss (3)** mit Brücke kann man auf dem Levadamäuerchen eines Zuflusses 20 m zu einer gefassten Quelle balancieren, ein idyllisches Plätzchen. Anschließend folgt wieder ein kurzer, aber sehr schmaler Abschnitt und schließlich ist eine Eisenbrücke erreicht, die das Wasser des Kanals über die schmale Schlucht der Ribeira da Caixa leitet (40 Min. ab Start). Nun geht es in einem weiten Bogen wieder aus dem Tal heraus. 10 Min. hinter der Eisenbrücke wird es wieder schmaler und auch wenn es nicht so ausgesetzt wirkt, herunterfallen möchte man nicht. 5 Min. danach ist der Weg erstmals mit einer Geländesicherung versehen, man erblickt die Kirche von Garachico und drei Minuten später bei den Häusern weist eine Wandinschrift unmissverständlich zu einer **Bar (4)** nach oben (100 Stufen) an der Rua Padre António Sousa da Costa. Man kehrt entweder über die Stufen zurück oder nimmt die Straße abwärts, die nach 100 m auf die Levada trifft.

Auf der abgedeckten Levada geht es für 5 Min. durch Garachico, hinter dem Ort verschwindet die Abdeckung und 10 Min. später gelangt man aus dem Tal heraus und sieht unten im Meer den Schiffsanleger der Zementfabrik von Câmara de Lobos. Dann ist man nach weiteren 10 Min. im Dorf Nogueira angekommen und spaziert zwischen seinen Häusern hindurch. Die Hunde in den Höfen und auf den Balkonen kommentieren es mit lautem Gekläffe. Eine kurze Treppe führt hinunter zur Straße. Von einem **Waschplatz (5)** sind nur noch Ruinen übrig. Eine Treppe hoch und parallel zur Straße verlässt man den Ort nach 5 Min. auf abgedeckter Levada.

Auf einem schmalen Wiesenpfad geht es dann plötzlich weiter, die Levada ist verschwunden (und verläuft unterirdisch), ist aber nach 3 Min. schon wieder da, führt nun abgedeckt durch Häuser durch und zur Straße ER229 gleich unterhalb der Wassertanks des **Reservatório da Ribeira Garcia (6),** der man für 20 m nach rechts folgt und sie dann nach links verlässt.

Mit Blick auf die Küste wandert man nun auf schmalem, aber mit Eisengeländern gut gesichertem Weg entlang der Levada und erreicht nach 15 Min. den **Tunneleingang (7)** des 200 m langen Kanaltunnels, der den Hügelrücken durchsticht. Hier wird die Levada do Norte verlassen. Sie speist die kurze Levada do Facho, der man nun geradeaus nach Süden folgt.

Rund um Funchal

060wma sk

20 Min. nach dem Tunnel führt ein Treppenweg rechts hoch (120 Stufen). Nun sieht man bereits den Gebäudekomplex am Kap. Man achte auf die Treppe rechts hoch, steigt auf (260 Stufen), geht die kurze Straße bei **Punkt B (8)** geradeaus und dann die Fahrstraße hinunter zum **Cabo Girão (9),** das 35 Min. nach dem Tunnel erreicht ist. Hier kann man auf dem Skywalk in 580 m Höhe über dem Meer noch einmal seine Schwindelfreiheit testen. Kerzengrade stürzt die Klippe ab und wer auf dem Glasboden der Rampe in den Himmel hinaustritt, schwebt in der Luft.

Eine abgedeckte Levada, Rebstöcke und Calla

Kreuzung (1) 32.67603, 16.98092	0 Min.	560 m
Punkt (A) (2) 32.67533, 16.98585	20 Min.	560 m
Talschluss (3) 32.68175, 16.99193	45 Min.	560 m
Bar (4) 32.67262, 16.99112	70 Min.	580 m
Waschplatz (5) 32.66462, 16.99374	85 Min.	550 m
Reservatório da R. Garcia (6) 32.66644, 16.99838	95 Min.	560 m
Tunneleingang (7) 32.66332, 17.00192	115 Min.	560 m
Punkt B (8) 32.65947, 17.00287	145 Min.	630 m
Cabo Girâo (9) 32.65773, 17.00479	150 Min.	610 m

Rund um Funchal

061wma sk

Edle Weinrebe

(vitis vinifera subsp. vinifera, engl. grape vine)

Endemisch ist die Rebe auf Madeira natürlich nicht, sie kam auf Betreiben von Heinrich dem Seefahrer (zusammen mit Zuckerrohr) auf die Insel, um eine wirtschaftliche Grundlage für die Besiedlung zu schaffen. Die ersten Schösslinge stammten noch aus Griechenland (Malvasier-Traube), heute gelten besonders vier Rebsorten als edel und bilden die Basis für den Madeira-Wein: Sercial, Verdelho, Bual und Malmsey (Malvasier). Bereits im 15. Jh. lieferte man Wein bis nach England. 1478 wählte der Bruder des englischen Königs Edward IV., der Herzog von Clarence, nachdem man ihn des Hochverrates für schuldig befunden hatte, als Todesart das Ertränken – in einem Fass Malmsey. Die Geschichte der Entstehung des heute als Madeira bekannten Weines ist „legendär": Ein portugiesischer Kapitän des 16. Jh. wollte in Übersee in der Kolonie Macao Wein aus Madeira verkaufen, bekam ihn nicht los, ließ die Fässer auf Deck schaffen, um im Rumpf Platz für Gewürze zu haben und segelte zurück. Die tropische Sonne erhitzte den Wein, er fermentierte und voilà: Madeira-Wein. Heute wird der Wein aufgespritet (mit Weinbrand versetzt, um den Gärprozess zu unterbrechen, was zu einem hohen Zuckergehalt führt) und reift bis zu 20 Jahre in Fässern. Der Alkoholgehalt beträgt 17–22 %.

005wma sk

F7 Boca da Corrida – Pico Grande

> 4–5 Std. | 9,5 km
> schwer
> ▲ 550 m ▼ 550 m

Am Anfang einfache **Gebirgswanderung** ohne lange Anstiege, im letzten Abschnitt aber mit **kräftezehrendem, ausgesetztem Aufstieg,** der absolute Trittsicherheit verlangt. Am Ende, nach ein wenig Kletterei, steht man zwar nicht auf dem höchsten, mit Sicherheit aber auf dem markantesten Gipfel Madeiras. Die Rückkehr erfolgt auf demselben Weg.

Zwischen der Bergkette der höchsten Inselgipfel Arieiro und Ruivo im Nordosten, und der Hochebene des Paúl da Serra im Nordwesten bieten sich unvergleichliche Ausblicke – der Pico Grande gilt als der Aussichtsberg Madeiras. Zu erkennen ist er sehr einfach. Wie ein Korken wächst aus dem Massiv ein Steinpropf aus vulkanischem Tuff – Reste eines Schlotes. Auch Curral das Freiras, das Tal der Nonnen, galt lange als vulkanischer Krater. Tatsächlich hat Erosion das Tal geschaffen.

Der Wegabschnitt zwischen Boca do Cerro und Boca da Corrida war einst Teil des Königlichen Wegenetzes und Verband die Nord- mit der Südküste (CR25 – Caminho Real/Königlicher Weg 25), von São Vicente über Encumeada, Jardim da Serra, Estreito und Câmara de Lobos nach Funchal. Das erhaltene Pflaster des Weges hat also Tradition (siehe Exkurs „Königliche Wege – Caminhos Reais").

Hinweis: Wegen Orientierungsproblemen im Gipfelbereich bei ungenügender Sicht und Rutschigkeit des Pfades sollte man die Tour keinesfalls bei Nebel oder schlechtem Wetter unternehmen.

Bester Rundumblick der Insel

Start/Ende: Boca da Corrida (32.711067, 16.986778)
Gesamtzeit: 4–5 Std.
Länge: 9,5 km
Anstieg: 550 m
Abstieg: 550 m
Trittsicherheit: hoch
Orientierung: mittel
Schwindel: hoch

Rund um Funchal

Kondition: hoch

An-/Abfahrt: Rodoeste Bus Nr. 96 ab Funchal nach Jardim da Serra (ein- bis zweistündlich, einfach 2,75 Euro). Mit dem Wagen von der Schnellstraße nach Câmara de Lobos abfahren, im Ort an der Hauptkirche vorbei bergauf und den Schildern nach Jardim da Serra folgen, in Jardim am „Hauptplatz" in die Rua da Igreja einbiegen und für 3,5 km bergauf bis zum Parkplatz fahren.

Ausrüstung: Bergschuhe, Sonnenschutz

Anschluss: Tour F9 von Boca da Encumeada nach Curral das Freiras, ZO6 von Pico Ruivo nach Curral das Freiras

Tour F7

0   200 m ©Reise Know-How

WF_MadF7a 1/18

Anschluss rechts

Pico do Cavalo 1349

Boca dos Corgos

- 1 Boca da Corrida
- 2 Übergang 1
- 3 Boca dos Corgos
- 4 Aussichtspunkt
- 5 Passo de Ares
- 6 Übergang Pico Serradinho
- 7 Boca do Cerro
- 8 Rastplatz
- 9 Pico Grande

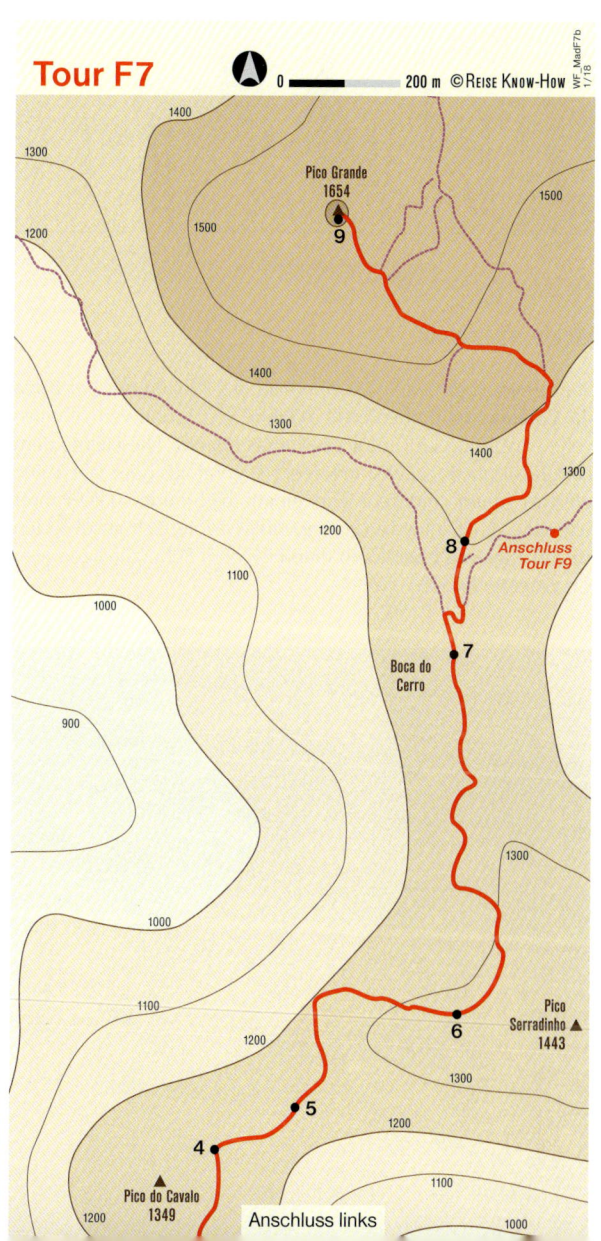

Tour F7

0 — 200 m © Reise Know-How

WF_MadF7b
1/18

Pico Grande
1654
9

1400
1300
1200
1500
1500
1400
1300
1400
1300
1200
1100
1000
900
1000
1100
1200
1300

8

Anschluss
Tour F9

7

Boca do
Cerro

1300

6

Pico
Serradinho ▲
1443

5

4

Pico do Cavalo
1349

Anschluss links

Wegbeschreibung

Startpunkt ist der Parkplatz oberhalb des Forsthauses der **Boca da Corrida (1)** in über 1200 m Höhe, der schon verheißungsvolle Ausblicke auf Curral das Freiras erlaubt. Die kleine, dem Hl. Christopherus geweihte Kapelle stammt aus dem Jahr 1999, gestiftet unter anderem von einem dichtenden Lkw-Fahrer (Horácio dos Santos Faria). Nach dem erfolgreich absolvierten steilen Fahrweg hoch kann man hier dem Schutzheiligen aller Chauffeure danken.

Man nimmt nun den Weg links der Kapelle und hält sich sofort rechts, den Treppenweg hoch. Im Folgenden sind die auf- und absteigenden Abschnitte der Tour fast durchweg als guter Pflasterweg bzw. als getrepptes Pflaster ausgebildet. Die Wanderung beginnt mit einer zügigen Steigung und nach knapp 15 Min. und fast 100 Höhenmeter kann man an einem Aussichtsbalkon mit Talblick verschnaufen. Ab hier wird es weniger steil und der Weg zieht teils als Naturpfad am Hang entlang. Voraus ist der Felspfropf als Krone des Pico Grande eindeutig ausmachbar. Nach knapp 20 Min. ab Start ist die höchste Stelle des Kamms erreicht: **Übergang 1 (2)**.

Nun heißt es wieder etwas abwärts steigen Nach gut 10 Min. auf teils gut erhaltenem Pflaster, teils steinig und schräg am Hang herunter steht man unten am Sattel **Boca dos Corgos (3)** und marschiert für 5 Min. die Höhe haltend auf Naturpfad weiter.

Dann geht es wieder für knapp 10 Min. hoch zu einem weiteren **Aussichtspunkt (4)** am Pico Calvaho. Gegenüber ist der Sattel zu sehen, von dem aus der Gipfelsturm beginnt – die Boca do Cerro.

Erst muss man aber wieder absteigen zum **Passo de Ares (5)** und wieder hoch gehen zum **Übergang unterhalb des Pico Serradinho (6)**.

Nun geht es für 15 Min. und auf einem Kilometer mehr oder weniger die Höhe haltend hinüber und schließlich runter zur **Boca do Cerro (7)**. Nach knapp 300 m weisen Schilder den Weg nach Encumeada und nach Curral. Über ein paar Stufen und wenige Meter von der West- zur Ostseite des Sattels Richtung Curral gegangen steht linkerhand ein Schild, das die Richtung zum Pico Grande angibt. Ihm folgt man nach links, passiert einen netten **Rastplatz (8)** unter schattenspendenden Bäumen für die Rückkunft, folgt einer „Allee" toter Bäume mit ihren weiß gebleichten Stämmen und Ästen und steht nach 5 Min. vor dem schwierigsten Abschnitt.

Rund um Funchal

Eine Pause vor und nach dem Gipfelsturm des Pico Grande

Zwischen einem an der Felswand befestigten Drahtseil und einem (mittelmäßig fundamentiertem) „Seilgeländer" hangelt man sich eine Felswand schräg hoch. Gleich anschließend folgt ein schmaler, sehr ausgesetzter Pfad, eine schräg zu querende Steilwiese, eine ausgesetzte Steintreppe, wieder eine ausgesetzte Querung und abschließend noch eine ausgesetzte Treppe. Nach 10 Min. sollte man diese Passagen bewältigt haben und kann durchatmen. Durch den Busch geht es nun in engen Serpentinen und knapp 20 Min. auf gut erkennbarem, aber staubigem Pfad hoch zu einem Aussichtsbalkon und von diesem auf den nun sichtbaren Felskopf zu. Bei stärkerem Andrang findet der von den Wanderschuhen aufgewirbelte feine Staub keine Zeit mehr, sich zu setzen und steht in der Luft. Nach weiteren 15 Min. hat man das 15 m hohe Felsgetürm erreicht, das entlang einer Rinne in 5 Min. erklettert ist: der **Pico Grande (9)** mit der schönsten Sicht über die Insel und ihre Bergwelt.

Die Rückkehr erfolgt auf dem Aufstiegsweg.

Boca da Corrida (1)	0 Min.	1235 m
32.711067, 16.986778		
Übergang 1 (2)	20 Min.	1315 m
32.714836, 16.989895		
Boca dos Corgos (3)	30 Min.	1235 m
32.717724, 16.990099		
Aussichtspunkt (4)	40 Min.	1300 m
32.722414, 16.990324		
Passo de Ares (5)	45 Min.	1270 m
32.722969, 16.988758		
Übergang Pico Serradinho (6)	50 Min.	1310 m
32.724702, 16.985260		
Boca do Cerro (7)	65 Min.	1290 m
32.730379, 16.985368		
Rastplatz (8)	70 Min.	1320 m
32.731976, 16.985389		
Pico Grande (9)	125 Min.	1655 m
32.737148, 16.987873		

F8 Eira do Serrado – Curral das Freiras

1–1½ Std.	3 km
	leicht
▲ 30 m ▼ 400 m	

Einfache **Bergwanderung** auf relativ gutem und breitem, schattigem Weg mit nur einer Richtung: Abwärts!

Eira do Serrados einzige Existenzberechtigung ist die Aussicht auf Tal und Berge. Als einer der meistbesuchten Plätze der Insel fehlt es natürlich nicht an einem Hotel, einem Café-Restaurant und zahlreichen Souvenirständen.

Das Tal, „**Curral das Freiras** – Nonnenstall", war seit dem 17. Jahrhundert in Besitz der Klarissinnen des Klosters Santa Clara in Funchal. Hierher flohen die Nonnen, wenn Piraten wieder einmal die Inselhauptstadt plünderten. Die mit Wein und Kastanien bepflanzten Ländereien in dem abgeschiedenen Tal brachten so viel Geld ein, dass der Konvent bald zu den wohlhabendsten der Insel zählte. Heute ist Curral das Freiras ein kleiner, beschaulicher Ort mit vielen älteren Häusern und natürlich immer noch Kastanien. Sie sorgen für die Souvenirs, die die Touristen mit nach Hause nehmen, Kastanienlikör und Kastanienkuchen, und für die Spezialitäten in den Restaurants: Kastaniensuppe, Fleisch mit Kastanien, Fisch mit Kastanien, Kastanienpudding …

Rund um Funchal

Einmal abwärts bitte!

Start: Eira do Serrado (32.710503, 16.962102)
Ende: Curral das Freiras (32.720270, 16.965279)
Gesamtzeit: 1–1½ Std.
Länge: 3 km
Anstieg: 30 m
Abstieg: 400 m
Trittsicherheit: gering
Orientierung: gering
Schwindel: gering
Kondition: gering
Einkehr: Bars und Restaurants in Eira do Serrado und Curral das Freiras
Anfahrt: Horários do Funchal Bus Nr. 81 ab Funchal nach Eira do Serrado (zwei- bis fünfmal am Tag, teilweise nur wenn man den Fahrer informiert, ansonsten fährt er durch bis Curral, einfach 3,35 Euro). Mit dem Wagen von der Schnellstraße nach

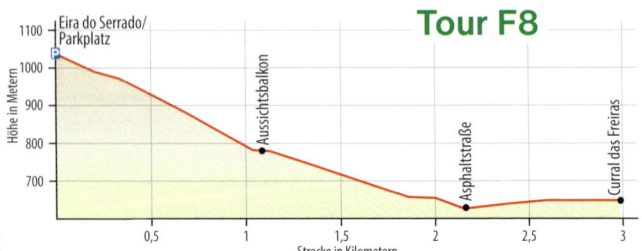

Tour F8
Eira do Serrado/
Parkplatz
Aussichtsbalkon
Asphaltstraße
Curral das Freiras
Höhe in Metern
1100
1000
900
800
700
0,5
1
1,5
2
2,5
3
Strecke in Kilometern

Curral das Freiras abfahren, vor dem Tunnel nach Eira do Serrado abbiegen (noch 2,3 km). Hier auch Bushalltestelle (40 Min. Fußmarsch nach Eira do Serrado).

Abfahrt: Horários do Funchal Bus Nr. 81 (ein- bis zweistündlich, einfach 3,35 Euro). Taxi in Curral das Freiras: Martinha, Tel. 968 686711, facebook.com/taxicurraldasfreiras

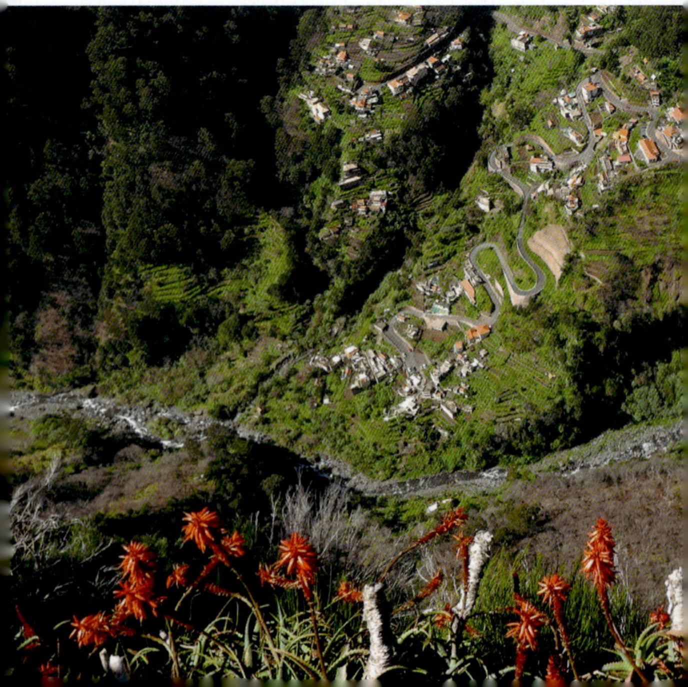

Ausrüstung: Wanderschuhe
Anschluss: Tour F9 von Boca da Encumeada nach Curral das Freiras, ZO6 von Pico Ruivo nach Curral das Freiras

Wegbeschreibung

Bevor man sich auf den Weg abwärts macht sollte man sich einen Überblick verschaffen. Der **Miradouro da Eira do Serrado** (300 m vom Hotel, über einige Treppenstufen aber auch über eine Rollstuhlrampe erreichbar) bietet einen fantastischen und senkrechten Blick 400 m in die Tiefe. Hinter den dort an den Hängen gestaffelten weißblitzenden Häusern türmen sich spektakulär die Felswände des Inselinneren auf.

Curral das Freiras lotrecht 400 m unterhalb

064wma sk

Rund um Funchal

Vom Aussichtspunkt zurückgekehrt weist am **Parkplatz (1)** ein Schild nach Curral das Freiras. Am Hotel vorbei geht es auf getrepptem Pflasterweg abwärts und in Serpentinen unter Kastanienbäumen hindurch. Schaut man nach oben sind rechts des Hotels das Geländer des Miradouro und die Schemen der Besucher zu sehen. Nach etwa 5 Min. ist der Weg mit einem Draht gesichert. Im Folgenden wird dies an etwas abschüssigen Stellen immer wieder der Fall sein, doch der Weg ist breit genug, dass ihn auch nicht ganz Schwindelfreie bewältigen sollten.

An der Felswand rechts voraus ist die Linienführung der ehemaligen Straße von Eira do Serrado ins Tal zu sehen. Bis zu ihrer Eröffnung 1959 war Curral das Freiras nur zu Fuß zu erreichen. Man kann ermessen, wie viel Aufwand es bedeutet hat, sie in den Stein zu fräsen – und vor allem auch die Straße zu unterhalten, sie immer wieder von Steinschlägen zu säubern. Erst der 2004 fertiggestellte Tunnel hat für eine dauerhaft sichere Anbin-

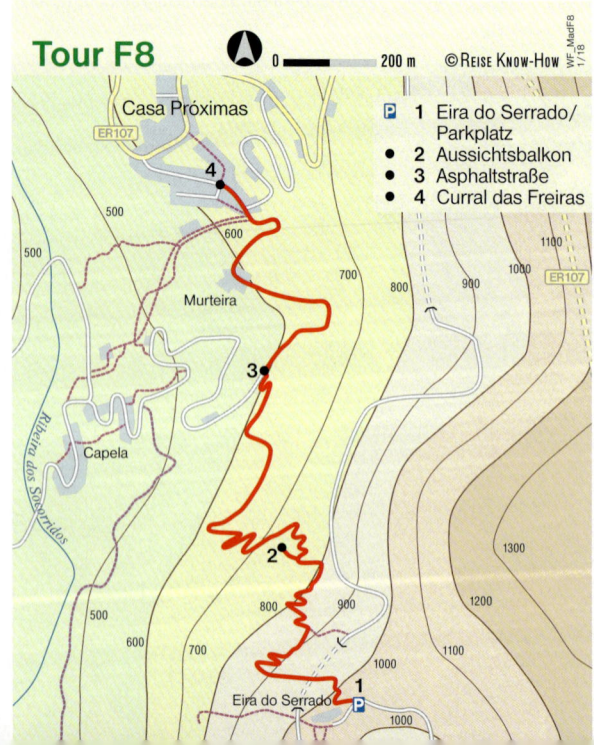

dung von Curral an den Rest der Insel gesorgt. Bis auf die Ausblicke auf das Tal und die Felstürme gegenüber (mit dem Pico
Grande) verläuft der Weg eher ereignisarm. Nach einem kurzen
Abschnitt mit Holzbohlenstufen nach gut 20 Min. ab Start erreicht man auf einem 20 m langen Stichpfad den **Aussichtsbalkon (2)** mit Bank und Tisch.

Es folgen erst engere, dann weitere Serpentinen und 15 Min.
hinter dem Balkon wendet sich der Weg in einer weiten Rechtskurve nach Nordosten und verläuft schräg zum Hang leicht abwärts. Nach gut 5 Min. bewältigt man die letzten Meter abwärts
auf Steinstufen. Unten an der **Asphaltstraße (3)** wendet man
sich nach rechts (Schild: Igreja Matriz/Centro), spaziert in zwei
weiten Schleifen leicht bergan, passiert links unterhalb einen
kleinen Park und befindet sich danach bereits am Hauptplatz
von **Curral das Freiras (4)** mit Bars, Restaurants, Souvenirständen und Bushaltestelle.

Rund um Funchal

Eira do Serrado/Parkplatz (1)	0 Min.	1035 m
32.710503, 16.962102		
Aussichtsbalkon (2)	25 Min.	780 m
32.713304, 16.963758		
Asphaltstraße (3)	50 Min.	625 m
32.716739, 16.964235		
Curral das Freiras (4)	60 Min.	655 m
32.720270, 16.965279		

Kastanien

(castanea sativa, port. castanheiro, engl. chestnut)

Vereinzelt kommt der Kastanienbaum auf der ganzen Insel in Höhen zwischen 400 und 1000 m vor, doch seine wirkliche Heimat hat er im Tal von Curral das Freiras, wo er in relativ homogenen Hainen auf 70 ha wächst. Auch wenn die Kastanie für Madeira nicht indigen ist, sie ist schon in den frühen Jahren der Besiedelung per königlichem Dekret vom 14. Januar 1515 auf die Insel gekommen. Zum einen sollte ihre Anpflanzung (zusammen mit der Kiefer) der zunehmenden Entwaldung entgegenwirken. (Der Schiffsbau im Mutterland hatte große Mengen Holz verbraucht und die Zuckerrohrindustrie benötigte für das Verkochen ebenfalls Brennstoff.) Zum anderen war die Kastanie neben Wein und Getreide ein wichtiges landwirtschaftliches Produkt, dessen Mehl als überaus nahrhaft galt. Die Blätter fanden in der Volksmedizin wegen ihrer adstringierenden Wirkung und sedierenden Eigenschaft Anwendung, die Rinde konnte zur Färbung verwendet werden.

006wma sk

F9 Boca da Encumeada – Curral das Freiras

> **5–6 Std. | 12 km**
> **mittelschwer**
> ▲ 520 m ▼ 660 m

Die **lange Wanderung** auf relativ gutem und breitem Weg, teils mit Pflaster und ab und an im Schatten, lässt sich bei entsprechender Kondition von fast jedem unternehmen. Technisch werden keine Ansprüche gestellt und dort wo es mal etwas ausgesetzter ist, sind die Drahtsicherungen vorbildlich in Schuss. Allerdings kann im ersten Abschnitt starker Regen die kleinen Brücken über drei Bäche zerstört haben (was immer wieder passiert), dann heißt es ein wenig auf Felsen zu balancieren.

Nach einer guten Stunde Wanderung passiert man das Dorf **Curral Jangão** im Tal der Ribeira do Poço – ein wirklich abgeschiedener Platz. Nur einige Häuser sind im Schatten des Tales an den steilen Flanken von Pico Grande und Pico da Encumeada verteilt, auf den teilweise noch bewirtschafteten Terrassen wachsen Mais, Kohl und Brechbohnen.

Wer Zeit, Lust und Kraft hat, kann vor dem Abstieg nach Curral das Freiras den Gipfelsturm zum Pico Grande wagen. Der hier querende Wanderweg F7 Boca da Corrida – Pico Grande beschreibt den Aufstieg.

Auf königlichem Weg

Start: Boca da Encumeada (32.754112, 17.019265)
Ende: Curral das Freiras/Fajã Escura (32.731755, 16.970851)
Gesamtzeit: 5–6 Std.
Länge: 12 km
Anstieg: 520 m
Abstieg: 660 m
Trittsicherheit: mittel
Orientierung: gering
Schwindel: gering
Kondition: mittel
Einkehr: Snackbar-Restaurant Encumeada an der Boca da Encumeada (von frühmorgens bis spät, auch Infos zur Begehbarkeit der Wege und Befahrbarkeit der Straße hoch); Snack Bar O Lagar am Ausstieg in Fajã Escura, Bars und Restaurants in Curral das Freiras

Rund um Funchal

Anfahrt: Rodoeste Bus Nr. 6 ab Funchal nach Encumeada (wochentags morgens, mittags und abends, So nicht am Mittag, einfach 4 Euro). Mit dem Wagen in Ribeira Brava Richtung São Vicente und in Serra de Água auf die ER228 hoch zum Encumeada-Pass abbiegen.

Abfahrt: Horários do Funchal Bus Nr. 81 nach Funchal (ein- bis zweistündlich, einfach 3,35 Euro). Taxi in Curral das Freiras: Martinha, Tel. 968686711, facebook.com/taxicurraldasfreiras

Ausrüstung: Wanderschuhe, Sonnenschutz

Anschluss: Tour F8 von Eira do Serrado nach Curral das Freiras, ZO6 von Pico Ruivo nach Curral das Freiras, ZW11 von Bica da Cana nach Boca da Encumeada

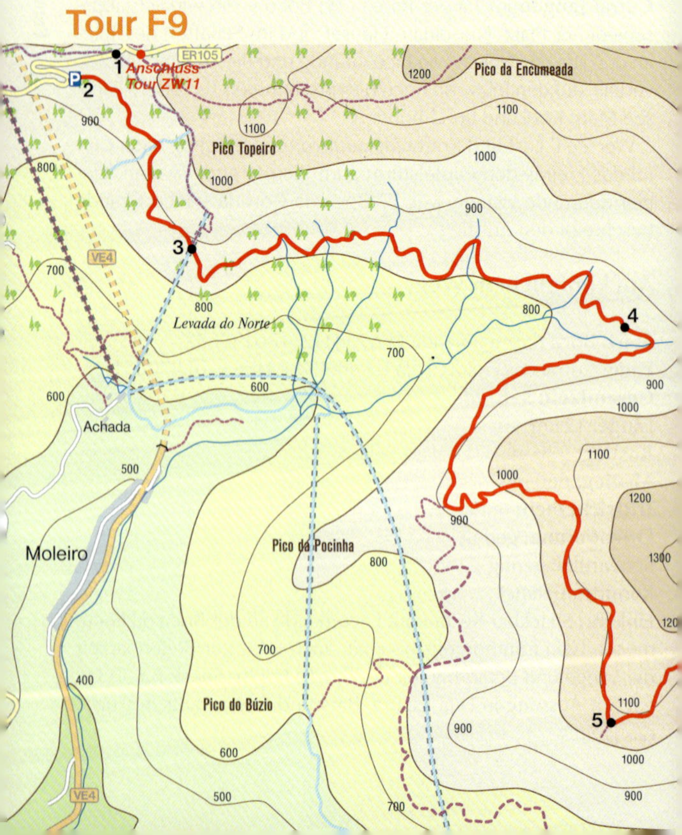

Tour F9

Wegbeschreibung

Am Abzweig der ER110 hoch zum Paúl da Serra von der ER105 geht man von der **Boca da Encumeada (1)** die ER105 südlich und abwärts bis nach 500 m in einer Kehre linkerhand ein **Parkplatz (2)**, ein **Eisentor** und ein **Schild** den Einstieg markiert.

Auf breitem und gutem Forstweg geht es leicht bergab. Nach 15 Min. gelangt man an eine Gabelung, an der man sich nach rechts und weiter bergab orientiert. Der Fahrweg ist nun schon merklich schmaler und wandelt sich nach 7 Min. an einem Aussichtsbalkon mit Betonbank und -tisch zurück auf die Boca da Encumeada mit dem darunter liegenden Hotel zum Wander-

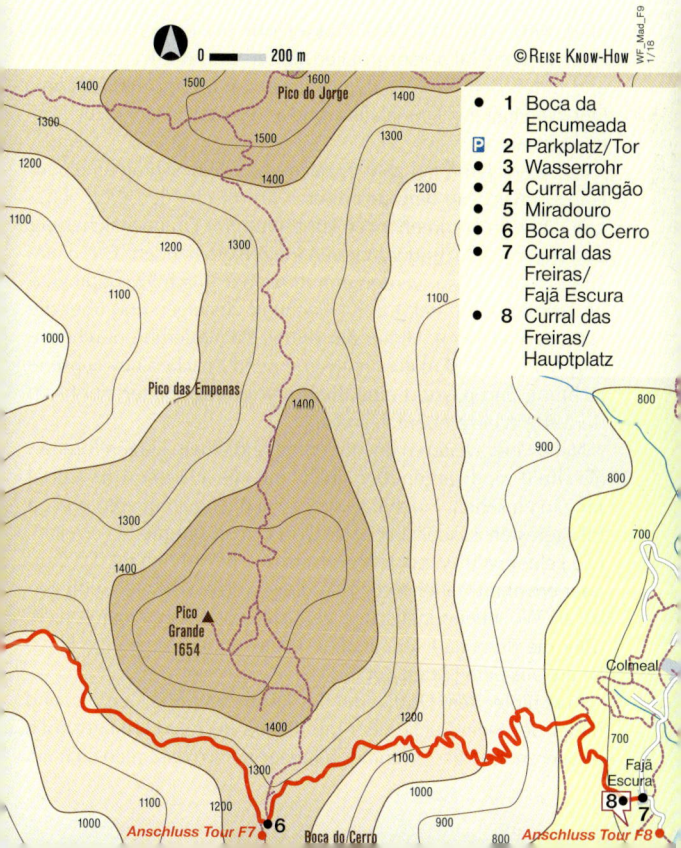

© Reise Know-How   WF_Mad_F9 1/18

• 1 Boca da Encumeada
P 2 Parkplatz/Tor
• 3 Wasserrohr
• 4 Curral Jangão
• 5 Miradouro
• 6 Boca do Cerro
• 7 Curral das Freiras/ Fajã Escura
• 8 Curral das Freiras/ Hauptplatz

Anschluss Tour F7

Anschluss Tour F8

Tour F9

pfad. Kurz danach ist ein **Wasserrohr (3)** erreicht, dass das Kraftwerk im Tal versorgt. Hier nimmt man die Treppe runter und unten den Pfad nach links unter dem Rohr hindurch auf. Der Weg hält erst einmal die Höhe und taucht in einen Eukalyptuswald ein.

Auf schmalem Pfad geht es nach gut 5 Min. schräg an einem Hang entlang, an dem des öfteren Erdrutsche den Weg verlegen. Danach kommen zwei Abschnitte mit Drahtversicherung und mehrere Bachquerungen in kurzen Abständen. Die einfachen Holzbrücken werden immer wieder durch Wasserabgänge zerstört, dann heißt es ins Bachbett absteigen und über die Felsen balancieren. Hinter der dritten Bachquerung durchwandert man auf 200 m eine mit Farnen und Büschen bewachsene Lichtung und passiert eine Kieferngruppe. Dahinter zieht sich der Weg in ein Nebental hinein.

Nach einer weiteren Bachquerung und einem kurzen Pflasterabschnitt sind gegenüber am Hang die Häuser von Curral Jangão zu sehen. Nochmals sind zwei Bäche zu queren und an Pflasterresten ist schließlich das Dorf **Curral Jangão (4)** erreicht. Die Felder werden noch bewirtschaftet, bewohnen tut das Dorf aber ernsthaft keiner mehr. Allerdings werden die Gebäude gerne als Wochenendhäuschen genutzt (wobei der Zugang nicht über die Boca da Encumeada erfolgt, sondern über eine Forststraße aus dem Süden hoch).

Kurz hinter dem Dorf endet das Tal an mehreren Gumpen und hinter der Steinbrücke über die Ribeira do Poço erinnert noch existierendes Pflaster immer häufiger daran, dass man sich auf einem Königsweg befindet. 20 Min. hinter dem Dorf beginnt dann der lange Anstieg zur Boca do Cerro. An einem Aussichtspunkt mit Blick auf die Boca da Encumeada, die Windräder des Paúl da Serra und den Süden biegt der Weg um eine Kurve und führt nach Osten, in Serpentinen hoch und später an einer 100 m langen Trockenmauer entlang, die der Stabilisierung des Weges dient. Der ganze Abschnitt ist als Pflasterweg ausgeführt und ab und an mit einer Stufe garniert. Nach 35 Min. wird es etwas weniger steil, flachere Passagen wechseln jetzt mit mäßig ansteigenden. 200 Höhenmeter und 15 Min. später kann man ein letztes Mal an einem **Miradouro (5)** einen Blick auf den Ausgangspunkt werfen.

Verlief die Wanderung bislang im Schatten des Morgens, ist man jetzt der prallen Sonne ausgesetzt. Über einige Bohlenstufen geht es kurz hinunter (10 Höhenmeter), aber letztlich hält man für gut 5 Min. die Höhe, dann wird es wieder steiler. Voraus ist die Boca do Cerro zu sehen, Zwischenziel für den Abstieg (oder den Aufstieg zum Pico Grande). Ein kleines Wäldchen gibt willkommenen Schatten und 15 Min. nach dem Miradouro an einem gewaltigen bemoosten Felsbrocken stehen neben dem Weg knorrige alte Lorbeerbäume und vermitteln, wie Madeira zur Urzeiten ausgesehen hat: auch in dieser Höhe dicht bewaldet. Jetzt wird in etwa die Höhe gehalten und der Weg ist in längeren Abschnitten Naturpfad, der durch Buschwald schräg hinüberführt.

45 Min. nach dem Miradouro ist der Sattel **Boca do Cerro (6)** erreicht. Drei Stufen hoch und auf die Ostseite gewechselt beginnt am Abzweig hoch zum Pico Grande (mit einem schönen Rastplatz unter Bäumen) der 3,5 km lange Abstieg nach Curral das Freiras.

Von einer Abwärtsrichtung ist aber erst einmal nichts zu merken. Der Weg zieht sich unterhalb des Felsendoms des Pico Grande Höhe haltend nach Norden. Erst nach 5 Min. senkt sich der Weg entlang des Felsmassivs ab. Nach weiteren 5 Min. ist ein Bächlein zu durchklettern, man taucht kurz in Buschwald ein und wandert dann schattenlos zwischen einzeln stehenden Bäumen auf erst breitem Pfad mit Drahtsicherung in Serpentinen bergab. Er wird aber schnell zu einem felsigen Weg, der steil und gerade abwärts führt und in einen Treppenweg mündet, der dann wieder in Serpentinen in den Schatten führt. Auf felsigem Waldpfad geht es weiter abwärts, mehr und mehr sind nun Kas-

tanien zu sehen. Nach einer knappen Stunde öffnet sich der Blick ins Tal. Nun steigt man auf einer Bohlentreppe weiter zügig bergab, biegt nach gut 10 Min. auf einen Betonweg nach links ein. Nach 3 Min. wird er zur Forststraße, diese nach nochmal 3 Min. wieder zum Betonweg, der in 2 Min. zu den ersten Häusern des **Ortsteiles Fajã Escura (7)** führt. Gleich rechterhand wartet das Café/Restaurant O Lagar mit Erfrischungen auf. Wer zum **Hauptplatz** von Curral das Freiras möchte, nimmt den Weg an der Gabelung unterhalb der Bar nach links und südlich bergab und gelangt über eine Brücke nach 600 m zur Fahrstraße (hier Bushaltestelle), der er aufwärts gehend 1,2 km nach **Curral das Freiras (8)** hinein folgt (vor dem langen Tunnel nach links auf Fußweg abbiegen, insgesamt 30 Min.).

An der Weggabelung der Boca do Cerro

063wma sk

Boca da Encumeada (1)	0 Min.	1000 m
32.754112, 17.019265		
Parkplatz/Tor (2)	8 Min.	940 m
32.753336, 17.020993		
Wasserrohr (3)	15 Min.	900 m
32.748234, 17.016202		
Curral Jangão (4)	70 Min	860 m
32.745684, 16.999347		
Miradouro (5)	140 Min.	1100 m
32.733041, 17.000195		
Boca do Cerro (6)	185 Min.	1290 m
32.730379, 16.985368		
Curral/Fajã Escura (7)	270 Min.	625 m
32.731755, 16.970851		
Curral/Hauptplatz (8)	300 Min.	655 m
32.720270, 16.965279		

Königliche Wege – Caminhos Reais

Sechs Königliche Wege gab es auf Madeira, auf Initiative des portugisischen Königshauses über Jahrhunderte entstanden und noch zu Beginn des 20. Jh. unterhalten. Der Caminho Real CR23 war mit 180 km der längste und verlief immer in Küstennähe rund um die Insel. Die fünf weiteren Wege – CR24 bis CR28 (zwischen 12 und 40 km lang) – verbanden die Süd- mit der Nordküste durchs Inselinnere. Der CR24 verlief von Santana über Cruzinhas, Ribeiro Frio, Poiso, Terreiro da Luta nach Funchal, CR25 von São Vicente über Encumeada, Jardim da Serra, Estreito und Camara de Lobos nach Funchal, CR26 von Estanquinhos im São VicenteTal (Anschluss an CR25) nach Ponta do Sol (ebenso wie der CR28, der aber eine parallele Linienführung hatte) und CR27 von Boaventura über Lombo do Urzal, Boca

das Torrinhas, Curral das Freiras, Eira do Serrado und Santo Antonio nach Funchal. An mehreren Stellen sind die Wege noch er- und unterhalten, so z.B. bei Calhau unterhalb von São Jorge, einst einer der bedeutendsten Häfen an der Nordküste, und zwischen der Boca da Encumeada und dem Zustieg zum Pico Grande. Traditionell besteht das Pflaster aus Basalt – und wo die Wege heute noch gepflegt werden, nutzt man weiterhin diesen Stein.

Teils sind die alten Königlichen Wege noch vorzüglich erhalten

066wma sk

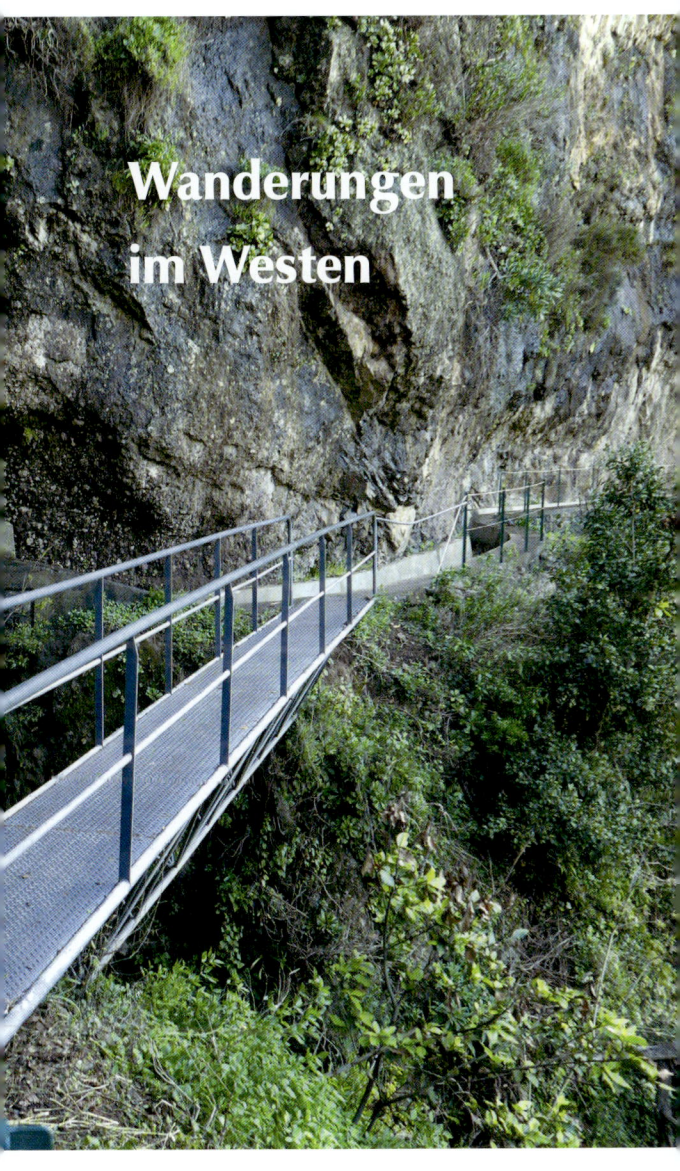

Wanderungen
im Westen

Wanderungen im Westen

Entlang der Küste zwischen Câmara de Lobos Richtung der Westspitze Madeiras wechseln sich Steilhänge mit tief ins Inselinnere greifenden Tälern ab. Dann wirkt die Landschaft nicht mehr ganz so spektakulär. An der Westspitze bei Ponta do Pargo wird sie sogar ziemlich flach. Die Dörfer liegen auf einem Plateau, das zum Meer hin etwa 300 Meter recht steil abfällt. Die wenigen Orte – Jardim do Mar, Prazeres und Paúl do Mar – haben touristisch bislang kaum „aufgerüstet". Vielleicht wirken sie deshalb umso liebenswerter und authentischer. Klimatisch ähnelt die Südwestküste der Bucht von Funchal: Das Wetter ist beständiger als im Norden, doch ziehen häufig ab Mittag Wolkenbänke von den Bergen die Hänge hinab. Ponta do Sol, Prazeres und Porto Moniz eignen sich gut als Ausgangspunkt für Wanderungen im Westteil der Insel, die fast durchweg unaufgeregten Charakter besitzen. Wer aber unbedingt Aufregung will, kann bei einer Rundwanderung auch gegen die Gezeiten anlaufen.

Kapitelstartseite:
Im Sommer kann der Weg durch den Wasserfall durchaus eine Alternative sein

W1 Ponta do Sol – Levada do Moinho – Levada Nova

| 2¼–3 Std. | 7,7 km |
| mittelschwer |
| ▲ 100 m ▼ 100 m |

Die einfachere **Rundwanderung** entlang zweier Levadas beginnt hoch über Ponta do Sol im Stadtteil Lombada hinter dem hübschen Kirchlein Igreja da Lombada da Ponta do Sol. Sie liegt gegenüber dem weithin sichtbaren Herrenhaus Solar dos Esmeraldos, das ein flämischer Zuckerbaron im Jahr 1494 errichten ließ (heute Schule und Kindergarten).

Beide Levadas verlaufen in der Höhe gestaffelt mehr oder weniger parallel zueinander an derselben (östlichen) Hangseite entlang des Tals der Ribeira da Ponta do Sol – weswegen es nachmittags recht heiß werden kann. Die **Levada do Moinho** (auch Levada da Lombada genannt) hat ihren Ursprung in einem Wasserfall, den die Levada Nova kurz nach ihrer Quelle speist. Die 4 km lange Levada do Moinho wird bereits im 16. Jh. erwähnt und gehört so zu den ältesten Kanälen der Insel, sie endet beim Herrenhaus und ihr Wasser bewegte einst dessen Zuckerrohrmühle (Mühle = *moinho*).

Die oberhalb des Moinho-Kanals verlaufende **Levada Nova** (auch Levada dos Zimbreiros) ist mit 13 km wesentlich länger und mit einem spektakulären Wasserfall mit Galerie und einem langen Tunnel auch etwas abwechslungsreicher. Ihr Wasser fließt bis nach Ribeira Brava.

Levada rauf, Levada runter

Start/Ende: Lombada da Ponta do Sol (32.689488, 17.091876)
Gesamtzeit: 2¼–3 Std.
Länge: 7,7 km
Anstieg: 100 m
Abstieg: 100 m
Trittsicherheit: gering
Orientierung: gering
Schwindel: mittel
Kondition: gering
An-/Abfahrt: Rodoeste Bus Nr. 4/7/8 ab Funchal nach Ponta do Sol (etwa zweistündlich, Sa/So stark eingeschränkt, einfach 4 Euro); von der Strandpromenade 2,5 km Fußweg (beim Auf-

Im Westen

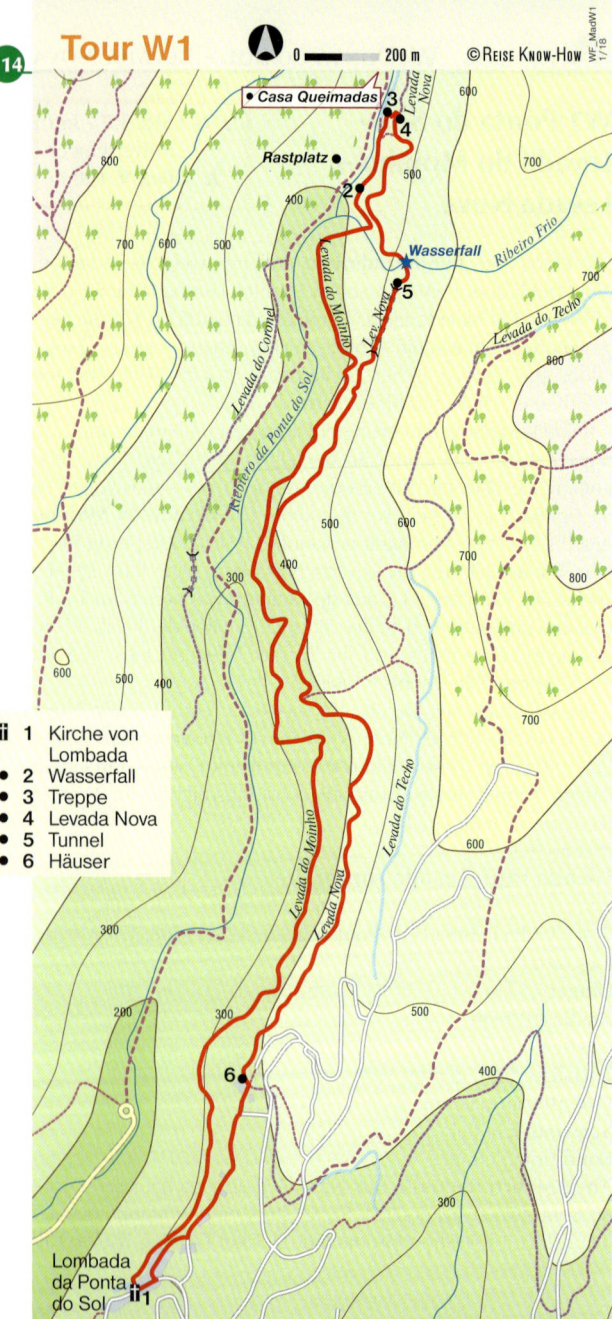

Tour W1

0   200 m

© Reise Know-How

WF_MadW1
1/18

• *Casa Queimadas*   **3**
  4

Rastplatz •

Levada Nova

2 •

Wasserfall

Ribeiro Frio

Levada do Caldeirão

Levada do Moinho

Levada do Techo

Lev. Nova

5

Ribeiro da Ponta do Sol

ii **1**   Kirche von
       Lombada
• **2**   Wasserfall
• **3**   Treppe
• **4**   Levada Nova
• **5**   Tunnel
• **6**   Häuser

Levada do Moinho

Lev. Nova

Levada do Techo

6 •

Lombada
da Ponta
do Sol
ii1

zug des Estalegem da Ponta do Sol rechts hoch, dann auf die ER222 und nach 200 m in den Caminho do Pico do Melro und sich immer links haltend auf 1,3 km zur Kirche

Ausrüstung: Feste Schuhe, Taschenlampe, Regenjacke, Sonnenschutz

Wegbeschreibung

Direkt hinter der **Kirche von Lombada (1)** nimmt man den Weg entlang der Levada in Richtung Norden auf (50 m in die andere Richtung ist das gefasste Ende der Levada, wo einst eine Mühle stand).

Der Weg ist gut und nach etwa 30 Min. passiert man einen ersten kleinen Wasserfall. Relativ ereignislos geht es weiter und 25 Min. dahinter ist ein weiterer **Wasserfall (2)** erreicht – davor ein netter Rastplatz, wo man das kreuzende Bächlein auf Trittsteinen quert.

Nach weiteren 5 Min. führt rechts eine **Treppe (3)** hoch zur Levada Nova. Hier kann man auf einem kurzen Abstecher die Quelle der Levada erreichen. Dazu darf es aber nicht allzu viel geregnet haben, da man die Ribeira durchqueren muss. Man geht 50 m Bachaufwärts und sucht sich eine Stelle, wo man über die Steine springen kann. Von der Treppe sind es 200 m bis zum Wasserfall, der von der Levada Nova herabfällt – die Madre der Levada do Moinho.

30 Höhenmeter und 130 Stufen später steht man oben an der **Levada Nova (4)** und wendet sich wieder talauswärts. Schaut man nach unten sieht man gleich den Rastplatz mit Wasserfall an der unteren Levada. 5 Min. danach sind die ersten Seilsicherungen angebracht, da der obere Kanal doch ein Stück ausgesetzter ist. Wieder 5 Min. später kommt der Höhepunkt der Wanderung: die spektakuläre Hintergehung eines breiten, gischtenden Wasserfalls in einem dämmrigen, felsigen Halbrund. Ist das geschafft heißt es die Taschenlampe rauskramen.

Der **Tunnel (5)** ist 200 m lang und Licht notwendig. Knapp 5 Min. dauert die Begehung. 10 Min. hinter dem Tunnel ist man wieder über eine Regenjacke froh. Es tröpfelt und fließt von der Felswand auf die Wanderer.

5 Min. dahinter kommt nochmals ein kleiner Wasserfall mit Brücke und man hat nun die Kirche von Lombada im Blick. In

Im Westen

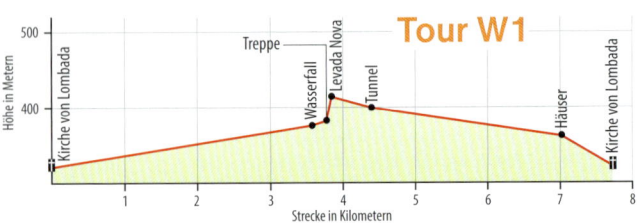

20 Min. – mal von Sicherungen begleitet, mal ohne – geht es auf gutem Weg unmerklich abwärts zu den ersten **Häusern (6).**

Hier verlässt man die Levada und nimmt den Treppenweg runter zum Sträßlein, dem man nach rechts bergab folgt. 10 Min. später steht man wieder an der **Kirche von Lombada (1).**

Kirche von Lombada (1) 32.689488, 17.091876	0 Min.	320 m
Wasserfall (2) 32.715360, 17.084930	55 Min.	375 m
Treppe (3) 32.717140, 17.084199	60 Min.	385 m
Levada Nova (4) 32.717160, 17.083990	65 Min.	415 m
Tunnel (5) 32.713161, 17.084469	75 Min.	400 m
Häuser (6) 32.694439, 17.088281	125 Min.	360 m
Kirche von Lombada (1) 32.689488, 17.091876	135 Min.	320 m

Die Mühsal des Levadabaus wird immer wieder deutlich

Im Westen

078wma sk

Calla

(zantedeschia aethiopica, engl. calla lily)

Fast überall auf Madeira, wo die Sonne ungehinderten Zugang hat, ragen die eigentümlich elegant als Trichter geformten Blüten in blendendem Weiß bis zu 1 m hoch aus dem umgebenden Grün (Blütezeit November bis Juni). Sie stammen ursprünglich aus Südafrika und da die Schiffe zum und vom Kap der Guten Hoffnung auf Madeira Halt machten, kamen ihre Sprossen wohl im 17. Jh. direkt von dort auf die Insel. Der Gebrauchsname Calla leitet sich aus dem Griechischen ab und steht für Schönheit – wie die Nymphe Kallisto oder Kalliope als Göttin der Muse. Ihren wissenschaftlichen Namen erhielt die Calla von ihrem Entdecker, den Italiener Zantedeschi. Sie ist hervorragend als Schnittblume geeignet, da sie sich sehr lange hält (und wird am Flughafen als Souvenir angeboten).

010wma sk

W2 Galhano – Lamaceiros (Levada da Ribeira da Janela)

5–6 Std. | 17,5 km
mittelschwer
▲ 30 m ▼ 830 m

Obwohl es keine Anstiege gibt ist die Wanderung wegen der Länge anstrengend und zu Beginn steht der Abstieg über fast 800 Höhenmeter (wenngleich auf gutem Forstweg und nur im letzten Abschnitt über Treppen) hinunter in die Schucht der Ribeira da Janela mit der gleichnamigen Levada. Als Leckerbissen gibt es einen **ewig langen Tunnel** mit „Herr-der-Ringe/Moria"-Gefühl, 2 km Schwärze, Wasser von unten, von oben und von der Seite – definitiv nichts für klaustrophobische Menschen, dafür haben Schwindelfreie wohl keine Probleme. Und es ist nicht der einzige Tunnel, noch acht weitere sind zu durchschreiten. Entschädigt wird man mit Einsamkeit, da im südlichen Bereich der Ribeira fast niemand unterwegs ist, und mit schönen Ausblicken auf das Tal.

Die Wanderung beginnt in der Gegend Galhano am Aussichtspunkt Fonte do Bispo in 1200 m Höhe. Sinnvollerweise stellt man sein Fahrzeug am Endpunkt ab und nimmt ein Taxi hinauf Richtung Paúl da Serra. Die **Levada da Ribeira da Janela** (auch Levada do Central da Ribeira da Janela oder Levada dos Lamaceiros) entstand 1965 und wurde nicht zu Bewässerung, sondern einzig und allein zur Erzeugung von Strom in einem kleinen Kraftwerk im Ort Ribeira da Janela gebaut.

Vom Verbotsschild am Einstieg sollte man sich nicht abschrecken lassen. Es steht dort seit Jahr und Tag. Wer auf Nummer Sicher gehen will, hat sich aber in Porto Moniz über die Gangbarkeit der Tunnels erkundigt – besonders im längsten kann nach starkem Regen das Wasser so hoch stehen, dass festere Badeschuhe die einzige Möglichkeit sind – will man nicht seine Stiefel ruinieren.

Mehr Tunnel geht nicht

Start: Galhano/Fonte do Bispo Parkplatz (32.796723, 17.183 688)
Ende: Lamaceiros (32.851478, 17.166460)
Gesamtzeit: 5–6 Std.
Länge: 17,5 km

Im Westen

Anstieg: 30 m
Abstieg: 830 m
Trittsicherheit: mittel
Orientierung: mittel
Schwindel: gering
Kondition: hoch
An-/Abfahrt: Rodoeste Bus Nr. 80/139 ab Funchal nach Lamaceiros (2–3 mal, Sa/So 1–2 mal, einfach 6 Euro), dann mit dem Taxi auf der ER110 hoch nach Galhano (13 km, Taxi in Porto Moniz, João Carlos Farinha, Tel. 966044361, 25–30 Euro)
Einkehr: Bar-Restaurant A Lagoa (Caminho da Fajã das Barbusanos 25, Lamaceiros, Tel. 291853143, www.facebook.com/bar lagoa)
Ausrüstung: Bergschuhe, Sonnenschutz, Regenjacke, Taschenlampe, wasserfeste Kameratasche, Badeschuhe

Wegbeschreibung

Die Wanderung beginnt auf 1250 m Höhe in der Region Galhano wenige Meter östlich der Kreuzung von ER110 und ER210 bei **Fonte do Bispo (1).** Der breite Forstweg geht nördlich von der Straße ab und führt nach rechts unten, durch eine Schranke, zwischen zwei alten Gattersäulen vorbei und über einen Viehrost. Der von den Bäumen teilweise beschattete Karrenweg zeigt im Anfangsbereich noch die alte Betonbefestigung. Nach gut 20 Min. bestätigt ein Schild „Vereda do Galhano" die Richtung.

In weiten Serpentinen geht es weiter bergab und 50 Min. ab Start gelangt man an eine Abzweigung. Hier geht nach links ein Weg ab, den man ignoriert. Das geradeaus weisende Schild gibt die Entfernung nach Ribeira da Janela mit 3 km an. Knapp 10 Min. hinter dem Wegweiser verläuft der Weg die Höhe haltend und ein wenig ansteigend. Hatte man bislang keine Sicht ins Tal eröffnet sich weitere 10 Min. später der Blick hinunter. An einer Kurve zeigt ein verdrehtes Schild mit „Levada" in den Abgrund. Man verbleibt auf dem breiten Forstweg. 5 Min. danach geht es über eine Brücke und man gelangt an den Treppenweg hinunter zur Ribeira. In gut 10 Min. ist man an der Levada angelangt.

Ein Schild weist links nach Lamaceiros (13 km) und nach rechts zum Levada-Ursprung (3 km). Knapp 100 m rechts steht

das **Wasserhaus A (2),** an dem sich die Levada zu einem Betonbecken verbreitert, in dem Forellen hurtig hin und her schießen.

Der Weg talaufwärts ist in einigen Abschnitten sehr schmal,
die Levada tief und breit, da sie die Wassermengen aufnehmen
muss, die einen wirtschaftlichen Betrieb des Kraftwerks in Ribeira da Janela ermöglicht. Auch hier sausen die silbrigen Körper
der Fische in alle Richtungen. 10 Min. hinter dem Wächterhaus
ist in 3 Min. ein 200 m langer Tunnel zu durchschreiten und
5 Min. danach steht man am Querriegel einer Betonmauer, der
Ursprung (3) der Levada auf etwa 460 m Höhe, 1,2 km von der
Treppe. Allerdings ist dies nur die zweite Quellzone. Eine weitere Quelle – der eigentliche Ursprung – befindet sich auf der anderen Seite des Baches und ist nur schwer zugänglich (2 km
durch mehrere Tunnel und auf schmalem, ausgesetztem Weg
nur etwas für Abenteurer, offiziell auch immer wieder gesperrt).

Nun kehrt man um und passiert das Wächterhaus/Wasser-
haus A und die Treppe. 1 Min. nach der Treppe beginnt ein „kurzer" Tunnel mit „nur" 200 m. Nach 3 Min. hat man ihn durchschritten und kann für 10 m noch mal in den Himmel anschau-
en. Dann beginnt die Reise in die Unterwelt. Am **Tunneleingang
(4)** des 1,6 km langen Ganges steht in einer Felsnische eine kleine hl. Barbara, der Einheimische noch heute eine Kerze als Dank
spendieren, dass ihnen nichts passiert ist. 20–25 Min. sollte man
rechnen, bis man wieder Tageslicht sieht. Tiefe Pfützen unten,
Tropfvorhänge von oben und seitlich mit Druck aus dem Fels tre-
tende feine Strahlen durchnässen Kleidung und Ausrüstung. Wie
ein winziger Stecknadelkopf ist das Licht des Ausgangs zu Beginn – aber keine Angst es wird schnell größer. Nach starkem
Regen tritt im Tunnel das Wasser der Levada über die Begrenzungsmauer und dann nützen auch hohe Bergstiefel nichts
mehr. Dann muss man vor Eintritt die Stiefel aus-, Badeschuhe
anziehen und kommt auf der anderen Seite mit leicht kribbeln-
den Zehen heraus.

Gleich anschließend folgt ein 10 m langer Tunnel und bald verläuft der Weg neben der nun mit einer gemauerten Rundbeda-
chung versehenen Levada. In kurzen Abständen folgen nun weitere Tunnel, zwei von je etwa 100 m, einer von etwa 170 m Länge. 20 Min. hinter dem langen Tunnel macht die Levada bei einem vermoosten Talschluss einen Bogen (Trittsteine). Hier befindet man sich in der Welt des Farns, der über die Felsen wu-
chert und den Boden überwächst. 5 Min. später blickt man tief

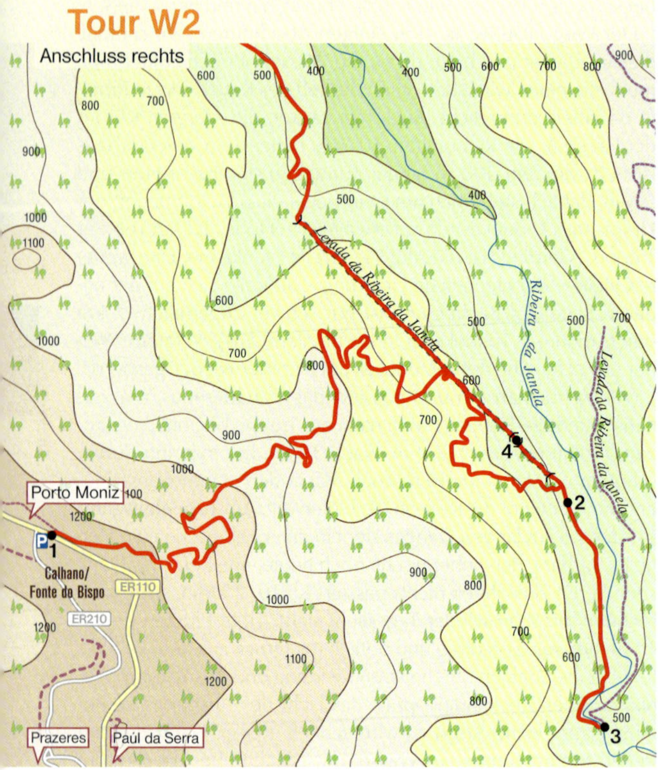
Tour W2
Anschluss rechts
Levada da Ribeira da Janela
Ribeira da Janela
Levada da Ribeira da Janela
Porto Moniz
Calhano/
Fonte do Bispo
ER110
ER210
Prazeres
Paúl da Serra
1
2
3
4

Tour W2
Höhe in Metern
Strecke in Kilometern
Fonte do Bispo
Wasserhaus A
Ursprung
Tunneleingang
Wasserhaus B
Ribeira da Quebrada
Lamaceiros

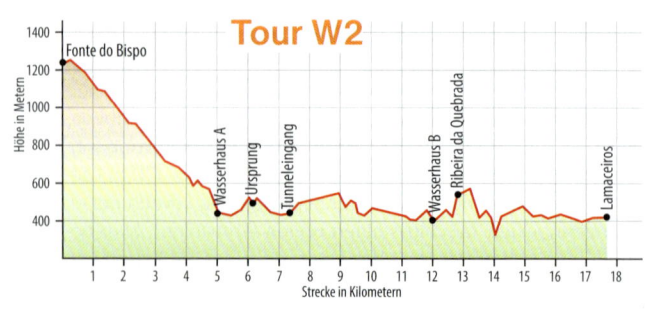

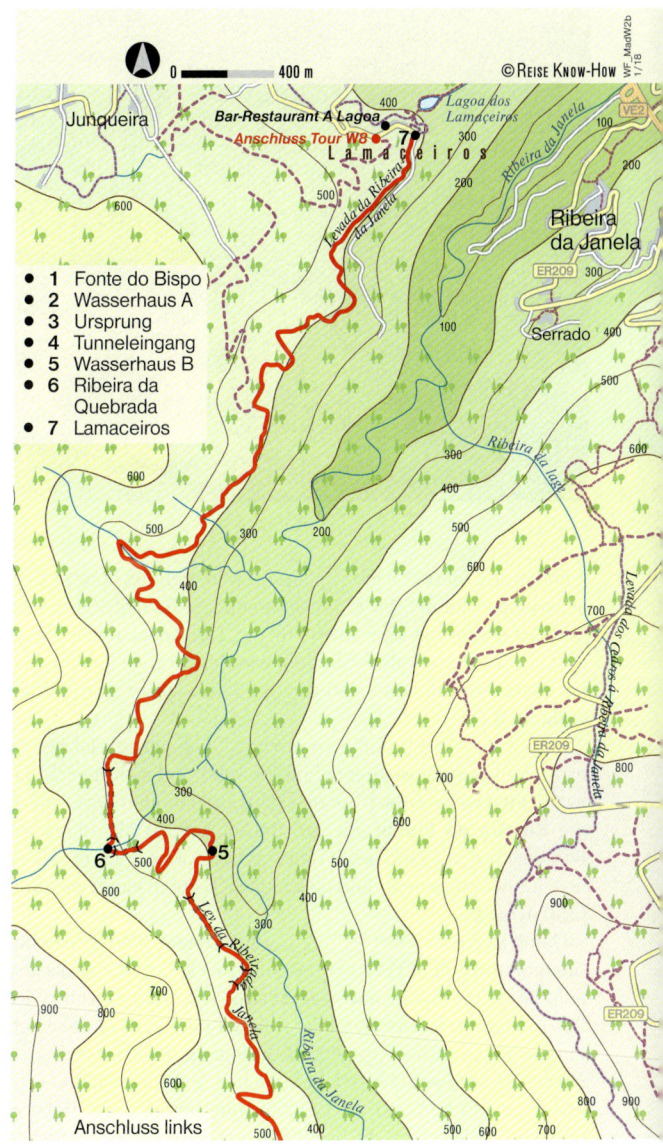

Junqueira

Bar-Restaurant A Lagoa
Anschluss Tour W8
L a m a c e i r o s

Lagoa dos Lamaceiros

Ribeira da Janela

Ribeira da Janela

Serrado

- 1 Fonte do Bispo
- 2 Wasserhaus A
- 3 Ursprung
- 4 Tunneleingang
- 5 Wasserhaus B
- 6 Ribeira da Quebrada
- 7 Lamaceiros

Ribeira da Janela

Levada dos Cedros á Ribeira da Janela

Anschluss links

hinunter ins Tal und nach weiteren 5 Min. geht es durch einen 40 m langen Tunnel. 5 Min. weiter erneut ein Tunnel, 300 m lang und fast immer mit sehr tiefen Pfützen. Der Kanal macht gleich anschließend einen Rechtsbogen, wird hier von einem Wasserfall überschwemmt und man gelangt 5 Min. später an das **Wasserhaus B (5).**

Kurz danach bekommt man nochmal eine je nach Jahreszeit erfrischende oder unangenehme Dusche und sieht gleich danach einen weiteren sich auf den Weg ergießenden Wasserfall – die **Ribeira da Quebrada (6).** Bei ihr schützt allerdings ein Blechdach den Wanderer. Vorher geht es aber noch durch einen Tunnel (mit Kurve) und gleich danach durch einen weiteren (350 m lang).

Damit ist die Tätigkeit als Tunnelratte beendet. Nun geht es auf breitem und gutem Weg, vorbei an Picknickplätzen, mit Blicken aufs Tal in 70–80 Min. nach **Lamaceiros (7),** wo man sich in der Bar A Lagoa stärken kann. Hier mündet die Levada in ein Auffangbecken, von dem aus eine Druckleitung das Kraftwerk speichert. Die Anlage ist hübsch hergerichtet, mit Toiletten und Feuerstellen versehen und am Wochenende immer auch Ziel von ganzen Familienclans, die hier ihr Fleisch auf den Grill werfen.

067wma sk

Fonte do Bispo (1)	0 Min.	1245 m
32.796723, 17.183688		
Wasserhaus A (2)	90 Min.	455 m
32.797939, 17.159192		
Ursprung (3)	110 Min.	460 m
32.789270, 17.157741		
Tunneleingang (4)	140 Min.	455 m
32.800044, 17.161109		
Wasserhaus B (5)	215 Min.	450 m
32.824358, 17.175801		
Ribeira da Quebrada (6)	235 Min.	445 m
32.824509, 17.180539		
Lamaceiros (7)	300 Min.	440 m
32.851455, 17.166543		

An der Einmündung des Weges runter vom Paúl da Serra

Afrikanische Liebesblume

(agapanthus praecox, port. coroas de henrique, engl. lily of the nile)

Repräsentativ ist der Blütenstand der Schmucklilie, ihre Dolden aus 20–100 Einzelblüten zeigen sich in zartem Blau und in Weiß. Auch sie – wie viele heutige Vertreter der Pflanzenwelt Madeiras – stammt ursprünglich aus dem südlichen Afrika. Ihre Hauptblütezeit reicht von März bis September. Dass „Heinrichs Krone" (port. Name *coroas de henrique*) fast überall am Wegesrand zu finden ist liegt an den Levada-Arbeitern, die sie früher überall pflanzten. Heute sehen die Ranger der Naturparks sie als Unkraut, das einheimische Arten verdrängt und gehen deshalb gegen es vor.

011wma sk

W3 Jardim do Mar – Prazeres – Jardim do Mar

3½–4½ Std. | 7,3 km
mittelschwer
▲ 540 m ▼ 540 m

Die Gehzeiten der Wanderung müssen auf **Wetter** sowie **Ebbe und Flut** abgestimmt sein, sie führt am Ende entlang der Küste weglos auf Wackersteinen zwischen Paúl do Mar und Jardim do Mar (2 km, ca. 60 Min.). Bei Flut ist der schmale Küstenstreifen in Abschnitten vollständig überspült, aber auch wenn Ebbe ist und das Meer stürmt, können diese Bereiche nicht begangen werden. Also: Die Gezeitentabelle konsultieren (z.B. www.gezeiten-fisch.com) und in Jardim do Mar die Fischer am Hafen befragen, wie sich das Wetter entwickelt.

Am Anfang steht die Mühe! Der Anstieg auf dem holprigen und steilen Weg mit vielen (teils stark beschädigten) Stufen führt schnell hinauf durch die Büsche über Jardim do Mar. Wegen des Wegzustandes ist ein Abwärtsgehen wesentlich unangenehmer, weshalb man die Wanderung immer entgegen des Uhrzeigersinns gehen sollte (man kann sie natürlich auch in Prazeres oder in Paúl do Mar beginnen). Ebenso steil aber auf besserem Weg geht es in Prazeres vom Hotel Jardim Atlântico wieder bergab zum Hafen von Paúl do Mar.

Gehzeiten mit den Gezeiten

Start/Ende: Jardim do Mar Parkplatz (32.735455, 17.208934)
Gesamtzeit: 3½–4½ Std.
Länge: 7,3 km
Anstieg: 540 m
Abstieg: 540 m
Trittsicherheit: mittel
Orientierung: mittel
Schwindel: mittel
Kondition: hoch
An-/Abfahrt: Rodoeste Bus Nr. 80 und 115 ab Funchal (nur Mo–Fr,einmal, einfach 5,35 Euro), Bus nach Funchal Nr. 142 (nur Mo–Fr, einmal täglich)
Einkehr: Bars und Restaurants in Jardim do Mar und Paúl do Mar, Saloio Bar in Prazeres (Caminho Lombo da Rocha 32/ Stichstraße zum Hotel Jardim Atlântico, Tel. 291822150)

Im Westen

Tour W3

0 ▬▬▬ 200 m

© Reise Know-How

WF_MadW3
1/18

Estacada

300

400

200

Ribeira Seca

100

500

Carreira

5

6

*Anschluss
Tour W4*

4

3

Lombo da Rocha

VE3

Prazeres

ER223

Ponta Pequena

*Teestube
Eco Prazeres*

2

500

300

200

400

100

Jardim do Mar

1

P 1 Jardim do Mar Parkplatz
● 2 Miradouro
● 3 Hotel Jardim Atlântico
● 4 Rastplatz
● 5 Steinbrücke
● 6 Paúl do Mar Hafen

Ausrüstung: Bergschuhe, Sonnenschutz
Anschluss: W4 von Prazeres über Fajã da Ovelha nach Paúl do Mar (und weiter auf W5 und W6 bis nach Ponta do Pargo)

Wegbeschreibung

Vom **Parkplatz (1)** am östlichen Ortsende von **Jardim do Mar** spaziert man 50 m die Uferpromenade nach Westen, biegt in den Caminho da Piedade rechts ein und folgt ihm für 5 Min. bis zum Hauptplatz des Städtchens. An der westlichen Seite weist das Schild „Prazeres 1,9 km" in den Camino da Portina. Vorbei an Joe's Bar (Vereda Porta da Igreja 12, Tel. 966130208) mit seinem hübschem Garten geht es durch die Gasse zum nordöstlichen Ortsrand. 15 Min. nach Start beginnt der Aufstieg an den Stufen der Levada do Moinho. Hier steht die Türe einer alten Mühle offen und erlaubt den Blick auf ihr Mahlwerk. Der Kanal wird aber sofort wieder verlassen und über Stufen geht es steil hoch vorbei an terrassierten Feldern. Nach 10 Min. und einer Aussichtskanzel wird es für einen kurzen Moment etwas flacher. Doch schnell wird es wieder richtig steil und man kämpft sich – von Bäumen beschattet – über die unterschiedlich hohen, teils stark lädierten Natursteinstufen hoch. Nach weiteren 25 Min. steht man an einem Strommast und nun wird es tatsächlich etwas weniger steil. Allerdings gibt es nun auch weniger Schatten. Nach 15 Min. sind oben die ersten Häuser von Prazeres zu sehen und nach nochmal 10 Min. ist man beim **Miradouro (2)** angelangt. Von ihm geht es in einem Hohlweg, vorbei an der Ökofarm mit Teestube Eco Prazeres (Caminho do Miradouro 15, Tel. 96563649, www.facebook.com/Ecoprazeres) in gut 10 Min. hoch zur Hauptstraße Caminho da Carreira (und über den Tunnel der Schnellstraße ER101).

Der Weg führt dann nach links und Nordwesten, auf einer Brücke über die Schnellstraße VE3 und 100 m dahinter nach links in den Caminho Lombo da Rocha hinunter zum **Hotel Jardim Atlântico (3)** – 25 Min. hinter dem Miradouro.

Gegenüber des Rezeptionsgebäudes weist ein Schild zur Vereda do Paúl do Mar. Nach den Bungalowgebäuden nimmt man den Pfad bergab nach Nordwesten auf und gelangt nach gut 5 Min. an den steilen Serpentinenweg hinunter. Linker Hand ist ein schöner **Rastplatz (4)** mit Aussicht. Der gut unterhaltene Pflasterweg mit ausgeformten Stufen ist zwar ausgesprochen

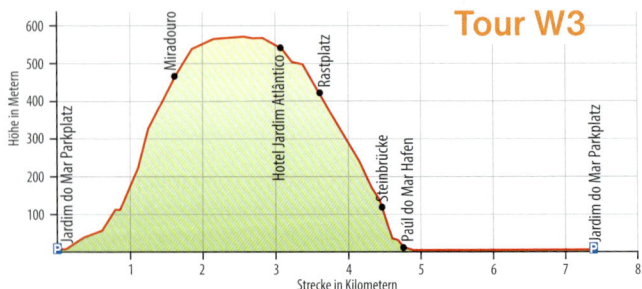

Tour W3

steil und mit engen Kurven versehen, mit Drahtseilen als Geländer aber gut gesichert, breit und verläuft einem Graben folgend
mit Ausblick auf das Städtchen unten.

100 m über Paúl do Mar – der Graben hat sich zur Schlucht
gemausert – geht es auf dem gemauerten Bogen einer historischen **Steinbrücke (5)** über die Ribeira Seca bzw. Ribeira do
Paúl.

068wma sk

Es folgen Reste einer Levada, an einer Gabelung hält man sich
links und gelangt auf Stufen runter zum **Hafen Paúl do Mar (6).**
Dreht man sich hier zu den Felsen um, kann man einen schmalen, 40 m hohen Wasserfall bestaunen.

Um die östliche Begrenzungsmauer der Hafenrampe herum
betritt man nun den weglosen Küstenabschnitt zwischen Paúl do
Mar und Jardim do Mar. Startet man hier bei Niedrigwasser und
das Meer ist ruhig, sollte es keine Probleme geben. Ab und an
muss man um riesige Felsbrocken herum und Trittsicherheit ist
beim Balancieren auf den Wackersteinen gefragt, hie und da
nimmt man die Hände zu Hilfe. Kurz von Jardim do Mar geht es
dann auf einem Uferweg zur Strandpromenade und an dieser
entlang zum **Parkplatz (1).**

Jardim do Mar Parkplatz (1)	0 Min.	5 m
32.735455, 17.208934		
Miradouro (2)	75 Min.	460 m
32.745057, 17.210668		
Hotel Jardim Atlântico (3)	100 Min.	540 m
32.752400, 17.216949		
Rastplatz (4)	105 Min.	480 m
32.754458, 17.218090		
Steinbrücke (5)	140 Min.	110 m
32.753071, 17.222512		
Paúl do Mar Hafen (6)	150 Min.	5 m
32.752542, 17.223766		
Jardim do Mar Parkplatz (1)	210 Min.	5 m
32.735455, 17.208934		

Im Westen

Der erste Anstieg noch in Jardim do Mar

Prächtiger Natternkopf

(echium nervosum, port. massaroco, engl. pride of madeira)

Dass die Briten den Blumenbusch „Stolz Madeiras" nennen hat schon seinen Grund. Er ist einer der wenigen endemischen Pflanzen des Archipels und wächst mit seinen doldenartigen Blütenständen bis zu einem Meter hoch in den Küstenbereichen vom Meeresspiegel bis in 300 m Höhe. Die Blütenblätter sind blau bis rosa mit einer charakteristischen „Behaarung" aus feinen Fäden. Blütezeit ist Januar bis April. Ihren deutschen Namen soll die Pflanze von dem typisch geformten Blütengriffel haben, dessen Narbe am Ende einen Spalt aufweist und an eine Schlangenzunge erinnere. So sagen die einen. Die anderen meinen, dass der Name aus der Pflanzenheilkunde des Mittelalters stamme, wo der – in ganz Europa vorkommende – Gewöhnliche Natternkopf *(echium vulgaris)* zur Heilung bei Schlangenbissen Anwendung fand.

012wma sk

W4 Prazeres – Fajã da Ovelha – Paúl do Mar (Levada Nova)

4–5 Std. | 16,4 km
mittelschwer
▲ 110 m ▼ 640 m

Die eigentlich nur **wegen der Länge anstrengende** Wanderung entlang der Levada Nova folgt den Westhängen der Insel zwischen Prazeres und Ovelha, entführt in die ländlichen Gebiete der Insel und passiert immer wieder kleine Dörfer. Der Abstieg nach Paúl do Mar in engen Serpentinen auf einem alten Pflasterweg ist allerdings recht steil und geht in die Knie. In etwa entspricht der Verlauf der Antiga ER101 (der alten 101), die die Höhe haltend Prazeres mit Ponta do Pargo verbindet.

Die **Levada Nova da Calheta** hat ihren Ursprung oberhalb von Estreito da Calheta und mäandriert über 40 km in weiten Bögen ober- und unterhalb der ER101 über Prazeres, Raposeiras, Amparo und Ponta do Pargo bis nach Cabo. Damit spielt der Kanal für die Wasserversorgung der Südwestküste eine bedeutende Rolle. Der vorbildliche Zustand der 1953 erbauten und in jüngerer Zeit hergerichteten Levada zeigt sich nicht nur an den Täfelchen mit der Kilometrierung, immer wieder sind auch Wasserhäuschen saniert bzw. stehen in einem Blumenmeer.

Der Zugang befindet sich oberhalb des Zentrums von Prazeres, sodass man auf dem Weg vom Hotel Jardim Atlântico auch noch das Städtchen kennenlernt.

Hoch über dem Meer

Start: Hotel Jardim Atlântico/Prazeres (32.752400, 17.216949)
Ende: Paúl do Mar Hafen (32.752519 17.223947)
Gesamtzeit: 4–5 Std.
Länge: 16,4 km
Anstieg: 110 m
Abstieg: 640 m
Trittsicherheit: gering
Orientierung: mittel
Schwindel: mittel
Kondition: mittel
An-/Abfahrt: Rodoeste Bus Nr. 142 ab/bis Funchal (Mo–Fr bis zu 5 mal, Sa/So 2 mal, einfach 5,35 Euro)

Im Westen

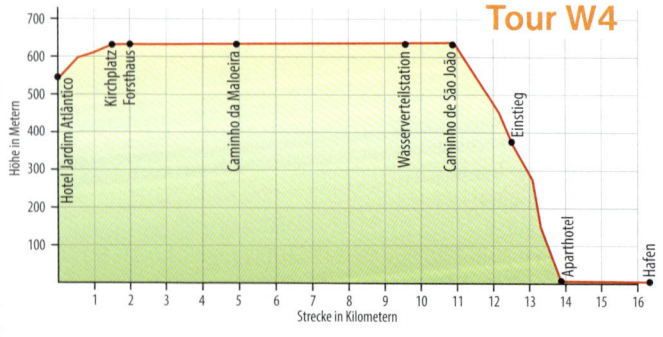

Einkehr: Bars und Restaurants in Prazeres, Fajã da Ovelha, Paúl do Mar, Bars am Wegesrand
Ausrüstung: Bergschuhe, Sonnenschutz
Anschluss: W3 Rundwanderung von Jardim do Mar über Prazeres und Paúl do Mar, W5 von Fajã da Ovelha nach Ponta do Pargo

Tour W4

070wma sk

Wegbeschreibung

Vom **Hotel Jardim Atlântico (1)** geht es auf der Stichstraße Caminho do Lombo da Rocha bergauf, man hält sich an der Kreuzung links, wandert die Straße weiter geradeaus und auf einer Brücke über die VE3.

An der folgenden Einmündung nimmt man die Vereda da Fonte Rêla nach links bergauf und gelangt nach gut 20 Min. ab Start auf den **Kirchplatz (2).** Hier gibt's ein Restaurant und eine Pizzeria. Links an der Kirche vorbei und weiter bergauf bringt einen der Caminho da Igreja nach 200 m zur Kreuzung mit der ER222, die man geradeaus überquert und in der Estrada das Eiras weitergeht.

Nach 100 m steht linker Hand das **Forsthaus (3)** von Prazeres mit einem Rastplatz und markiert die Kreuzung mit der Levada Nova. 30 Min. nach dem Start geht's auf breitem und sehr gutem Levadaweg in Fließrichtung und erstmal Richtung Nordwesten los.

Treff für einen Sundowner in Paúl do Mar

Tour W4

- 400
- 500
- 600
- 700

Anschluss Tour W5

6

Pension Colina da Fája

ER101

Fája da Ovelha

5

600

Levada Fája

ER223

500

7

Miradouro do Massapez

Tanque do Lombo

400

300

200

400

500

600

100

8

ER223

Serrado da Cruz

Lagoa

400

300

500

400

300

200

100

Ribeira Seca

Paul do Mar

9

Anschluss Tour W3

ER223

- 1 Hotel Jardim Atlântico
- 2 Kirchplatz
- 3 Forsthaus
- 4 Caminho da Maloeira
- 5 Wasserverteilstation
- 6 Caminho de São João
- 7 Einstieg
- 8 Aparthotel
- 9 Hafen

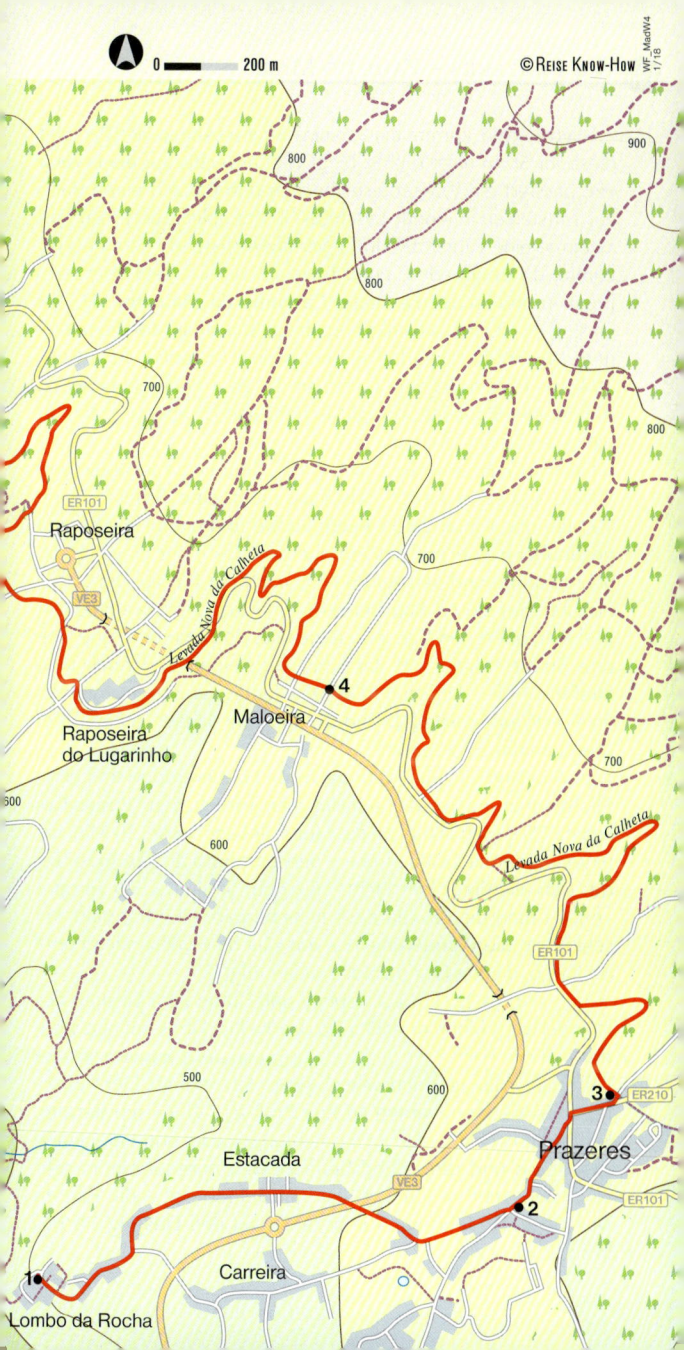

0 — 200 m

©REISE KNOW-HOW

WF_MadW4
1/18

900

800

800

700

ER101

Raposeira

VE3

Levada Nova da Calheta

700

4

Maloeira

800

Raposeira
do Lugarinho

700

600

Levada Nova da Calheta

600

ER101

500

600

3

ER210

Estacada

Prazeres

VE3

ER101

2

1

Carreira

Lombo da Rocha

Nach 10 Min. kommt man an eine Straße (Antiga ER101), folgt diese für 50 m nach rechts, biegt wieder rechts auf die Levada ein, passiert ein Wasserverteilbecken und danach einen Bach auf Trittsteinen in einem Talschluss. In der Folge quert man nun zweimal eine Fahrstraße im 5-Minuten-Abstand (Caminho do Lombo do Coelho de Cá und Travessa Lombo), geht über zwei Brücken und kreuzt die Straße **Caminho da Maloeira (4).** Auf ihr sind es 100 m nach links bergab zur Snackbar Moinho mit einem Minimarkt (Estrada Fajã da Ovelha, Maloeira, Tel. 96193 4040) – 45 Min. ab dem Forsthaus. Ist zwar noch ein bisschen früh für eine Poncha (portugiesischer Punsch), aber bei Moinho gilt sie als besonders gut!

Gestärkt geht es weiter, nach 2 Min. über eine Fahrstraße und 5 Min. später in einem Talschluss über eine Brücke. Nach 10 Min. quert man eine weitere Straße und nimmt die Levada gegenüber wieder auf, passiert oberhalb des Tunneleingangs die Schnellstraße und gelangt 25 Min. nach der Bar zu den ersten Häusern des Dorfes Raposeira. Im Ort ist die Levada abgedeckt und man quert den Caminho Raposeira do Lugarinho. Eine weitere Straße folgen, ein Bach mit Trittsteinen und noch eine Straße. 12 Min. danach und 60 Min. hinter der Bar gelangt man an eine **Wasserverteilstation (5)** und kurz danach geht es über den Caminho São Lourenço.

10 Min sind es nun bis zur nächsten Häusergruppe (mit einer Straßenquerung) mit der auffällig gelb gestrichenen Pension Colina da Fãja. Man achte auf das Hotel als Landmarke: 10 Min. dahinter an der nächsten Straße – den **Caminho de São João (6),** der sich allerdings hier nicht mit einem Straßenschild verrät – verlässt man die Levada nach links bergab. Hier hat man Anschluss an die Wanderung W5 von Fãja da Ovelha nach Ponta do Pargo, die der Levada Nova weiter folgt.

Nun sind es 1,5 km auf Asphalt und Beton zum Einstieg des Wanderwegs hinunter nach Fãja da Ovelha. Der Caminho wendet sich erst nach links und vollführt dann auf 1 km Strecke vier U-Kurven. Man ignoriere alle abgehenden Straßen. Der Caminho ändert seinen Namen zu Rua Professor Francisco Barreto. Schließlich gelangt man an ein Achtungsschild, quert die Straße geradeaus und runter und befindet sich nun auf einem sehr schmalen, sehr steilen Sträßlein mit Betonbelag – die Rua do Massapez. Sie führt auf 500 m direkt auf den **Einstieg (7)** des Wanderwegs zu.

Wer noch Energie hat geht 700 m (50 Höhenmeter) auf der Asphaltstraße Rua Dr Sardinha Richtung Westen hinunter zum Miradouro do Massapez mit Picknickplatz und Blick über Paúl do Mar, Jardim do Mar und Prazeres.

Der Pflasterweg nach Paúl do Mar senkt sich erst etwas, dann quert man einen Bach und der Weg führt flacher um einen Hang herum. Nach 10 Min. beginnt der steile und schnelle Abstieg auf relativ gutem, gepflastertem Weg in engen Serpentinen, eine gute halbe Stunde sollte man rechnen. Am **Aparthotel (8)** Sea View beginnt die 2 km lange Uferpromenade zum Hafen von Paúl do Mar. Einkehren kann man z.B. in der für einen Sundowner beliebten Love House Beach Bar/Maktub Pub (Avenida dos Pescadores Paulenses 160, Tel. 915860898).

Nach 20 Min. betritt man die Altstadt und nach weiteren 5 Min. hat man den **Hafen (9)** erreicht (wo man Anschluss an die Wanderung W3 hoch zum Ausgangspunkt beim Hotel Jardim Atlântico hat).

Im Westen

Hotel Jardim Atlântico (1) 32.752400, 17.216949	0 Min.	540 m
Kirchplatz (2) 32.754011, 17.203081	20 Min.	630 m
Forsthaus (3) 32.756672, 17.200223	30 Min.	650 m
Caminho da Maloeira (4) 32.766278, 17.208631	75 Min	648 m
Wasserverteilstation (5) 32.774933, 17.226329	135 Min.	644 m
Caminho de São João (6) 32.778523, 17.230938	155 Min.	640 m
Einstieg (7) 32.772011, 17.235837	175 Min.	380 m
Aparthotel (8) 32.765278, 17.235164	215 Min.	10 m
Hafen (9) 32.752519, 17.223947	240 Min.	0 m

Königin-Strelitzie

(strelitzia reginae, port. ave do paraiso,
engl. bird of paradise)

Die bunteste Blume Madeiras ist der Stolz der Gartenbesitzer – ihr begegnet man in den Dörfern am Wegesrand des Öfteren. Dass sie dann auch noch ganzjährig blüht macht ihrer Beliebtheit nochmal Dampf (Kernblütezeit Dezember bis Mai). Gelborange, Rot und Blau vereinigen sich in jeder Blüte und ihr zweiter Name Paradiesvogelblume rührt von dieser Farbenpracht. Ursprünglich stammt sie aus dem südwestlichen Südafrika. Dort sorgen die fast ebenso bunten Nektarvögel für die Bestäubung. Auf Madeira geschieht das durch den Menschen. Und die Bezeichnung Strelitzie? Die Namengeberin war die *Prinzessin Charlotte von Mecklenburg-Strelitz,* die ins englische Königshaus eingeheiratet hatte und *Königin Charlotte* wurde. Der Leiter des Londoner Botanischen Gartens Kew hatte 1773 die Pflanzengattung ihr zu Ehren benannt.

013wma sk

W5 Fajã da Ovelha – Ponta do Pargo (Levada Nova)

2½–3 Std. | 9,5 km
leicht
▲ 0 m ▼ 180 m

Die einfache **Levadawanderung** entlang der Levada Nova da Calheta verbindet Fajã da Ovelha in etwa der Straßenführung der ER101 folgend mit Ponta do Pargo. Mit ihr lassen sich die Wanderungen W4 und W6 verbinden, sodass man sich auch ausgedehnte Routen zwischen Jardim do Mar und Ponta do Pargo (und weiter bis Achada do Cruz oder gar Porto Moniz) zusammenstellen kann.

Man wandert entspannt levadaabwärts meist schattenlos auf guten Wegen, passiert Dörfer und Gehöfte, Pflanzungen und Beete. Hat man sein Fahrzeug nahe dem Miradouro do Massapez geparkt und geht hoch zur Levada Nova muss man 30 Min. Zeit zuschlagen. Wer vom Hafen von Paúl do Mar hochwandert hat bis zur Levada etwa 2 Std. zusätzlich zu kalkulieren (beides s. Tour W4).

Dickblatt, Dschungel und Eukalyptus

Start: Fãja da Ovelha/Caminho de São João (32.778523, 17.230938)
Ende: Ponta do Pargo Pfarrkirche (32.811531, 17.247740)
Gesamtzeit: 2½–3 Std.
Länge: 9,5 km
Anstieg: 0 m
Abstieg: 180 m
Trittsicherheit: gering
Orientierung: gering
Schwindel: gering
Kondition: gering
Anfahrt: Rodoeste Bus Nr. 80/107/142 ab/bis Funchal (Mo–Fr 2–3 mal, einfach 5,35 Euro)
Abfahrt: Rodoeste Bus Nr. 80/142 ab/bis Funchal (Mo–Fr 2–3 mal, Sa/So 2 mal, einfach 5,35 Euro)
Einkehr: Bars und Restaurants in Ponta do Pargo
Ausrüstung: Wanderschuhe, Sonnenschutz
Anschluss: W4 von Prazeres über Fajã da Ovelha nach Paúl do Mar, W6 Rundwanderung von Ponta do Pargo über Cabo

Im Westen

Tour W5

0 ━━ 200 m

© REISE KNOW-HOW

WF_MadW5
1/18

ii 7 Ponta do Pargo

Ribeiro dos Moinhos

Anschluss Tour W6

da Calheta

Levada Nova

6 Lagos do Salão

ER101 Lombadinha

5 Lombadinha

Amparo

4 Levada

Nova da Calheta

Lombo

3

ER101

Lombada dos Marinheiros

2 Levada Faja

Brücke

Ribeira dos Marinheiros

ER101

Fajã da Ovelha

1 Levada Fajã

Anschluss Tour W4

- 1 Caminho de São João
- 2 Picknickplatz
- 3 Picknickplatz
- 4 Amparo
- 5 Lombadinha
- 6 Wasserreservoir Salão
- ii 7 Kirche Ponta do Pargo

Wegbeschreibung

Man betritt die Levada Nova vom **Caminho de São João (1)** nach links und Westen und folgt dem schattenlosen Begleitweg. Nach 15 Min. kreuzt man die ER101 und wandert nun in ein dicht bewachsenes Tal hinein, das schnell dschungelartig wird.

Am Talschuss führt eine Brücke über einen sich recht kräftig gebärdenden Bach dann windet sich der Weg wieder aus dem Tal heraus zurück zur Hauptstraße, auf die man an einem **Picknickplatz (2)** trifft (Rua do Miradouro). Die ER101 wird überquert, es geht von Hundegekläffe begleitet an Häusern vorbei, die Levada fließt westlich, dann nördlich unter drei Sträßlein hindurch. Sie wendet sich anschließend kurz nach Osten, vollführt eine Kehre nach Westen und danach einen weiten Bogen wieder zur ER101 hin.

25 Min hinter dem Picknickplatz – nach einem Eukalyptuswäldchen und mit Sicht auf die Kirche von Ponta do Pargo – quert man an einem weiteren nett hergerichteten **Picknickplatz (3)** die ER101 erneut und durchschreitet kurz danach das Dorf Lombo auf abgedeckter Levada. Hinter dem Dorf und einer Hausruine wendet sich der Weg wieder in ein Tal hinein. Zweimal müssen kleine Bäche auf Trittsteinen überschritten werden, man passiert eine idyllische, kleine, grasgrüne Kuhweide mit gistergelben Kontrapunkten und kommt 30 Min. hinter dem zweiten Picknickplatz ins Dorf **Amparo (4).** An einem riesigen Wassertank quert man den Caminho do Moinho.

Wieder führt die Levada in einer weiten Doppelschlaufe in ein Tal mit zwei Bächen und den obligatorischen Trittsteinen. 15 Min. hinter Amparo durchwandert man das Dorf **Lombadinha (5)** und quert die Rua da Lombadinha. Der Kanal berührt nun anschließend kurz die Straße, die aber unterhalb bleibt.

5 Min. später ist das **Wasserreservoir von Ponta do Pargo Salão (6)** erreicht, fast wie ein Park hergerichtet, mit bunten Blumen und alten schattenspendenden Bäumen. Hier mündet die 4 km lange Levada da Serra da Ponta do Pargo von 1877 ein und bringt zusätzliches Wasser aus den Bergen. Und hier verlässt man die Levada Richtung der Kirche von Ponta do Pargo. Auf der Rua Salão de Cima gelangt man hinunter zur ER101, quert diese und geht geradeaus auf die **Kirche von Ponta do Pargo (7)** zu, 1,5 km von der Levada entfernt.

Im Westen

Caminho de São João (1)	0 Min.	645 m
32.778523, 17.230938		
Picknickplatz (2)	40 Min.	644 m
32.787380, 17.233478		
Picknickplatz (3)	65 Min.	643 m
32.795641, 17.233371		
Amparo (4)	95 Min.	642 m
32.800849, 17.234942		
Lombadinha (5)	110 Min.	641 m
32.804808, 17.233060		
Wasserreservoir Salão (6)	115 Min.	640 m
32.807892, 17.233269		
Kirche Ponta do Pargo (7)	135 Min.	460 m
32.811531, 17.247740		

„Alpenidylle" beim Dorf Lombo

Im Westen

071 wma.sk

Dickblatt

(crassula multicava lem., port. crássula, engl. fairy crassula)

Zwischen März und Oktober trägt die Sukkulente mit ihren fleischigen Blättern kleine weiß-rosa Blüten. Wie Rosetten sind die Blätter der niedrigen, nur 15–25 cm hohen Pflanze angeordnet, die auf sandigen Böden gedeiht und auch Felsabschnitte hochkriecht. Ursprünglich stammt sie natürlich aus Südafrika, wo sie in den trockenen Landschaften mit ihrer hohen Wasserspeicherfähigkeit überlebt. In der Heilkräutermedizin wurde die Pflanze als Brechmittel genutzt – und an ihrem Herkunftsort Natal soll ein um eine Hütte ausgebrachter Sud der Blätter die Wohnstatt vor Blitzschlag schützen.

014wma.sk

W6 Ponta do Pargo – Cabo – Ponta do Pargo (Levada Nova)

> 3½–4½ Std. | 15,1 km
> mittelschwer
> ▲ 350 m ▼ 350 m

Die schöne, aussichtsreiche **Levada- und Küstenwanderung** verläuft im ersten Teil entlang der **Levada Nova da Calheta,** deren Einstieg sich 25 Min. oberhalb der Kirche von Ponta do Pargo befindet. Beim Dorf Cabo steigt man dann zur Kapelle Nossa Senhora da Boa Morte und noch weiter zu einem Miradouro 390 m über dem Meer und mit toller Sicht über die Küste ab.

Auf Forstwegen und praktisch unbefahrenen Sträßlein folgt man dann der Küstenlinie, steigt zweimal in Täler ab (und gegenüber wieder auf) und durchschreitet Dörfer, in denen die Zeit stehen geblieben scheint.

Anschlüsse hat man in Ponta do Pargo an die Wanderung W5 von Fajã da Ovelha nach Ponta do Pargo. Um zum Ausgangspunkt der Wanderungen W7 und W8 zu gelangen, muss man ab dem Dorf Cabo der ER101 für 5 km am Straßenrand bis zum Hauptplatz von Achadas da Cruz folgen.

Levada und Meer

Start/Ende: Ponta do Pargo Pfarrkirche (32.811531, 17.247740)
Gesamtzeit: 3½–4½ Std.
Länge: 15,1 km
Anstieg: 350 m
Abstieg: 350 m
Trittsicherheit: gering
Orientierung: mittel
Schwindel: gering
Kondition: mittel
Anfahrt/Abfahrt: Rodoeste Bus Nr. 80/107/142 ab/bis Funchal (Mo–Fr 2–3 mal, einfach 5,35 Euro)
Einkehr: Bars und Restaurants in Ponta do Pargo, Restaurant A Carreta etwa auf halbem Weg
Ausrüstung: Wanderschuhe, Sonnenschutz
Anschluss: W5 von Fajã da Ovelha nach Ponta do Pargo, W7 von Achadas da Cruz zur Fãja Quebrada Nova und W8 von Achadas da Cruz entlang der Levada Moinho

Im Westen

Tour W6

0 ▬▬ 200 m

ii **1** Kirche Ponta do Pargo
• **2** Wasserreservoir Salão
• **3** Levada Pedregal
• **4** Abzweig A Carreta
• **5** Rua da Capela
• **6** Miradouro
ii **7** Nossa Senhora da
        Boa Morte
• **8** Brücke
• **9** Lombada Velha
• **10** Ribeira da Vaca
• **11** Serrado
• **12** Ribeira da Moinho

Miradouro ✳ 6
Cabo
ii 7
8

Restaurant
A Carreta
ER101

9
Lombada
Velha

Miradouro
Garganta
Funda
11 10
Serrado

Pedregal

Caminho do Pedregal
Brücke/Hohlweg
3

12
ER101

1 ii
Ponta do Pargo

Ribeiro dos Moinhos

Wasserhaus
Levada Nova
da Calheta   Brück
2
Lagos do Salão
Anschluss Tour W5

ER101

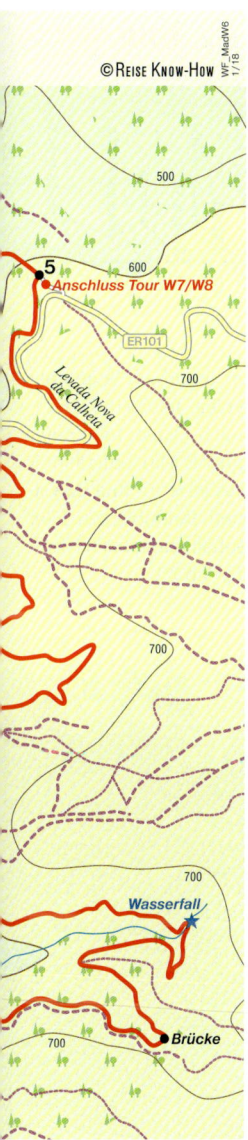

WF_MadW6
1/18

500

5
Anschluss Tour W7/W8
600

ER101
700

Levada Nova
da Calheta

700

700

Wasserfall

Brücke
700

Im Westen

Wegbeschreibung

Von der **Kirche von Ponta do Pargo (1)** nimmt man die Rua Dr. Vasco Augusto de França hoch Richtung Osten, quert die ER101 geradeaus, biegt unmittelbar in die Rua Cruz do Salão nach rechts und bei der nächsten Möglichkeit wieder links ab in die Rua do Gaspar (später Rua Salão de Cima, dann Rua da Lombadinha), und folgt der Straße hoch zum **Wasserreservoir Salão (2)** von Ponta do Pargo.

Hier nimmt man die Levada nach links in Fließrichtung auf (Norden). Sie wendet sich bald nach Osten und führt tief in ein Tal hinein, an dessen Hängen sie in vielen Kurven entlangmäandriert. Nach 5 Min. geht es über eine Brücke und kurz dahinter passiert man ein schön renoviertes Wasserhaus. 15 Min. dahinter – das Tal ist zur engen Schlucht geworden – wechselt man auf einer Brücke auf die andere Seite und wandert in die nächste Talschlaufe, wo ein kleiner Wasserfall wartet (15 Min. hinter der letzten Brücke, Ursprung des Ribeiro dos Moinhos). Man befindet sich nun relativ weit im Landesinneren und Bäume versperren den Blick auf die Küste. 50 Min. hinter Salão kreuzt der Kanal die **Levada Pedregal (3)** und einen Forstweg hinunter zum gleichnamigen Dorf.

5 Min. später quert man an einem Wasserreservoir auf einer Brücke den Hohlweg hinunter zum Dorf Serrado. Nach 20 Min. ist der Forstweg der Ribeira da Vaca erreicht, 5 Min. weiter

der **Abzweig A Carreta (4)** zum 250 m unterhalb liegenden Restaurant A Carreta (ER101, Lombada Velha, Tel. 291882163).

Hier wendet sich die Levada wieder nach Osten, folgt einer Schleife der ER101 und kreuzt sie nach gut 10 Min. (kurz hinter einer Brücke). Noch mal gut 5 Min. sind es jetzt zur **Rua da Capela (5)** (auch Caminho do Cabo) an einem Betonbecken. Hier wird die Levada verlassen und auf der Asphaltstraße nach Nordwesten bergab gegangen (Hinweisschild „Cabo").

Wer **Anschluss möchte an die Wanderungen W7 und W8** von Achadas da Cruz aus, wechselt hier auf die ER101 100 m oberhalb des Beckens und folgt ihr nach links und Osten.

1 km misst der Weg auf der Rua do Capela hinunter zum Kirchlein „Unserer Lieben Frau vom Schönen Tod" unterhalb des Dorfes Cabo (50 m nach dem letzten Haus links abbiegen). Noch einmal 250 m Strecke über die grünen Weiden und 50 Höhenmeter sind es zum **Miradouro (6),** ein einsamer und winziger Punkt mit großartiger Aussicht.

Man steigt wieder zur Wallfahrtskirche **Nossa Senhora da Boa Morte (7)** aus dem beginnenden 20. Jh. hoch. Hier soll die Jungfrau mehrfach Bäuerinnen erschienen sein, als diese an einer Quelle Wasser schöpften. Der Name der Kapelle verweist darauf, dass die Mutter Gottes – entsprechend der katholischen Auslegung – nicht starb, sondern in den Himmel fuhr, ein schöner Tod eben.

Im Westen

Das Wallfahrtskirchlein Nossa Senhora da Boa Morte
in vorzüglicher Lage

072wma sk

Man nimmt nun den Pfad rechts vom Parkplatz nach Süden bergab. An der Araukarie bei dem Calla-Feld drückt man sich links vorbei und geht den schmalen Pfad runter zur alten gemauerten **Brücke (8)** über die Ribeira da Veste und auf gutem Forstweg wieder hoch. Nach 10 Min. ist man oben und wandert nun auf breiten Forstweg die Höhe haltend in 5 Min. zum Dorf **Lombada Velha (9),** wo der Asphalt beginnt. Gleich nach den ersten Häusern biegt man in den Hauptweg Caminho Velho nach rechts und Westen ein und geht bergab, passiert das Dorf Lombo Queimado und quert 20 Min. nach der Kapelle am Talboden die **Ribeira da Vaca (10).** 20 Min, dauert es wieder hoch zum Weiler **Serrado (11).** Man gehe bei den ersten Häusern nicht geradeaus, sondern wende sich nach links und Süden. Nach nochmals 10 Min. kommt man durch das Dorf Pedregal.

Kurz nach dem Schild hoch zur Levada Nova besteht die Möglichkeit zu einem Abstecher zum Miradouro Garganta Funda – rechts weg, etwa 20 Min. (80 Höhenmeter, 1,6 km hin und zurück). Belohnt wird man mit der Aussicht von der Klippe 350 m über dem Meer und einem Wasserfall von 140 m Höhe.

073wma sk

Nun muss man erneut in ein Tal runter und die **Ribeira da Moinho (12)** auf einer Brücke queren. Gegenüber ist Ponta do Pargo zu sehen. Es folgt der letzte Aufstieg zur Rua Dr. Vasco Augusto de França und man steht am Ausgangspunkt, an der **Kirche von Ponta do Pargo (1).**

Kirche Ponta do Pargo (1) 32.811531, 17.247740	0 Min.	460 m
Wasserreservoir Salão (2) 32.807892, 17.233269	25 Min.	640 m
Levada Pedregal (3) 32.813355, 17.231376	75 Min.	634 m
Abzweig A Carreta (4) 32.824843, 17.227911	105 Min.	633 m
Rua da Capela (5) 32.829221, 17.225652	120 Min.	632 m
Miradouro (6) 32.833455, 17.237053	135 Min.	430 m
Nossa Senhora da Boa Morte (7) 32.831912, 17.234748	140 Min.	480 m
Brücke (8) 32.830648, 17.234790	145 Min.	430 m
Lombadha Velha (9) 32.826319, 17.238412	150 Min.	460 m
Ribeira da Vaca (10) 32.822454, 17.240181	160 Min.	400 m
Serrado (11) 32.821988, 17.242643	180 Min.	460 m
Ribeira da Moinho (12) 32.813471, 17.241910	200 Min.	430 m
Kirche Ponta do Pargo (1) 32.811531, 17.247740	210 Min.	460 m

Im Westen

Steil und unzugänglich ist die Küste bei Ponta do Pargo

Zimmertanne

(araucaria heterophylla, port. araucária, engl. norfolk island pine)

Wird sie im Pflanzkübel in der Wohnung zu Hause nur 2 m hoch, in „freier Wildbahn" sind es bis zu 60 m. Der dekorative Baum ist auf ganz Madeira in niedrigeren Höhen in den Parks und Gärten beheimatet. Sehr aufgeräumt und ordentlich wirkt er, wie in Reih und Glied, nichts wächst hier wild durcheinander. Entdeckt hat den Baum der Weltumsegler Captain Cook 1770 auf den Norfolk-Inseln (zwischen Neuseeland und Australien) und seine Samen nach Kew Gardens gebracht. Um die Mitte des 19. Jh. ist die Konifere aus England dann nach Madeira gekommen.

015wma sk

W7 Achadas da Cruz – Fajã Quebrada Nova

1½–2 Std. | 3,5 km
mittelschwer
▲ 50 m ▼ 480 m

Am Anfang ein steiler Pfad die Klippen vor Ponta do Pargo hinunter, es folgt ein schmaler Weg am Strand entlang hoch zur Talstation der Gondelbahn, dann ein Spaziergang auf befestigter Promenade am Wasser entlang mit einem kleinen Anstieg zum Ende der Fāja, und schließlich ein Gang entlang der Beete der „Meeresgärten". Mit der Seilbahn geht es abschließend schnell und unangestrengt hoch – ein perfekter Nachmittagsspaziergang, um den Tag ausklingen zu lassen. Morgens gibt es unten keine Sonne – und wenn dann noch der Wind pfeift wird es ungemütlich.

Vom Hauptplatz in Achadas da Cruz sind es 2 km bzw. knapp 30 Min. auf dem Caminho do Teleférico hinunter zum Ausgangspunkt, der **Bergstation der Seilbahn,** neben der der Pfad hinunter ans Meer beginnt.

Auch wenn die Felder nur noch vereinzelt bewirtschaftet werden, ein Besuch der Fajã gibt einen ausgezeichneten Einblick in die Mühsal des Landelebens in früheren Jahren. Allein schon Ab- und Anstieg waren kräftezehrend, dann noch die Landarbeit und schließlich der Transport des Gemüses nach oben. Irgendwann half wenigstens dabei eine Materialseilbahn, 2001 erleichterte dann die heutige Personenseilbahn den Zugang (Fahrtdauer 4 Min., Höhenunterschied 434 m, Länge 441 m).

Der Begriff **Quebrada** bezeichnet übrigens einen Bergrutsch bzw. Hangkollaps, die Fajã ist das Ergebnis, eine flache Landschaftsform zu Füßen einer Klippe. Für Madeira sind die Fajãs typisch und treten an allen Seiten auf – die bekannteste ist die Fajã zu Füßen des Cabo Girão. Da Anbauflächen auf der Insel Mangelware sind, wurden die Fajãs schon immer für die Landwirtschaft genutzt – die Steinschlaggefahr nahm man in Kauf.

Wer nach dem Besuch der Meeresgärten **Anschluss** an die Touren bei Ponta do Pargo sucht muss der ER101 5 km nach Süden bis zum Dorf Cabo folgen (wo man auf die Route W6 trifft) und dort entweder den Levadaweg direkt nach Ponta do Pargo/Salão nehmen oder zur Capela Nossa Senhora absteigen und die Küste entlang mehrere Täler querend nach Ponta do Pargo wandern.

Im Westen

Euphorbien, Meer und Gärten

Start/Ende: Teleférico do Achadas da Cruz (32.852751, 17.209809)
Gesamtzeit: 1½–2 Std.
Länge: 3,5 km
Anstieg: 50 m
Abstieg: 480 m
Trittsicherheit: mittel
Orientierung: gering
Schwindel: hoch
Kondition: gering
Anfahrt/Abfahrt: Rodoeste Bus Nr. 80/139/150 ab Funchal bzw. São Vicente (Mo–Fr 3–4 mal, Sa/So 1–2 mal, einfach 6 Euro); Teleférico Winter 8–18, Sommer 8–19 Uhr, einfach 3 Euro
Einkehr: Calhau Snack Bar an der Bergstation der Seilbahn (Caminho do Teleférico, Tel. 967545810)
Ausrüstung: Bergschuhe, Sonnenschutz
Anschluss: W5 von Fajã da Ovelha nach Ponta do Pargo und W8 von Achadas da Cruz entlang der Levada Moinho

Wegbeschreibung

Am **Teleférico do Achadas da Cruz (1)** nimmt man den Pfad auf zwischen Seilbahnstation und Bar und steigt schnell in engen Serpentinen auf sehr holprigem, felsigem Weg oberhalb des Grabens der Ribeira da Tristão ab. Der schmale Steig ist ausgesetzt und steil und nur an einigen Stellen gesichert, schwindelfrei sollte man also schon sein. Nach 25 Min. und unterhalb einer

Felswand ist ein sehr ausgesetzter Abschnitt mit Drahtseilen gesichert. 10 Min. später steigt man die letzten Höhenmeter auf einer Treppe ab und gelangt an den zum Baden nicht sonderlich geeigneten **Strand (2)** mit großen Wackersteinen. Man achte linker Hand auf den Weg, der etwas hochführt und nach weiteren 10 Min. an der **Talstation (3)** endet. Hier beginnt der Pflasterweg entlang der Küstenlinie.

Der breite Weg führt nun an einfachen Gartenhäuschen und Lagerhütten, Beeten und Gärten vorbei, die sich den Hang hochstaffeln bis die Felswand beginnt. Nach gut 5 Min. passiert man die Talstation der Materialseilbahn, danach steigt der Weg mäßig steil an und führt hoch zu den **südlichen Parzellen (4).** Hier ist nur noch ein schmaler Pfad, der Zugang zu den Feldern erlaubt.

Nun kehrt man um, achte nach der Materialseilbahn auf das Schild „Teleférico", das nach rechts zwischen die Felder und Hütten weist, und nehme den Weg über die Felder. Man erreicht eine Levada und folgt dieser durch die Gärten bis der Weg sich kurz vor der Talstation wieder Richtung Meer wendet und mit dem Hinweg vereinigt.

Die **Talstation (3)** ist personell nicht besetzt, man drücke den Rufknopf, setze sich in die Gondel und warte. Bezahlt wird oben beim Ausstieg an der Bergstation des **Teleférico do Achadas da Cruz (1)**.

Nur auf den letzten Metern gibt es eine Treppe

Alternative zum mühseligen Weg bergauf

074wma sk

Teleférico do Achadas da Cruz (1)	0 Min.	460 m
32.852751, 17.209809		
Strand (2)	35 Min.	10 m
32.857919, 17.209061		
Talstation (3)	45 Min.	30 m
32.856581, 17.211410		
Südliche Parzellen (4)	60 Min.	60 m
32.851142, 17.217767		
Talstation (3)	80 Min	30 m
32.856581, 17.211410		
Teleférico do Achadas da Cruz (1)	90 Min.	460 m
32.852751, 17.209809		

075wma sk

Im Westen

Fischfang-Wolfsmilch

(euphorbia piscatoria, port. figueira do inferno, engl. fish stunning purge)

Die Euphorbie wächst in dichten Büschen an felsigen Hängen in Meeresnähe und beim Abstieg zur Fāja begegnet man ihnen zuhauf. Das Januar bis August blühende Wolfsmilchgewächs ist auf Madeira, Porto Santo und den Ilhas Desertas endemisch und natürlich giftig. Seinen Namen (portugiesisch: Höllenfeige) erhielt es auch genau deshalb. Den Saft verwendeten die Fischer nämlich, um die Fische zu betäuben und dann einfach zu käschern. Die natürlichen Meeresbecken von Porto Moniz – in denen heute die Touristen baden – wurden einst genau dafür verwendet.

016wma sk

W8 Achadas da Cruz – Lamaceiros (Levada do Moinho)

> 4–5 Std. | 14,5 km
> mittelschwer
> ▲ 220 m ▼ 480 m

Obwohl die **Levadawanderung** im ersten Abschnitt fast durchweg zwischen dichtem Gehölz oder unter hohen Baumkronen, teilweise wie in einem Tunnel und ohne Aussichten verläuft gehört sie doch zu den schönsten Ausflügen auf Madeira. Wie im Dschungel sind die Büsche miteinander verwoben, Farne bedecken Böden und Felswände, und Moose umgarnen knorrige Bäume. Das Wasser sprudelt im Kanal, tropft von den Hängen und bildet Becken – nur der Tanz der Feen im Unterholz fehlt zum perfekten Zauberwaldgefühl.

Um zum **Ursprung** der Levada zu gelangen muss man von Achadas da Cruz bis zur Levada kurz aufsteigen und an ihr entlang weitere kurze, aber relativ steile Aufstiege absolvieren (die aber mit Bohlentreppen gut unterhalten sind). Der Weg levadaaufwärts zur Quelle ist etwa 3,5 km lang, anschließend kehrt man auf demselben Weg zurück, steigt aber nicht zum Ort ab, sondern folgt der Levada bis zum Ende einer ihrer Äste.

Die **Levada do Moinhos das Achadas da Cruz,** auch Levada Grande genannt, hat im 17. Jh. ein Konsortium von Landbesitzern auf eigene Rechnung bauen lassen und nur diese durften sie dann auch zur Bewässerung und zum Betrieb ihrer Mühlen nutzen (bei einer sind die Umfassungsmauern noch erhalten).

Wer die Wanderung **abkürzen** möchte, steigt auf demselben Weg wieder zum Hauptplatz von Achadas da Cruz ab (135 Min. insgesamt), oder verlässt den Weg bei der Forststation (180 Min., von hier 3 km per Anhalter oder zu Fuß auf der ER101 zurück).

Wo Feen tanzten und Mühlen klapperten

Start: Achadas da Cruz (32.840256, 17.208901)
Ende: Lamaceiros (32.851371, 17.166469)
Gesamtzeit: 4–5 Std.
Länge: 14,5 km
Anstieg: 220 m
Abstieg: 480 m
Trittsicherheit: mittel

Im Westen

Tour W8

0 — 200 m

© Reise Know-How

WF_Mad 1/18

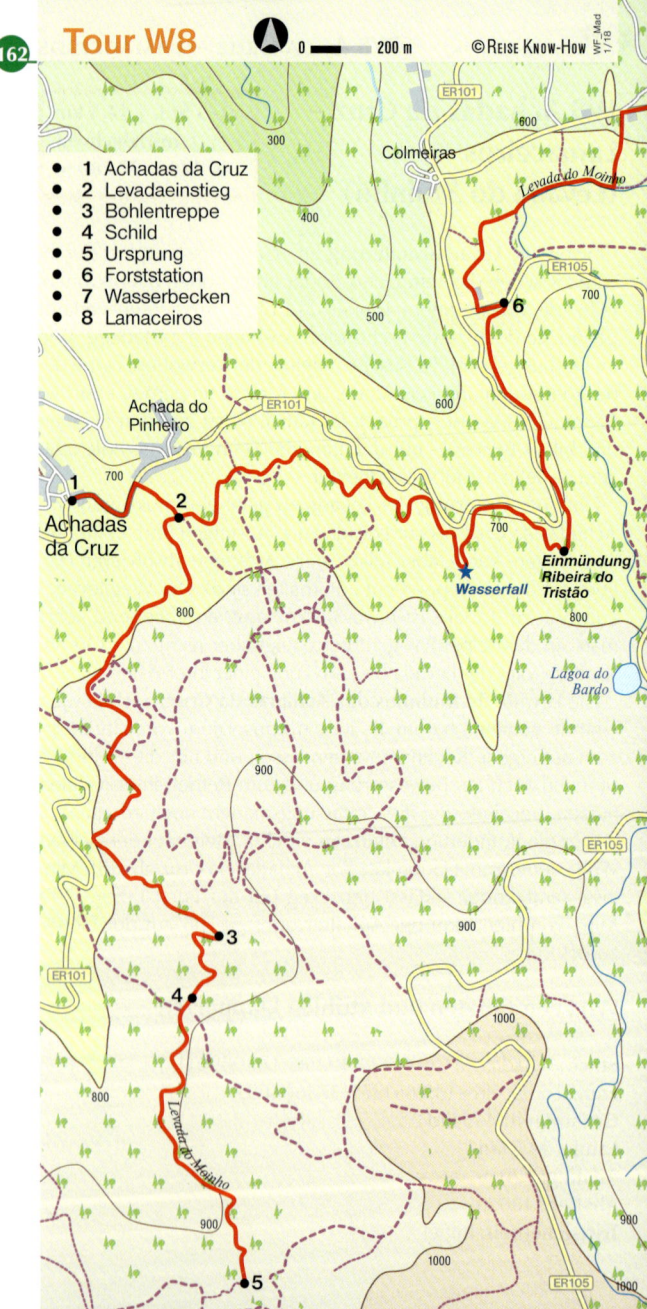

ER101

Colmeiras

Levada do Moinho

600

700

ER105

6

1 Achadas da Cruz
2 Levadaeinstieg
3 Bohlentreppe
4 Schild
5 Ursprung
6 Forststation
7 Wasserbecken
8 Lamaceiros

300

400

500

600

Achada do Pinheiro

ER101

700

1
Achadas
da Cruz

700

2

800

700

*Einmündung
Ribeira do
Tristão*

★
Wasserfall

800

*Lagoa do
Bardo*

900

ER105

900

3

4

ER101

1000

800

Levada do Moinho

900

900

5

ER105

1000

1000

Orientierung: gering
Schwindel: mittel
Kondition: mittel
Anfahrt: Rodoeste Bus Nr. 80/139/150 ab Funchal bzw. São Vicente (Mo–Fr 3–4 mal, Sa/So 1–2 mal, einfach 6 Euro)
Abfahrt: Rodoeste Bus Nr. 80/139 nach Funchal (2–3 mal, Sa/So 1–2 mal, einfach 6 Euro),
Einkehr: Bar-Restaurant A Lagoa (Caminho da Fajã das Barbusanos 25, Lamaceiros, Tel. 291853143, www.facebook.com/bar lagoa)
Ausrüstung: Bergschuhe
Anschluss: W7 von Achadas da Cruz zur Fajã Quebrada Nova, W6 nach Ponta do Pargo (ab Cabo) und W2 von Galhano entlang der Ribeira da Janela nach Lamaceiros

Wegbeschreibung

Die Wanderung beginnt am Hauptplatz von **Achadas da Cruz (1)** 50 m oberhalb der Pfarrkirche an der ER101. Ihr folgt man auf dem Gehsteig nach links und Osten, passiert nach 200 m einen Picknickplatz und gelangt 100 m weiter zu einer Häusergruppe. Zwischen den beiden Gebäuden rechter Hand führt ein Treppenweg nach oben. Nach 45 Stufen kreuzt man einen Abwasserkanal und steigt über weitere 80 Stufen und ein Stück Naturweg hoch zum **Levadaeinstieg (2)** – knapp 15 Min. nach Start.

An ihr und entgegen der Fließrichtung geht es nun entlang und nach wenigen Metern befindet man sich bereits im Halbdunkel des dichten Urwalds, zwischen Büschen, Bäumen und Farnwedeln. Nach 5 Min. passiert man einen gar nicht so kleinen Wasserfall, passiert ein Tor und wandert an der Mühlenruine vorbei. Hier verlässt man die Levada und steigt über mit Bohlen

Tour W8

befestigten Treppenweg hoch und kommt zu einem Forstweg, der nach 25. Min ab Start wieder zur Levada führt. Sie stürzt hier eine kurze, steile Rinne herunter, an der entlang es nach oben geht. Dort steht ein kleines Wasserbecken, die Landschaft ist hier offener und schattenlos. Der Weg schlängelt sich durch blühenden Ginster, den bald hohe Eukalyptusbäume ablösen.

5 Min. hinter dem Becken quert man eine breite Forststraße, der Weg wird kurz schmal und die Levada ist nun nicht mehr gefasst, sondern fließt als Bach, dem man auf gutem Waldpfad folgt. Bald ist der Bach hinter einer dichten Ginsterwand verborgen. Nun taucht man erneut in den Zauberwald ein und gut 10 Min. hinter dem Becken ist die Levada wieder gefasst, danach passiert man ein Wacholderwäldchen.

45 Min ab dem Start steht man in einem sehr idyllischen Talschluss mit einem kleinen Wasserfall im dichten, dunklen Dschungel, 2 Min. danach endet die Levada scheinbar und man steigt im Halbdunkel über eine **Bohlentreppe (3)** mit sehr hohen Stufen nach oben. Dieser Abschnitt kann sehr rutschig sein. 10 Min später – wieder an der Levada – weist ein **Schild (4)** die Richtungen (zurück und weiter nach Junqueira/9,6 km, nach

Die Wanderung verläuft in schattigen Baumtunnels, teils aber auch offen auf sonnigem Pfad

Im Westen

076wma sk

rechts zum Ursprung der Levada/Ribeira da Cruz/700 m). Geht man hier levadaabwärts endet der Weg nach 50 m und das Wasser stürzt in einer 20 m hohen Kaskade talwärts. Levadaaufwärts geht es weiter durch den dunklen Zauberwald, nach gut 5 Min. durch einen herrlichen Blättertunnel und 15 Min. hinter dem Schild an einem Wasserfall vorbei. Von ihm sind es nochmal 5 Min. auf gutem Naturpfad bis zum **Ursprung (5),** ein wirklich romantischer Fleck mit kleinem Wasserfall, Moos, Farn, tropfenden Wänden und tiefgrünen Gumpen, in die man am liebsten springen möchte.

Auf selbem Weg kehrt man nun zum **Levadaeinstieg (2)** zurück, steigt aber nicht ab, sondern folgt der Levada do Moinho weiter nach Osten Richtung Junqueira. Gut 10 Min. später steigt man auf einem Bohlenweg parallel zu einem Wasserfall ab

Der Weg ist nicht immer das Ziel – am Ursprung

und gelangt nach 5 Min. an einen weiteren romantischen Talschluss. Dahinter hängen die Wurzeln der Bäume oberhalb der Levada spektakulär in der Luft, unter ihnen haben die Levada-Arbeiter Höhlungen gegraben. Kurz danach geht es in eine klammartige, tiefgrüne Schlucht. Hier ist es etwas ausgesetzt, aber mit Drahtseilen gesichert. Am Talschluss sprudelt erneut ein Wasserfall – die Ribeira do Tristão. Aus dem Tal heraus folgt man kurz der Straße, dann wendet sich der Kanal wieder nach Süden in ein weiteres Halbrund. In seiner Mitte mündet der östliche Ast der hier als Levada gefassten Ribeira do Tristão ein. 3 Min. später passiert man eine tropfende Felswand, geht wieder parallel zur ER101, steigt über 20 Stufen ab und kreuzt die ER105 bei der **Forststation (6)** von Santa (Sítio das Portas da Vila).

Auf der Forststraße geht man nun durch die Gebäude und Stände des „Ausstellungsgeländes" hindurch und biegt noch auf dem Gelände in den ersten Forstweg rechter Hand ab. Nach knapp 10 Min. ist die Levada erreicht, der man nun folgt, nach

Strandkiefer

(pinus pinaster, port. pinero marítimo, engl. sea pine)

Auch wenn es der Name nicht nahelegt, sie gedeiht in den höheren Regionen abseits der Küste. Da sie schnell wächst, setzt man sie wie den Eukalyptus gerne zur Wiederaufforstung ein, weshalb sie auch allerorten anzutreffen ist, wo Brände den ursprünglichen Waldbestand vernichtet haben. Im Gegensatz zum Eukalyptus überstehen die Kiefern Brände aber besser. Als Baum des mediterranen Raums hat sich – wie bei der Korkeiche – im Lauf der Evolution eine dicke Rinde herausgebildet, die vor Hitze schützt.

017wma sk

weiteren 5 Min. nimmt man links den Weg mit dem Hinweisschild „Junqueira 1,9 km", biegt nach 5 Min. an der Straße nach
rechts und an der nächsten Einmündung nach 200 m wieder
rechts ab. Nach 1 Min. am **Wasserbecken (7)** nimmt man die
kurze Treppe rechts an ihm vorbei und kann erneut der Levada
nach links folgen.

   Man quert eine Betonstraße und wandert entlang offener
Wiesen, auf denen Kühe weiden. 10 Min. nach dem Wasserbecken zweigt der Hauptarm der Levada links ab. Man folgt ihm
nicht, sondern hält sich weiter geradeaus auf einer Art die Levada begleitenden Damm. Nach 5 Min. ist ein Forstweg zu queren. 5 Min. hinter diesem verlässt man die Levada und nimmt
den Fahrweg bergab. Nach knapp 100 m biegt man rechts in
den Caminho do Lombo ein und geht bergab, der Weg wird zu
Straße, man passiert ein Gehöft und Häuser und erreicht eine
Unterführung. Durch diese hindurch sind es 500 m zu Hauptstraße, der man für 100 m rechts folgt, auf die andere Straßen-
seite wechselt und über eine Rampe den betonierten Fußweg
entlang einer Trockenmauer aufnimmt. Er wird alsbald zum Naturweg, der um die Senke herum und nach **Lamaceiros (8)**
führt.

Im Westen

Achadas da Cruz (1)	0 Min.	700 m
32.840256, 17.208901		
Levadaeinstieg (2)	15 Min.	740 m
32.839938, 17.204899		
Bohlentreppe (3)	45 Min.	820 m
32.828021, 17.203631		
Schild (4)	55 Min.	915 m
32.826239, 17.204203		
Ursprung (5)	80 Min.	920 m
32.818332, 17.202448		
Levadaeinstieg (2)	120 Min.	740 m
32.839938, 17.204899		
Forststation (6)	180 Min.	700 m
32.846291, 17.192872		
Wasserbecken (7)	210 Min.	600 m
32.852533, 17.175099		
Lamaceiros (8)	255 Min.	440 m
32.851371, 17.166469		

Wanderungen im westlichen Inselinneren

Wanderungen im westlichen Inselinneren

Bei Ribeira Brava beginnt die Hauptstraße ER104 Richtung São Vicente. Von ihr zweigt die Straße ER228 hoch zur Boca da Encumeada. Auf 600 Metern Höhe fährt man bei Serra de Água auf einer Serpentinenstrecke zum Encumeada-Pass auf 1007 m Höhe. Auf der ER110 nach Westen geht es dann durch eine herrliche Gebirgslandschaft auf den Paúl da Serra. Das östliche Ende dieses 100 km² großen, auf 1300–1400 m Höhe liegenden Moorgebiets begrenzt die Bica da Cana. Farnwiesen und Wind-rotoren bestimmen das Bild. Der Paúl da Serra spielt die tragen-de Rolle im Wasserhaushalt Madeiras. Wie ein Schwamm saugt er Niederschläge auf und gibt sie an seinen Seiten ab. Besonders viele Bäche sprudeln am Nordrand des Paúl. 10 km westlich be-findet sich einer der Hotspots für Wanderungen auf der Insel: Rabaçal, wo die Schlucht der Ribeira da Janela beginnt und sich schließlich als tiefes Tal nach Nordwesten zieht.

Die 25 Quellen entspringen in einem Felsrund

Kapitelstartseite:
Die Randbereiche des Paúl da Serra sind Weidegebiet

ZW1 Rabaçal – Risco-Wasserfall – 25 Quellen – Rabaçal

> 2½–3 Std. | 10,2 km
> leicht
> ▲ 330 m ▼ 330 m

Die Wanderungen von Rabaçal entlang der Levadas an den Talhängen sind wahrscheinlich **die meist begangenen der Insel.** Einsamkeit wird man hier nicht finden, schon zu früherer Stunde ist der (große) Parkplatz auf dem Paúl da Serra voll und später karren auch noch Busse Wandergruppen in kurzen Abständen an. Dennoch ist die Wanderung im **Pflichtprogramm** – schließlich entführt sie in die ursprüngliche Inselnatur mit u.a. Lorbeer, Baumheide, Besenheide, Madeira-Heidelbeere und viel Wasser. Also früh aufstehen und womöglich schon zurückgekehrt sein, wenn die großen Reisegruppen kommen – der Pfad zu den 25 Quellen ist teilweise so schmal, dass bei Gegenverkehr nicht unbeträchtliche Wartezeiten entstehen können.

Entstanden ist das **Levadasystem** von Rabaçal ab 1855 als reines Bewässerungssystem. In den 1950er Jahren errichtete man

106wma sk

Im westlichen Inselinneren

ein Kraftwerk oberhalb von Calheta und seitdem speist das Wasser dessen Turbinen. 1855 machte die Levada do Risco den Anfang und versorgte die Region um Prazeres. Erst 1877 floss Wasser über die Levada 25 Fontes in den Süden Richtung Calheta. Dazu hatte man den Reitertunnel durch den Berg getrieben, der heute den Zugang von der ER211 zum Forsthaus von Rabaçal erlaubt (und lange Jahre für die Reisenden ein wichtiger Übergang von der Süd- zur Nordseite war). Seit dem Bau des Kraftwerkes fließt die Levada do Risco nicht mehr Richtung Westen, sondern speist ab dem Forsthaus von Rabaçal die Levada 25 Fontes, die verrohrt durch den Reitertunnel geführt wird.

Wer die Wanderung **abkürzen** möchte besucht entweder nur die 25 Quellen oder nur den Risco-Wasserfall. Zum Forsthaus von Rabaçal ist man im Abstieg 25 Min. (Aufstieg 35 Min., 220 Höhenmeter), ab dem Forsthaus bei der ersten Variante bei wenig „Gegenverkehr" etwa 100 Min. (4,5 km), bei der zweiten etwa 50 Min. (2,5 km) unterwegs. Weitere Verkürzung: Nutzung des Bus-Shuttle zwischen Parkplatz und Forsthaus.

Der Klassiker

Start: Parkplatz Rabaçal (32.754068, 17.133061)
Ende: Parkplatz Rabaçal
Gesamtzeit: 2½–3 Std.
Länge: 10,2 km
Anstieg: 330 m

107wma sk

Im westlichen Inselinneren

Abstieg: 330 m
Trittsicherheit: gering
Orientierung: gering
Schwindel: mittel
Kondition: mittel
Anfahrt/Abfahrt: Kein öffentlicher Personenverkehr; Shuttlebus Parkplatz am Forsthaus 9.30–18 (Winter) bzw. 19 Uhr (Sommer), einfach 3 Euro
Einkehr: Nature Spot Café im Forsthaus von Rabaçal, Kuchen, Snacks und vollwertige Hauptgerichte, alles frisch bereitet, tgl. geöffnet, auch Zimmervermietung (vier elegant eingerichtete Zimmer, Halbpension möglich, Tel. 963797356).
Ausrüstung: Wanderschuhe, Sonnenschutz, Taschenlampe (für die Variante mit Tunnelbegehung)
Anschluss: ZW2 von Rabaçal an der Levada Rocha Vermelha, ZW3 von der Levada Rocha Vermelha nach Fanal (und auf ZW4/ZW5 über die Levada Alecrim wieder zurück nach Rabaçal), ZW8/ZW9 von Rabaçal über Cristo Rei zur Bica da Cana

Immer wieder eröffnen sich schöne Ausblicke

Wegbeschreibung

Die Wanderung beginnt auf dem Paúl da Serra oberhalb des Forsthauses von Rabaçal am großen **Parkplatz (1).** In weiten Schlaufen zieht sich über 2 km (25 Min.) eine schmale Asphaltstraße ins Tal zum Forsthaus. Ab 9.30 Uhr bringt ein Shuttlebus Gehfaule vom Parkplatz hinunter (aber 9.30 ist eigentlich schon zu spät, um die Wanderung zu beginnen).

Man verlässt das **Forsthaus (2)** den Schildern folgend auf dem unteren Weg (er vereinigt sich mit dem oberen wieder), nimmt nach ca. 5 Min. den breiten und guten Weg entlang der Levada auf, gelangt nach 2 Min. an eine **Gabelung (3).** Hier nimmt man den rechten Weg die Höhe haltend an der Levada entlang (hinunter geht es später zur den 25 Quellen). Auf breitem Waldweg wandert man parallel zum Kanal in das Tal hinein.

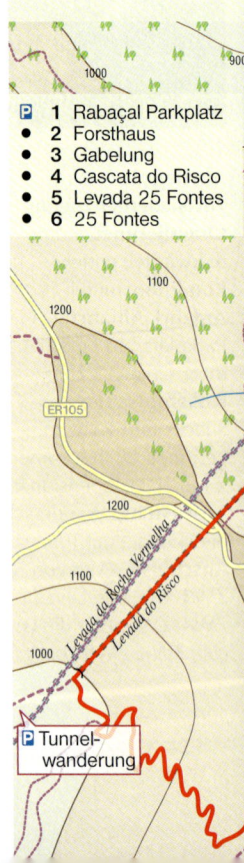

- 🅿 **1** Rabaçal Parkplatz
- ● **2** Forsthaus
- ● **3** Gabelung
- ● **4** Cascata do Risco
- ● **5** Levada 25 Fontes
- ● **6** 25 Fontes

Nach 7 Min. wird der Wag etwas schmaler und verläuft nun auf der Levadafassung. Drahtseile sichern zur Hangseite hin, obwohl es nicht wirklich ausgesetzt ist. Um eine Kurve gegangen sieht man auch schon den Wasserfall vor sich. 25 Min. hinter dem Forsthaus steht man am Aussichtsbalkon vor der **Cascata do Risco (4)** – der Weiterweg durch die Galerie hinter dem Wasserfall zum eigentlichen Ursprung 250 m weiter ist aus Sicherheitsgründen mit einem Gitter versperrt (sehr schmale Levadamauer ohne Begleitweg). 100 m stürzt das Wasser in die Tiefe, nach gutem Regen sogar in zwei Strängen.

Zurück an der **Gabelung (3)** steigt man nun über unregelmäßige und lange Treppenstufen in gut 5 Min. ab zur **Levada 25 Fontes (5),** der man nach rechts entgegen der Fließrichtung folgt. Erst läuft man auf gutem Waldweg neben der Levada, dann auf breitem betonierten Levadaweg, der allerdings bald schmaler wird und einige ausgesetzte Stellen besitzt (die aber gut mit Drahtseilen gesichert sind). Nach 15 Min. an der Levada muss der Kanal umgangen werden. 70 Stufen geht es hinunter, dann auf einer Brücke über die klammartige Schlucht der Ribeira Grande und anschließend 60 Stufen wieder hoch. Nun wechseln sich Waldweg und sehr schmaler Betonweg ab (oder ergänzen sich).

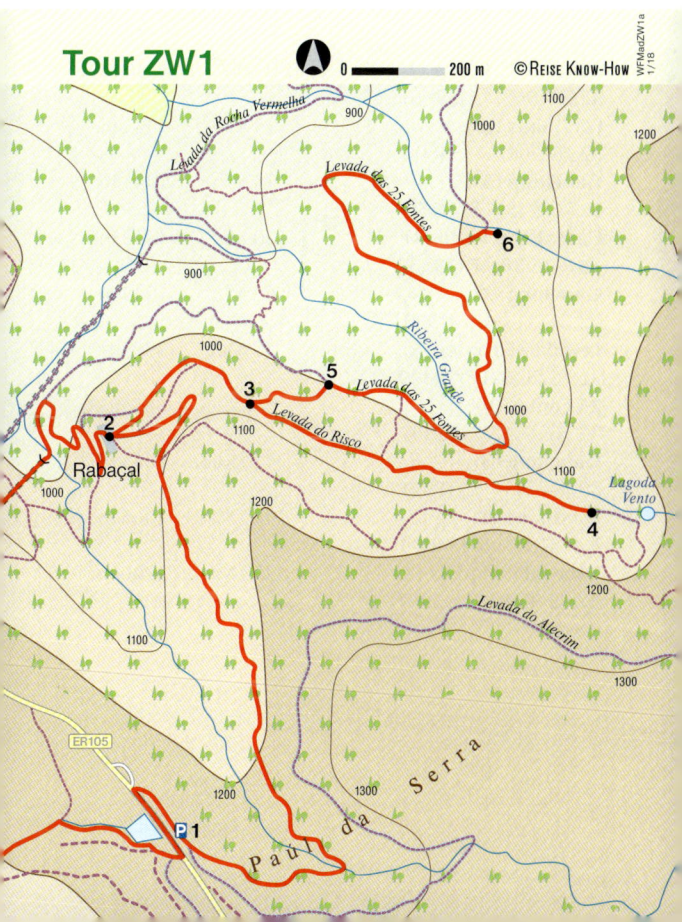

Wenn letzterer gesichert ist, wird es so schmal dass teilweise bei Gegenverkehr einer auf die Levadafassung ausweichen muss (die in Abschnitten in Brusthöhe verläuft). 20 Min später sind die 25 Quellen erreicht – man sieht sie aber noch nicht. Zwei Levadazuflüsse und eine gemauerte Levadabrücke markieren die Stelle. 30 m nach hinten sind es zum Talkessel mit seinen zahllosen Rinnsalen: **25 Fontes (6).**

Man kehrt um, nimmt demselben Weg zurück und kann 2 Min. hinter der **Gabelung (3)** den oberen Weg zum **Forsthaus (2)** wählen. Mit dem Shuttle fährt man zum **Parkplatz (1)** hoch.

Rabaçal Parkplatz (1)	0 Min.	1280 m
32.754068, 17.133061		
Forsthaus (2)	25 Min.	1065 m
32.761594, 17.134808		
Gabelung (3)	35 Min.	1045 m
32.762313, 17.131550		
Cascata do Risco (4)	50 Min.	1040 m
32.759988, 17.123582		
Gabelung (3)	65 Min.	1045 m
32.762313, 17.131550		
Levada 25 Fontes (5)	70 Min.	980 m
32.762532, 17.129329		
25 Fontes (6)	100 Min.	985 m
32.765301, 17.125397		
Gabelung (3)	130 Min.	1045 m
32.762313, 17.131550		
Forsthaus (2)	145 Min.	1065 m
32.761594, 17.134808		
Rabaçal Parkplatz (1)	150 Min.	1280 m
32.754068, 17.133061)		

108wma sk

Alternativer Einstieg für Fußmüde: Tunnelwanderung, Karte Seite 180

Wer die 25 Quellen ohne große Höhenunterschiede erreichen möchte, kann den Reitertunnel von Rabaçal benutzen. Er endet unterhalb des Forsthauses an der Levada 25 Fontes. Seinen Namen Túnel do Cavaleiro trägt er wegen seiner Höhe, die für Ross mit Reiter ausreicht. Die Wasser der Levada 25 Fontes und der Levada do Risco fließen in ihm in einem dicken Rohr, der Pfad daneben ist aber breit genug, dass sich der Gegenverkehr aneinander vorbeischieben kann (was wichtig ist, da immer wieder große Busgruppen durchgeführt werden).

Vom Parkplatz oberhalb von Rabaçal geht es entlang der ER110 700 m nach Norden und dann die ER211 bergab Richtung Calheta. Nach insgesamt 2 km beginnt an einem Gebäude mit **Parkplatz (1)** (Garagem genannt) der Weg durch den Berg zum Forsthaus von Rabaçal. 800 m sind es auf sehr breitem und sehr gutem Weg zum **Tunneleingang (2)** mit einem Wasserhaus. 800 m ist er lang und 10–15 Min. sollte man für die Durchwanderung veranschlagen. Am **Tunnelausgang (3)** mit seinem großen Platz und der herabschießenden Levada do Risco nimmt man den Weg entlang der Levada 25 Fontes für 150 m bis zu ei

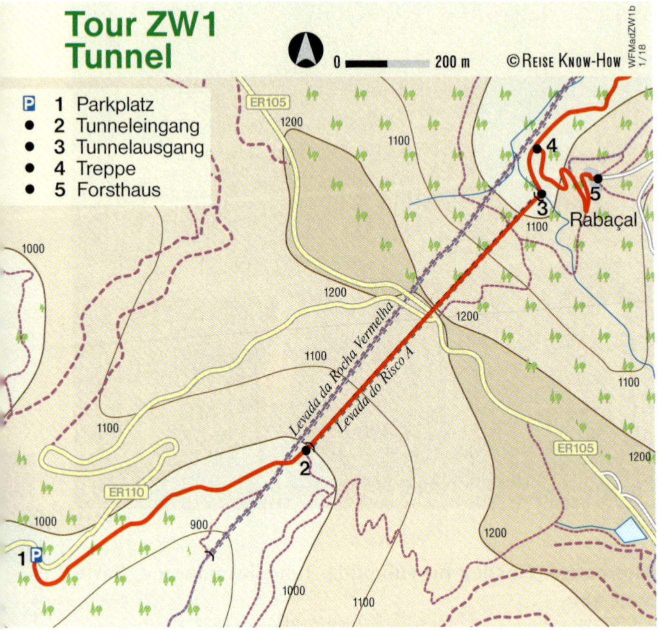

Tour ZW1 Tunnel

0 ——— 200 m © Reise Know-How

WFMadZW1b 1/18

P 1 Parkplatz
• 2 Tunneleingang
• 3 Tunnelausgang
• 4 Treppe
• 5 Forsthaus

ner **Treppe (4)**. Auf ihr geht es hoch zum **Forsthaus (5)** mit Café/Restaurant. Wer der Levada 800 m weiter folgt gelangt zu einem weiteren Weg, der vom Forsthaus herunterführt. Dort kann man sich in die Wanderung zu den 25 Fontes einklinken bzw. in die Wanderung entlang der Levada Rocha Vermelha.

Variante Tunnelwanderung		
Parkplatz (1)	0 Min.	980 m
32.753917, 17.149377		
Tunneleingang (2)	12 Min.	980 m
32.755899, 17.142363		
Tunnelausgang (3)	25 Min.	980 m
32.761290, 17.136199		
Treppe (4)	30 Min.	980 m
32.762327, 17.136306		
Forsthaus (5)	35 Min.	1065 m
32.761594, 17.134808		

ZW2 Rabaçal – Levada da Rocha Vermelha – Rabaçal

> 5½–6½ Std. | 17 km
> mittelschwer
> ▲ 450 m ▼ 450 m

Wenn die Busgruppen im Gänsemarsch entlang der Levada nach 25 Fontes unterwegs sind, dürfen Sie sich nach drei Viertel der Strecke in die Büsche schlagen und auf eigenen Pfaden wandeln. Die Belohnung besteht aus viel Schatten, Einsamkeit, unberührter Natur und schönen Ausblicken.

Besonders für den Abstieg ist **Trittsicherheit** Voraussetzung, er ist steil und nach Regen mit glatten Steinen, Laub und Wurzeln sehr rutschig. Außerdem mangelt es an dem teils schmalem Levadapfad an Drahtsicherungen. Wegen der Länge und des abschließenden Aufstiegs ist Kondition verlangt. Zurückgekehrt wird auf demselben Weg. Wer allerdings abenteuerlustig ist und über (noch bessere) Kondition und Trittsicherheit verfügt, wählt den Weiterweg aus dem Tal heraus Richtung Fanal (Tour ZW3).

Die insgesamt 9 km lange **Levada des roten Felsen** gehört zu den jungen Kanälen und entstand im Jahr 1953 als Speisung des Kraftwerkes Calheta I und zur Bewässerung der Felder oberhalb Calhetas. Ihre Quelle liegt im Tal, aber ein wesentlicher Zufluss kommt aus dem Norden der Insel. Aus dem Tal Chão da Ribeira oberhalb von Seixal wird Wasser durch einen 1,7 km langen (begehbaren) Tunnel zugeleitet. Die Speisung des Kraftwerkes erfolgt durch einen Tunnel, der etwa parallel zum Reitertunnel verläuft, in der Höhe nach unten versetzt und etwas länger als dieser.

Abseits des Mainstreams

Start: Parkplatz Rabaçal (32.754068, 17.133061)
Ende: Parkplatz Rabaçal
Gesamtzeit: 5½–6½ Std.
Länge: 17 km
Anstieg: 450 m
Abstieg: 450 m
Trittsicherheit: mittel
Orientierung: gering
Schwindel: mittel
Kondition: mittel

Im westlichen Inselinneren

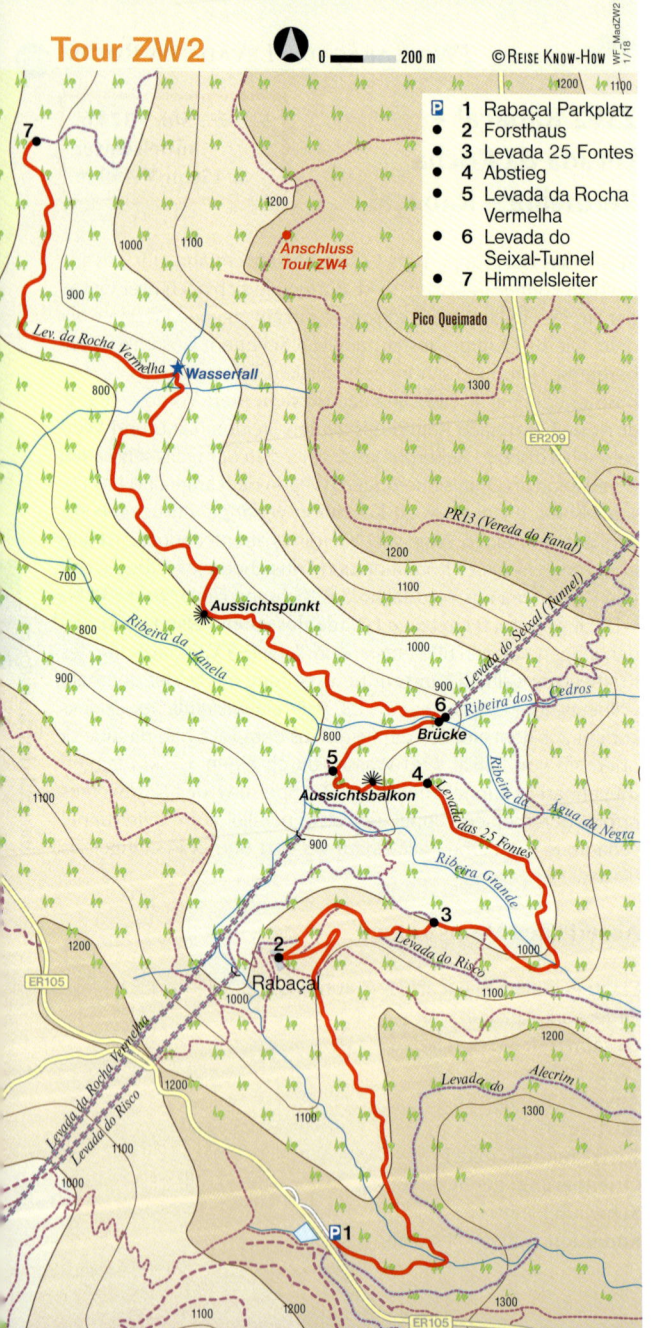

Tour ZW2

0 ■■■ 200 m

© Reise Know-How

WF_MadZW2
1/18

**Anschluss
Tour ZW4**

P **1** Rabaçal Parkplatz
● **2** Forsthaus
● **3** Levada 25 Fontes
● **4** Abstieg
● **5** Levada da Rocha
   Vermelha
● **6** Levada do
   Seixal-Tunnel
● **7** Himmelsleiter

Pico Queimado

Lev. da Rocha Vermelha

★ **Wasserfall**

PR13 (Vereda do Fanal)

ER209

Ribeira da Janela

✴ **Aussichtspunkt**

Levada do Seixal (Tunnel)

6 *Ribeira dos Cedros*

Brücke

Ribeira da Água de Negra

5
✴ **Aussichtsbalkon** **4**

Levada das 25 Fontes

Ribeira Grande

3

Levada do Risco

2
● **Rabaçal**

ER105

Levada do Alecrim

Levada da Rocha Vermelha

Levada do Risco

P 1

ER105

Anfahrt/Abfahrt: Kein öffentlicher Personenverkehr; Shuttlebus Parkplatz Forsthaus 9.30–18 (Winter) bzw. 19 Uhr (Sommer), einfach 3 Euro
Einkehr: Nature Spot Café im Forsthaus von Rabaçal, Kuchen, Snacks und vollwertige Hauptgerichte, alles frisch bereitet, tgl. offen, auch Zimmervermietung (vier elegant eingerichtete Zimmer, Halbpension möglich, Tel. 963797356).
Ausrüstung: Bergschuhe, Sonnenschutz
Anschluss: ZW3 von der Levada da Rocha Vermelha nach Fanal (und auf ZW4/ZW5 über die Levada Alecrim wieder zurück nach Rabaçal), ZW8/ZW9 von Rabaçal über Cristo Rei zur Bica da Cana

Wegbeschreibung

Für eine genaue Beschreibung des ersten Abschnittes siehe Wanderung ZW1. Die Wanderung beginnt am **Parkplatz von Rabaçal (1),** alternativ am Parkplatz von Garagem (siehe Variante Tunnelwanderung). Über das **Forsthaus von Rabaçal (2)** gelangt man hinunter zur **Levada 25 Fontes (3)** und folgt dieser für etwa 20 Min. Dann achte man in einer Rechtskurve auf ein Schild linkerhand (mit der programmatischen Message „Keep the Nature Clean, take your garbage with you!"). Hier beginnt der **Abstieg (4).**

Der Pfad ist verwurzelt, steinig und steil – und bei Nässe sehr rutschig. Nach 10 Min. erlaubt ein Aussichtsbalkon den Blick auf das Tal der Ribeira da Janela und die Levada do Furado Velho tief unten auf der anderen Hangseite. Nach nochmals 10 Min. sehr steilem Abstieg ist die relativ breite **Levada da Rocha Vermelha (5)** erreicht. Eine Betonplatte dient als Tritt, in den Felsen haben Levadawächter eine Höhlung getrieben. Auf gutem Pfad geht es nun nach rechts entgegen der Fließrichtung. Einige kurze ausgesetzte Stellen sind mit Draht gesichert.

Nach gut 5 Min. (400 m) gelangt man an einen sattgrünen Talschluss. Gemeinsam mit der Levada wird am Zusammenfluss von Ribeira da Água da Negra und Ribeira dos Cedros – beide Tributäre der Ribeira da Janela – die Schlucht auf einer Brücke gequert: Auf der anderen Seite endet die **Levada do Seixal (6),** die das Gebirge mit einem 1700 m langen Tunnel durchsticht (Baujahr 1953) und speist die Levada da Rocha Vermelha. Wer möchte, kann auf dem schmalen Begleitpfad des Tunnels auf die

Im westlichen Inselinneren

andere Seite nach Seixal wechseln, wird dabei aber sein nasses Wunder erleben. Von allen Seiten sprudelt es aus dem grob behauenen Stollen auf den Weg – Durchnässung ist garantiert. 50 m in Richtung Talende wartet ein schöner Rastplatz, tiefgrün mit Moos und einem Wasserfall, der in einen kleinen See plätschert.

109wma sk

Ab hier werden die Drahtversicherungen seltener und es kommen immer wieder ausgesetztere kurze Passagen. Der Querschnitt der Levada ist nun merklich kleiner. Es folgen zwei Bachübergänge, dazwischen geht es unter einer Felswand entlang. 25 Min. hinter dem Tunnel ist ein Aussichtspunkt erreicht, der den Blick über das ganze Tal eröffnet. Knapp 15 Min. danach geht es an einer tropfenden Felswand entlang und an einen Wasserfall vorbei. Die Levadawächter haben hier einen Unterstand aus Wellblech errichtet. Nach nochmals 15 Min. muss der verlegte Levadapfad kurz hintereinander zweimal nach unten verlassen und umgangen werden und nach 3 Min. steht man vor der **Himmelsleiter (7)**. Schmal, steil und auf fast 300 hohen Stufen geht es parallel zur herabschießenden Levada bergan. Hier heißt es umkehren oder aufsteigen und nach Fanal weiterwandern (alternativ hoch zum Paúl da Serra und entlang der Levada do Alecrim nach Rabaçal).

Nach insgesamt fünf einhalb bis sechs einhalb Stunden ist man wieder zum **Parkplatz von Rabaçal (1)** zurückgekehrt.

Rabaçal Parkplatz (1) 32.754068, 17.133061	0 Min.	1280 m
Forsthaus (2) 32.761594, 17.134808	25 Min.	1065 m
Levada 25 Fontes (3) 32.762532, 17.129329	50 Min.	980 m
Abstieg (4) 32.766333, 17.129719	70 Min.	980 m
Levada da Rocha Vermelha (5) 32.766536, 17.133061	90 Min.	850 m
Levada do Seixal-Tunnel (6) 32.768038, 17.129322	100 Min.	850 m
Himmelsleiter (7) 32.783446, 17.142926	155 Min.	850 m
Rabaçal Parkplatz (1) 32.754068, 17.133061	330 Min.	1280 m

Im westlichen Inselinneren

Nur für ausgesprochene Tunnelratten,
der Verbindungstunnel nach Seixal

Paúl da Serra

Der Paúl da Serra (übersetzt „Gebirgsmoor"), das Hochplateau der westlichen Inselhälfte, ist mit dem es umgebenden Gürtel von Lorbeerbäumen und Buschheide der wichtigste Wasserspeicher der Insel. Kein Wunder, dass zahlreiche Levadas an die Küsten führen. Besonders im Winter macht der Paúl seinem Namen alle Ehre. Kniehoch steht das Wasser und bedeckt die Ebene auf weiten Flächen wie ein See. Natürlich will die Inselregierung das kostbare Nass nachhaltig und wirtschaftlich nutzen. Deshalb hat man 2017/18 einen riesigen oberirdischen Wasserspeicher ausgehoben, dessen Inhalt bei Bedarf ein ebenso neugebautes, unter dem Rabaçal-Kamm durchgeführtes Röhrensystem in den Süden der Insel leitet.

018wma.sk

ZW3 Rabaçal – Levada da Rocha Vermelha – Fanal

5–6 Std. | 9,8 km
schwer
▲ 400 m ▼ 520 m

Die Beschreibung des ersten Abschnittes bis zur Himmelstreppe entspricht der **Tour ZW2** (siehe dort). Wem die Tour entlang der Levada da Rocha Vermelha bis dorthin bereits etwas unheimlich war, sollte keinesfalls weitergehen. Der Pfad wird **noch schmaler,** ein Erdrutsch verlangt eine Umgehung auf glitschigem (auch nach längeren regenlosen Perioden nicht abtrocknendem) „Pfad" und der Aufstieg ist nur mit Händen und Füßen zu bewerkstelligen: sehr steil, teils felsig, teils lockerer Untergrund. Und man wird fast nie jemandem begegnen.

Aber: Wer auf ein **Abenteuer** aus ist, ist hier genau richtig! Und wer noch eins draufsetzen will, der steigt am PR13 „Vereda do Fanal" (s. Wanderung ZW6) nicht links zum Forsthaus ab. Er nimmt stattdessen die Richtung zum Paúl da Serra nach rechts (5 km, 70 Min.), geht ab dem Parkplatz am Endpunkt des PR13 beim Pico dos Assobiadouros für 1 km auf dem Asphalt weiter Richtung Paúl da Serra, schlägt sich erneut in die Büsche (siehe Wanderung ZW4) und kann sogar auf der Anschlusswanderung ZW5 nach Rabaçal zurückkehren. Diese „Große Runde" erfordert allerdings eine ganz gehörige Portion an läuferischem Durchhaltevermögen (2½–3 Stunden kommen hinzu).

Auf unbekannten Wegen

Start: Parkplatz Rabaçal (32.754068, 17.133061)
Ende: Forsthaus von Fanal (32.809389, 17.141081)
Gesamtzeit: 5–6 Std.
Länge: 9,8 km
Anstieg: 400 m
Abstieg: 520 m
Trittsicherheit: hoch
Orientierung: hoch
Schwindel: hoch
Kondition: hoch
Anfahrt: Kein öffentlicher Personenverkehr; Shuttlebus Parkplatz Forsthaus 9.30–18 (Winter) bzw. 19 Uhr (Sommer), einfach 3 Euro

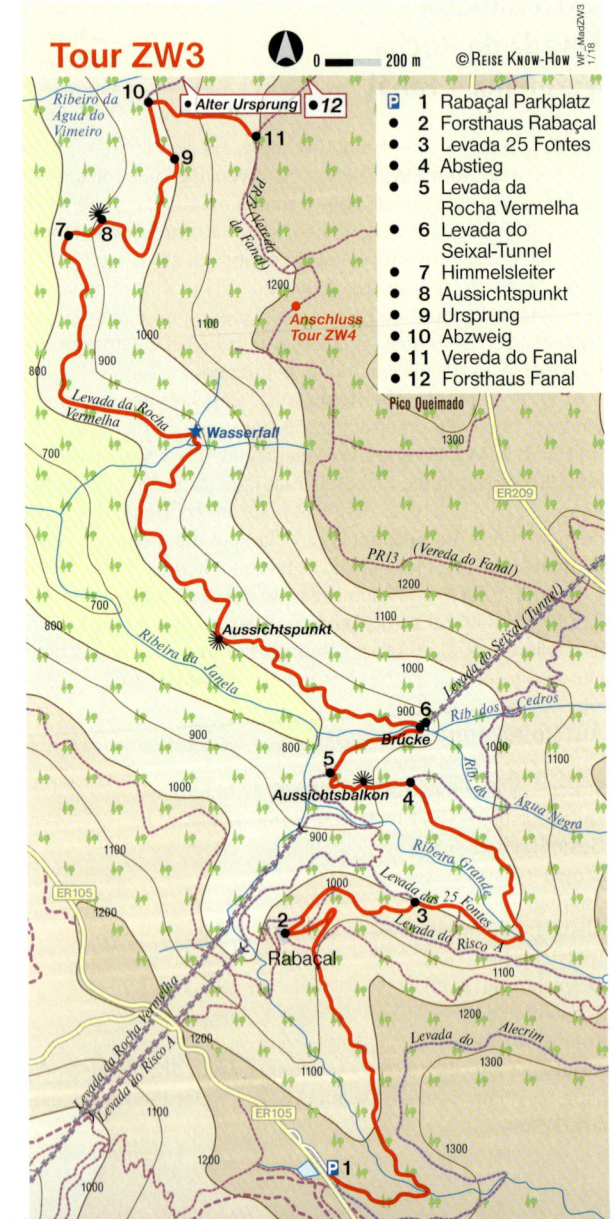

Tour ZW3

0 ____ 200 m ©REISE KNOW-HOW

1 Rabaçal Parkplatz
2 Forsthaus Rabaçal
3 Levada 25 Fontes
4 Abstieg
5 Levada da Rocha Vermelha
6 Levada do Seixal-Tunnel
7 Himmelsleiter
8 Aussichtspunkt
9 Ursprung
10 Abzweig
11 Vereda do Fanal
12 Forsthaus Fanal

Abfahrt: Kein öffentlicher Personenverkehr

Einkehr: Nature Spot Café im Forsthaus von Rabaçal, Kuchen, Snacks und vollwertige Hauptgerichte, alles frisch bereitet, tgl. offen, auch Zimmervermietung (vier elegant eingerichtete Zimmer, Halbpension möglich, Tel. 963797356).

Ausrüstung: Bergschuhe, Sonnenschutz

Anschluss: ZW2 von Rabaçal entlang der Levada da Rocha Vermelha, auf ZW4/ZW5 über die Levada Alecrim nach Rabaçal), ZW8/ZW9 von Rabaçal über Cristo Rei zur Bica da Cana

Wegbeschreibung

Die Beschreibung des ersten Abschnittes vom **Parkplatz Rabaçal (1)** bis zur **Himmelsleiter (7)** ist bei der **Wanderung ZW2** beschrieben.

Die schmale, steile und mit hohen Stufen gemauerte Treppe zerfällt in zwei Abschnitte. Der erste besteht aus 180, der zweite humanerweise nur noch aus 105 Stufen. Vorsicht, bei Nässe sind die Stufen rutschig. Mit hoher Geschwindigkeit saust gleich neben der Treppe das Wasser in dem schmalen Kanal hinunter. Oben führt der Weg für einen kurzen Moment von der Levada weg und nach 7 Min. kann man an einem Felsgetürm heraustreten und ins Tal blicken: **Aussichtspunkt (8).**

Es folgen ausgesetzte Stellen und nach weiteren 10 Min. eine Felswand, aus welcher der Levada Wasser zufließt. Der Pfad wird an dieser Stelle besonders schmal und exponiert. Der Kanal ist jetzt nur noch 10 cm schmal und gut 5 Min. darauf hinter einem Gedenkkreuz (Andrea 2007) scheint nichts mehr zu gehen. Die Levada verliert sich mehr oder weniger in einem Talschluss an der Wand und erlaubt keine Begleitung. Dies ist der **Ursprung (9).**

Es heißt auf schlüpfrigem Steig unter Zuhilfenahme der Hände die Stelle umgehend ab- und wieder aufsteigen. Nun muss man die Augen offenhalten, denn nach 250 m geht es rechts weg. Die Levada ist jetzt teils verschüttet und läuft über eine Trockenmauer (mit Ausblick übers Tal). Die nicht immer eindeutig erkennbare **Abzweigung (10)** geht in einer Rechtskurve nach Osten von der Levada ab. (Ginge man 300 m geradeaus den Levadapfad entlang, käme man fast bis zum alten Ursprung der Levada.)

Im westlichen Inselinneren

Für einen kurzen Moment fast flach schwingt sich der schmale und holprige Steig ganz schnell steil in die Höhe. Durch die Baumheide (deren Äste beim Aufstieg willkommene Unterstützung bieten) und immer wieder über Felsabschnitte kletternd arbeitet man sich hoch. Im Großen und Ganzen ist der Pfad recht gut zu erkennen. Und bei Orientierungsproblemen? Immer aufwärts! Nach 25 Min. sind mit Resten eines Drahtzaunes erste Zeichen der Zivilisation erkennbar, 7 Min. später ist eine Aussichtskanzel erreicht und nach 2 Min. flachen Weges steht man an der **Vereda do Fanal (11).**

    1 km sind es von hier nach links zur Straße ER209 beim Mira-douro do Fanal, von dort 4 km nach **Fanal (12),** 5 km nach rechts zum Ende der Wanderung PR13 (bzw. ZW6, s. unten) am Parkplatz auf dem Paúl da Serra am Pico dos Assobiadouros (mit dem Anschluss ZW4).

(1–7 siehe Tour ZW2)		
Aussichtspunkt (8) 32.784036, 17.141874	170 Min.	1010 m
Ursprung (9) 32.785732, 17.138699	185 Min.	1010 m
Abzweig (10) 32.787775, 17.139766	200 Min.	1010 m
Vereda do Fanal (11) 32.786693, 17.135566	230 Min.	1230 m
Fanal (12) 32.809389, 17.141081	300 Min.	1140 m

Nass und glitschig – man sollte seine Schritte mit Bedacht setzen

110wma sk

Baumheide

(erica arborea, port. urze arbórea, engl. tree heath)

Die immergrüne Baumheide erreicht Höhen bis zu sechs Meter, kommt im gesamten Mittelmeerraum vor und zählt trotz des baumartigen Aussehens zur Gattung der Heidekräuter. Die weißen Blüten (Februar bis Juli) sehen wie kleine Glöckchen aus. Zusammen mit Besenheide und der endemischen Madeira-Heidelbeere bilden sie den Heidebusch, der zusammen mit Lorbeerbäumen vorkommt. Besonders wenn sich auch noch Baumbart gebildet hat und die Flechten wie Zeugnisse uralter Weisheit von den Ästen hängen, wirken die Wälder wie ein Feenreich. Das feingemaserte Wurzelholz der Baumheide ist sehr resistent auch gegen Hitze, weshalb es gerne für Pfeifenköpfe verwendet wird (*bruyère* = erica). Auch als Zäune hat man ihre Äste genommen, seit sie aber unter Naturschutz steht nimmt man zunehmend Draht.

111wma sk

ZW4 Anschluss PR13 Fanal/Paúl da Serra – Levada do Alecrim

1 Std. | 3 km
mittelschwer
▲ 0 m ▼ 100 m

Eigentlich leichte Wanderung mit zwei, drei etwas holprigen (aber nicht ausgesetzten) Stellen durch und entlang des Bachbettes der Ribeira do Lajeado. Da es an Markierungen mangelt ist eine GPS-App von Vorteil, aber auch so sollte man sich zurechtfinden können.

Die Wanderung beginnt bei den Anfängen des Tals, das später breit und tief als **Ribeira da Janela** nahe Porto Moniz ins Meer fließt. Nur heißt es hier oben Ribeira do Lajeado, wandelt aber nach wenigen Hundert Metern seinen Namen in Ribeira Grande, das schließlich etwa in Höhe von Rabaçal zur Ribeira da Janela wird. Hier oben sammeln die **Levada do Alecrim,** die Rosmarin-Levada, und die **Levada do Pico da Urze** das Wasser. Letztere gehört zu den ältesten Kanälen der Insel überhaupt und versorgte Calheta mit Wasser. Im neuen Wassersystem der Insel speist u.a. sie den 1 Mio. t Wasser fassenden Damm Barragem do Pico da Urze.

An der Wiege der Ribeira da Janela

Start: Parkplatz PR13 Pico dos Assobiadouros (32.767052, 17.107360)
Ende: Levada do Alecrim/Lagoa Dona Beja (32.756855, 17.112241)
Gesamtzeit: 1 Std.
Länge: 3 km
Anstieg: 0 m
Abstieg: 100 m
Trittsicherheit: mittel
Orientierung: hoch
Schwindel: niedrig
Kondition: niedrig
Anfahrt/Abfahrt: Kein öffentlicher Personenverkehr
Ausrüstung: Bergschuhe, Sonnenschutz
Anschluss: ZW5 über die Levada do Alecrim nach Rabaçal, ZW6 auf dem PR13 nach Fanal (von dort auf ZW7 entlang der Levada dos Cedros nach Ribeira da Janela)

Im westlichen Inselinneren

Wegbeschreibung

Vom **Parkplatz Pico dos Assobiadouros (1)** am Endpunkt der Wanderung PR13 hoch von Fanal geht man nach rechts für 1 km auf dem Asphalt Richtung Paúl da Serra.

Rechterhand ist ein kurzer **Zaunabschnitt (2)** mit einer Einfahrt zu sehen. Hier verlässt man die Straße nach rechts und nimmt den breiten Feldweg Richtung Südwesten auf, der in etwa 500 m Abstand grob parallel zur ER110 verläuft, auf der man die Autos sehen und hören kann.

Nach 5 Min. wird der Weg zum gut sichtbaren, die Richtung haltenden Pfad. Unmerklich wendet sich der Pfad nun immer weiter dem Westen zu, man durchschreitet knapp 10 Min. nach dem Start eine kleine Senke und hält sich weiter geradeaus. 2 Min. drauf öffnet sich linkerhand ein weiter Platz, der als **Campo Lajeado (3)** in den Karten markiert ist. Hier passe man etwas auf und nehme den Pfad der nach rechts abwärts in das Tal der Ribeira do Lajeado Richtung Nordwesten führt.

112wma·sk

Sonnenpause an der Levada do Alecrim

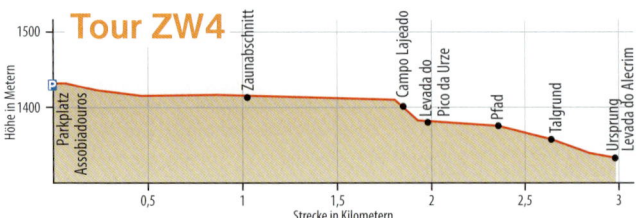

Der Weg verläuft erst schräg hinunter am südlichen Talrand entlang, wird dann etwas steiler und nach gut 5 Min. hört man das Glucksen und Rauschen von Wasser. Knapp 10 Min. hinter dem Campo Lajeado tritt man auf einer Platte über die **Levada do Pico da Urze (4)** und folgt ihr nach links für gute 5 Min. (nach rechts kommt man nach wenigen Metern zum Ursprung der Levada).

113wma sk

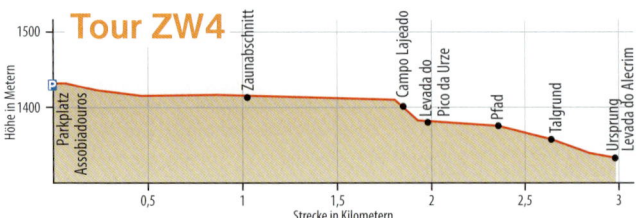

Man achte dann auf einen schmalen **Pfad (5)** nach rechts relativ steil hinunter zur rauschenden Ribeira do Lajeado und steht nach 2 Min. am **Talgrund (6).**

Hier wechselt man auf den Steinen über den Bach, steigt am Ufer gegenüber kurz hoch und folgt dem Lauf oben in Fließrichtung, erst etwas holprig, dann auf gutem Pfad durch übermannshohen Heidebusch. Nach knapp 10 Min. rauscht unten ein Wasserfall in die idyllische Lagoa Dona Beija und nach 2 Min. kann man zum **Ursprung der Levada do Alecrim (7)** heruntergehen. Wer baden möchte, geht vom Ursprung 2 Min. am Bach entlang zurück zur Lagoa da Dona Beija, sie hat auch im Hochsommer meist noch so viel Wasser, dass ein erfrischendes Bad möglich sein sollte.

Nun kann man auf direktem Weg zum Parkplatz von Rabaçal gelangen (siehe Tour ZW5, leichte Wanderung, knapp 60 Min.), oder man wandert die Schleife über die Lagoa do Vento nach Rabaçal und dann wieder hoch zum Parkplatz (schwere Wanderung, s. ZW5).

Parkplatz Assobiadouros (1)	0 Min.	1430 m
32.767052, 17.107360		
Zaunabschnitt (2)	15 Min.	1430 m
32.761394, 17.099769		
Campo Lajeado (3)	25 Min.	1410 m
32.758218, 17.105219		
Levada do Pico da Urze (4)	35 Min.	1380 m
32.759043, 17.106850		
Pfad (5)	40 Min.	1380 m
32.757821, 17.109361		
Talgrund (6)	45 Min.	1350 m
32.758159, 17.109656		
Ursprung Levada do Alecrim (7)	55 Min.	1330 m
32.756855, 17.112241		

Im westlichen Inselinneren

Die Wanderfreunde Madeiras unterwegs auf einsamem Pfad

Dona Beija

Dona Beija, deren Name der kleine See am Ursprung der Rosmarin-Levada trägt, war eine reale Figur des 19. Jh. in Brasilien. Ihr Schicksal haben mehrere Romane dramatisiert. Das blutjunge und wunderschöne Mädchen wurde durch widrige Umstände und ein Übermaß an Vertrauen (vulgo: Naivität) dem ehrlichen und aufrichtigen Leben mit Mann, Küche und Kindern entrissen – aber eben auch zur erfolgreichsten Kurtisane des Landes, die sich Paläste leistete. Bester Stoff auch für die Telenovela „Dona Beija" in den 1980er Jahren. Man kann also wählen, ob man der Lagoa nach einem Bad wunderschön, blutjung, naiv oder stinkreich entsteigen will – alles zusammen wäre vermessen.

020wma sk

ZW5 Rabaçal – Levada Alecrim – Rabaçal

| 3–4 Std. | 8,5 km |
| schwer |
| ▲ 250 m ▼ 250 m |

Im **ersten Abschnitt** zwischen dem Parkplatz von Rabaçal und dem Ursprung der Levada do Alecrim leichte, teils schattige Wanderung ohne Höhenunterschiede und mit einigen wenigen, aber gut gesicherten ausgesetzteren Stellen. Wer denselben Weg zurücknimmt ist insgesamt 2 Stunden unterwegs.

Wer auf dem **Rückweg** vom Ursprung aber nach unten ins Tal Richtung Forsthaus Rabaçal abbiegt (so wie die Wanderung hier beschrieben ist), hat mit äußerst ruppigen, teils steilen und sehr rutschigen Steigen zu rechnen – durchweg im Halbdunkel unter Bäumen (weswegen der Pfad auch selten abtrocknet).

Belohnung: die Tour ist nicht so übervölkert wie die Wanderung zum Risco-Wasserfall und den 25 Fontes (s. Tour ZW1). Außerdem besucht man die **Lagoa do Vento,** den See des Windes, den ein 100 m langer Wasserfall speist und der selbst wiederum in einem Wasserfall abfließt – der **Cascata do Risco,** den alle anderen immer nur von unten sehen.

Unter dem Wasserfall ist über dem Wasserfall

Start: Parkplatz Rabaçal (32.754068, 17.133061)
Ende: Parkplatz Rabaçal
Gesamtzeit: 3–4 Std.
Länge: 8,5 km
Anstieg: 250 m
Abstieg: 250 m
Trittsicherheit: hoch
Orientierung: mittel
Schwindel: mittel
Kondition: mittel
Anfahrt/Abfahrt: Kein öffentlicher Personenverkehr; Shuttlebus Parkplatz Forsthaus 9.30–18 (Winter) bzw. 19 Uhr (Sommer), einfach 3 Euro
Einkehr: Nature Spot Café im Forsthaus von Rabaçal, Kuchen, Snacks und vollwertige Hauptgerichte, alles frisch bereitet, tgl. offen, auch Zimmervermietung (vier elegant eingerichtete Zimmer, Halbpension möglich, Tel. 963797356).

Im westlichen Inselinneren

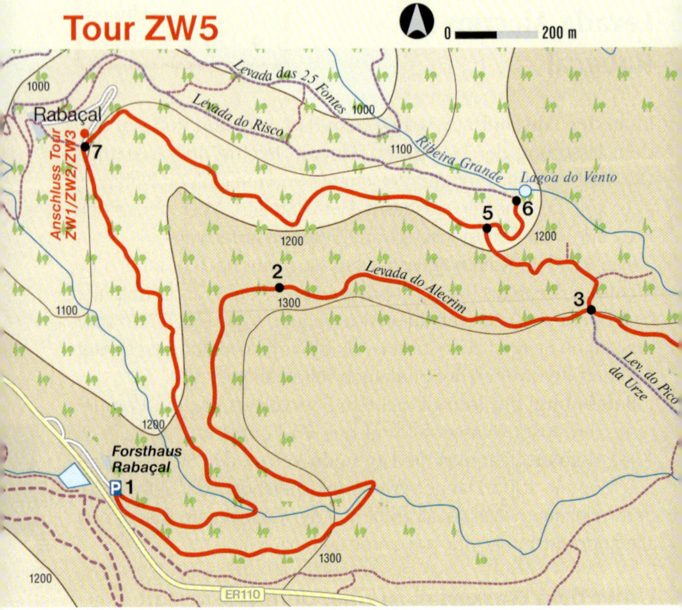

Tour ZW5
0
200 m
Levada das 25 Fontes
Levada do Risco
Rabaçal
Anschluss Tour ZW1/ZW2/ZW3
Ribeira Grande
Lagoa do Vento
Levada do Alecrim
Lev. do Pico da Urze
Forsthaus Rabaçal
ER110
1
2
3
5
6
7
1000
1100
1200
1300

Ausrüstung: Bergschuhe, Sonnenschutz

Anschluss: ZW1 von Rabaçal zum Risco-Wasserfall und 25 Fontes, ZW2 von Rabaçal entlang der Levada da Rocha Vermelha (und weiter auf ZW3/ZW6 nach Fanal), auf ZW4//ZW6 nach Fanal) und ZW8/ZW9 von Rabaçal über Cristo Rei zur Bica da Cana

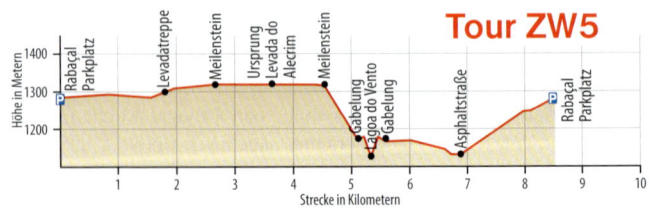

Tour ZW5
Höhe in Metern
1400
1300
1200
Rabaçal Parkplatz
Levadatreppe
Meilenstein
Ursprung Levada do Alecrim
Meilenstein
Gabelung
Lagoa do Vento
Gabelung
Asphaltstraße
Rabaçal Parkplatz
1
2
3
4
5
6
7
8
9
10
Strecke in Kilometern

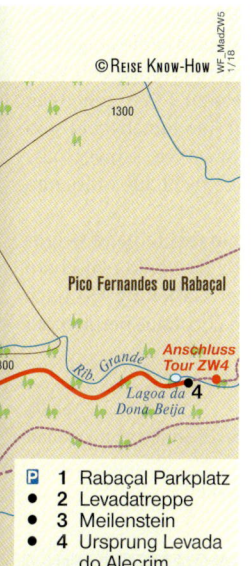

© REISE KNOW-HOW

1300

Pico Fernandes ou Rabaçal

Rib. Grande

Anschluss Tour ZW4

Lagoa da Dona Beija

4

300

P 1 Rabaçal Parkplatz
• 2 Levadatreppe
• 3 Meilenstein
• 4 Ursprung Levada
      do Alecrim
• 5 Gabelung
• 6 Lagoa do Vento
• 7 Asphaltstraße

Wegbeschreibung

Vom **Rabaçal Parkplatz (1)** geht man direkt gegenüber der Fátima-Kapelle an der Nordseite der Straße ein paar Meter runter, hält sich rechts und nimmt den Weg entlang des breiten und tiefen Kanals nach rechts auf. Nach gut 10 Min. passiert man an der Ribeira do Alecrim eine große, halbmondförmige Verteil- und Reinigungsstation der Levada do Alecrim (hier gibt es einen Zulauf, doch ihr eigentliches Wasser bezieht die Levada aus der Ribeira Grande weiter hinten). Die Felsen darunter eigneten sich gut für eine Pause (wenn es nicht noch so früh wäre). Nach weiteren 10 Min. ist rechts ein Meilenstein. Nicht dieser, aber einer der nächsten wird beim Rückmarsch vom Levadaursprung den Weg für den Abstieg zeigen. Kurz danach kommt eine etwa 50 m lange, etwas ausgesetzte, aber gesicherte Passage.

Im Schatten baumbartbehangener Äste geht es weiter bis zu einer **Levadatreppe (2)** mit paralleler Wasserrutsche. Gut 50 Stufen sind es hoch, etwa 15 Höhenmeter. Nach etwas mehr als 5 Min. kommt wieder eine ausgesetztere Passage mit Seilsicherung.

10 Min. nach der Treppe zeigt an einem Abschnitt mit Bohlen links ein **Meilenstein (3)** mit der Aufschrift „MN" den Abzweig des Pfades hinunter zur Lagoa do Vento an (auf den man beim Rückweg einbiegt).

Der Weg zieht nun ins Tal hinein und von unten tönt schon das Rauschen der Ribeira Grande herauf. 15 Min. später ist der **Ursprung der Levada do Alecrim (4)** erreicht. Auf den Felsen lässt sich vorzüglich pausieren und wer 2 Min. weiter der Ribeira Grande folgt, kommt zur idyllischen Lagoa da Dona Beija mit Bademöglichkeit (s. Tour ZW4).

Im westlichen Inselinneren

Zurückgekehrt an den **Meilenstein (3)** beginnt der Abstieg. Auf Bohlentreppen und Steinstufen wird schnell Höhe abgebaut. Nach 5 Min. an einem kleinen Plateau ignoriert man den Weg rechts und hält sich links runter. Nach weiteren 3 Min. geht es an der nächsten Gabelung wieder links. Im Minutenabstand sind nun drei Bäche zu queren, der Boden ist sattrot, schwer, nass und glitschig. Blanke Wurzeln tragen auch nicht zur Trittsicherheit bei.

3 Min. nach dem dritten Bach sieht man rechterhand bereits den 100 m hohen Wasserfall in die Lagoa do Vento plätschern und zwei Minuten später geht es an der **Gabelung (5)** nach rechts (dies ist der Verbindungsweg vom Forsthaus herüber zur

Nächste Seite:
Nicht immer werden die Drahtsicherungen unterhalten

Ein dünner, langer Strahl speist die Lagoa do Vento

114wma sk

Lagoa do Vento). Wem der Pfad bislang nicht gefallen hat, besser wird's hier nicht. Steil und rutschig hangelt man sich 10 Min. nach unten.

Dann darf man am „Ufer" der **Lagoa do Vento (6)** über den Wasserfall staunen und den See, der zum Abfluss hin sich in mehreren Gumpen nach unten staffelt. Zu nah sollte man an die Kante nicht herantreten. Das Wasser fällt senkrecht über 100 m ins Tal der Levada do Risco und begeistert da unten die Touristengruppen am Aussichtsbalkon.

Wieder an der **Gabelung (5)** oben hält man sich rechts und folgt dem rutschigen und groben Pfad den Hang entlang nach Westen. Große Auf- und Abstiege sind nicht zu erwarten, der Weg hält die Höhe mehr oder weniger, ruppig ist er dennoch.

Nach 25 Min. ist das Gröbste vorbei und nach weiteren 5 Min. bricht der Pfad unter den Bäumen hervor auf die **Asphaltstraße (7),** 400 Streckenmeter oberhalb des Forsthauses von Rabaçal. Eine gute halbe Stunde sollte man hoch zum **Rabaçal Parkplatz (1)** rechnen (oder man nimmt den Shuttle).

Rabaçal Parkplatz (1) 32.754068, 17.133061	0 Min.	1280 m
Levadatreppe (2) 32.758164, 17.128496	30 Min.	1290 m
Meilenstein (3) 32.757735, 17.120476	40 Min.	1310 m
Ursprung Levada do Alecrim (4) 32.756855, 17.112241	55 Min.	1330 m
Meilenstein (3) 32.757735, 17.120476	70 Min.	1310 m
Gabelung (5) 32.759445, 17.123212	90 Min.	1180 m
Lagoa do Vento (6) 32.760153, 17.122159	100 Min.	1120 m
Gabelung (5) 32.759445, 17.123212	110 Min.	1180 m
Asphaltstraße (7) 32.761594, 17.134808	140 Min.	1125 m
Rabaçal Parkplatz (1) 32.754068, 17.133061	180 Min.	1280 m

Im westlichen Inselinneren

115wma sk

Forellen

(salmo trutta, port. truta, engl. trout)

Besonders in den breiteren und tieferen Levadas erfreuen sich Forellen ihres Lebens und sie zischen wie Blitze im Wasser auf und ab. Und natürlich in den Zuchtbecken der Forststation von Ribeiro Frio. Die dort aufgezogenen Fischlein sind für die wilden Gewässer der Insel bestimmt und werden bei entsprechender Größe ausgesetzt. Dass sich die Lokale in Ribeiro Frio auf Forellen spezialisiert haben, hat mit der Forststation nichts zu tun. Die Fische, die hier in die Pfanne oder auf den Grill wandern stammen aus der kommerziellen Zuchtstation in Chão da Ribeira oberhalb von Seixal. Forellen wurden auf Madeira erstmals 1960 in die freie Wildbahn entlassen. Gezüchtet hatte man sie im Norden Portugals. Sportangeln erfreut sich unter den Inselbewohnern seitdem immer größerer Beliebtheit. Sogar ein Forellenfest gibt es seit 2011: alljährlich im Mai findet das Festival da Truta in São Roque do Faial statt.

116wma.fo © Rostislav

ZW6 Forsthaus Fanal – Paúl da Serra

3½–4 Std. | 11 km
mittelschwer
▲ 580 m ▼ 260 m

Die in längeren Abschnitten schattenlose Tour durch die Busch-heide des Gebirges geht immer wieder auch durch wunder-schöne, romantische **Lorbeerwälder,** wo knorrige Rinde, wild verdrehte Stämme und Vorhänge aus Baumbart in eine Feenwelt entführen. Bis zu 500 Jahre alt sind einige Bäume.

Der Pfad verläuft **technisch anspruchslos** in stetem Auf und Ab auch über Bohlen- und Steintreppen, sodass einige Höhen-meter zusammenkommen. Immer wieder hat man – besonders am Anfang – auch Aussichten aufs Meer.

Rund um das Forsthaus gibt es einige Bänke und Tische, die Madeirenser lagern sich aber auch gerne für ein **Picknick** auf Decken. Besonders malerisch: Die Lagoa do Fanal 10 Min. un-terhalb des Forsthauses (s. Tour ZW7).

Hinweis: Fanal ist das Nebelloch Madeiras und an vielen Ta-gen ziehen die Schwaden von den nordwestlichen Winden ge-trieben über die Weiden hinweg. Sind sie sehr dicht, wird die Orientierung (besonders im ersten Abschnitt) unmöglich. Dann heißt es auf besseres Wetter warten.

Romantik im Nebelloch

Start: Forsthaus von Fanal (32.809389, 17.141081)
Ende: Parkplatz Assobiadouros/Paúl da Serra (32.767052, 17.107360)
Gesamtzeit: 3½–4 Std.
Länge: 11 km
Anstieg: 580 m
Abstieg: 260 m
Trittsicherheit: gering
Orientierung: mittel
Schwindel: gering
Kondition: mittel
Anfahrt/Abfahrt: Kein öffentlicher Personenverkehr
Ausrüstung: Wanderschuhe, Sonnenschutz
Anschluss: Tour ZW3 Wanderung von Rabaçal an der Levada Rocha Vermelha nach Fanal oder auf ZW4/ZW5 zur Levada do

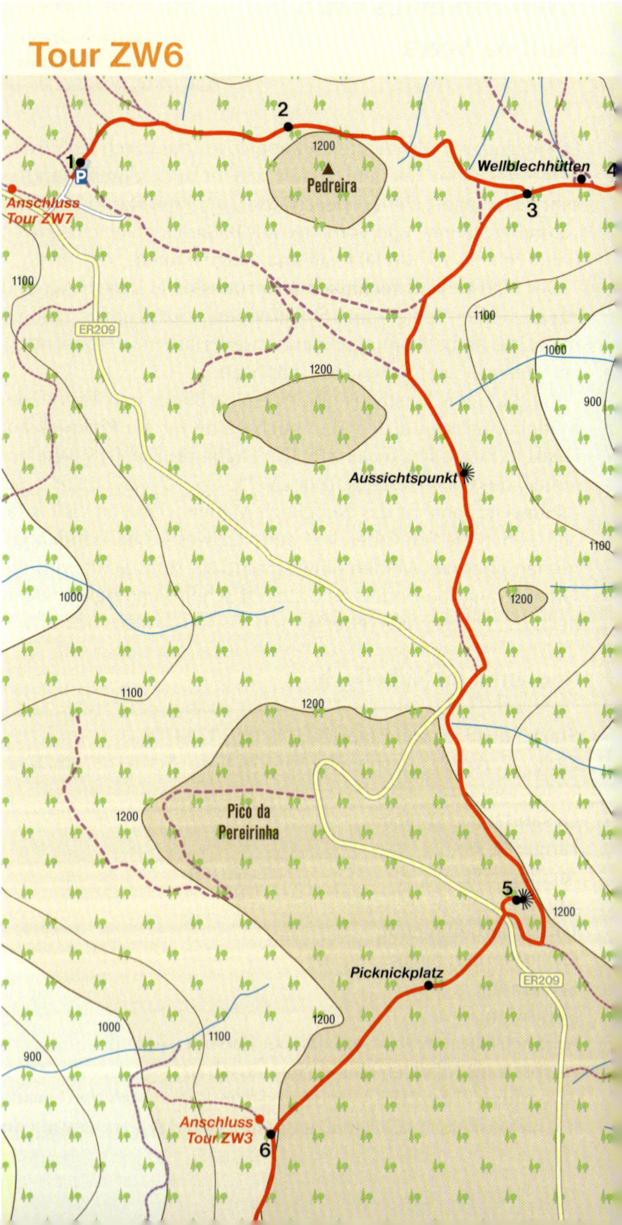

Tour ZW6

1 P

Anschluss
Tour ZW7

ER209

1100

2

1200

▲ Pedreira

Wellblechhütten **4**

3

1100

1000

900

1200

Aussichtspunkt

1100

1000

1200

1100

1200

Pico da
Pereirinha

1200

5

1200

Picknickplatz

ER209

1000

1100

1200

900

Anschluss
Tour ZW3 **6**

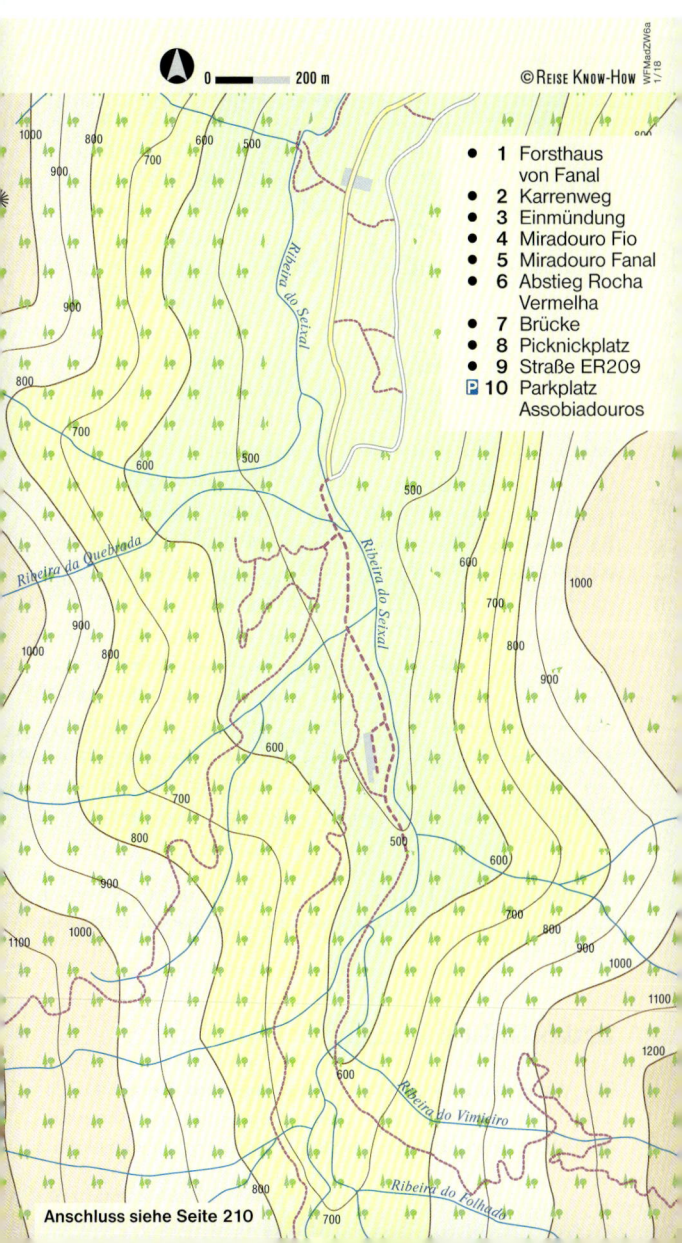

© Reise Know-How
WFMas ZW6a
1/18

- **1** Forsthaus von Fanal
- **2** Karrenweg
- **3** Einmündung
- **4** Miradouro Fio
- **5** Miradouro Fanal
- **6** Abstieg Rocha Vermelha
- **7** Brücke
- **8** Picknickplatz
- **9** Straße ER209
- 🅿 **10** Parkplatz Assobiadouros

Anschluss siehe Seite 210

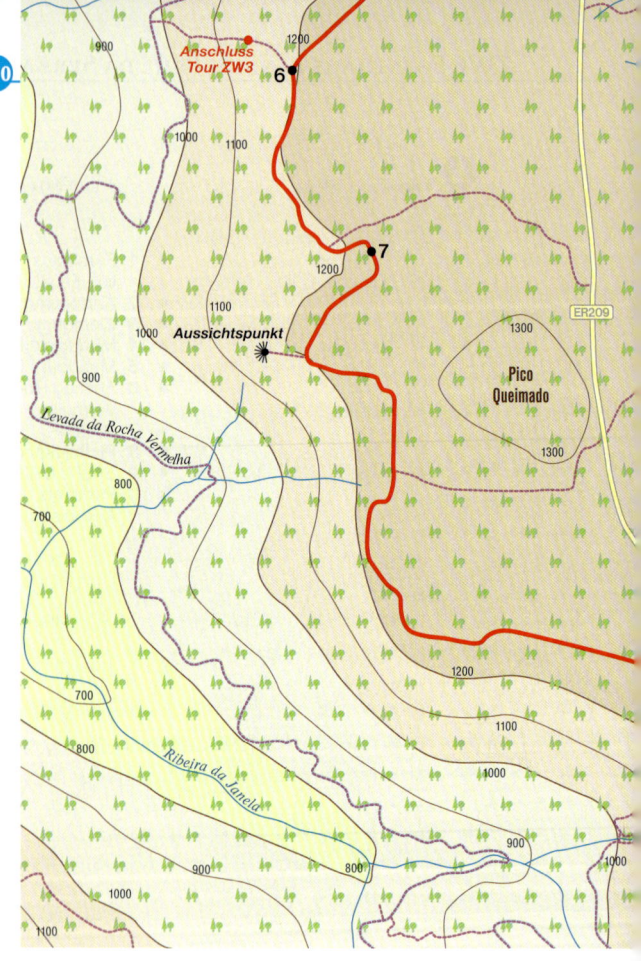

Alecrim, ZW7 von Fanal entlang der Levada dos Cedros nach Ribeira da Janela, N1 Rundwanderung von Chão da Ribeira da Seixal

Wegbeschreibung

Die Wanderung beginnt am **Forsthaus von Fanal (1),** das 150 m von der ER209 entfernt zwischen knorrigen Lorbeerbäumen steht. Man lässt das Forsthaus rechts, den Picknickplatz

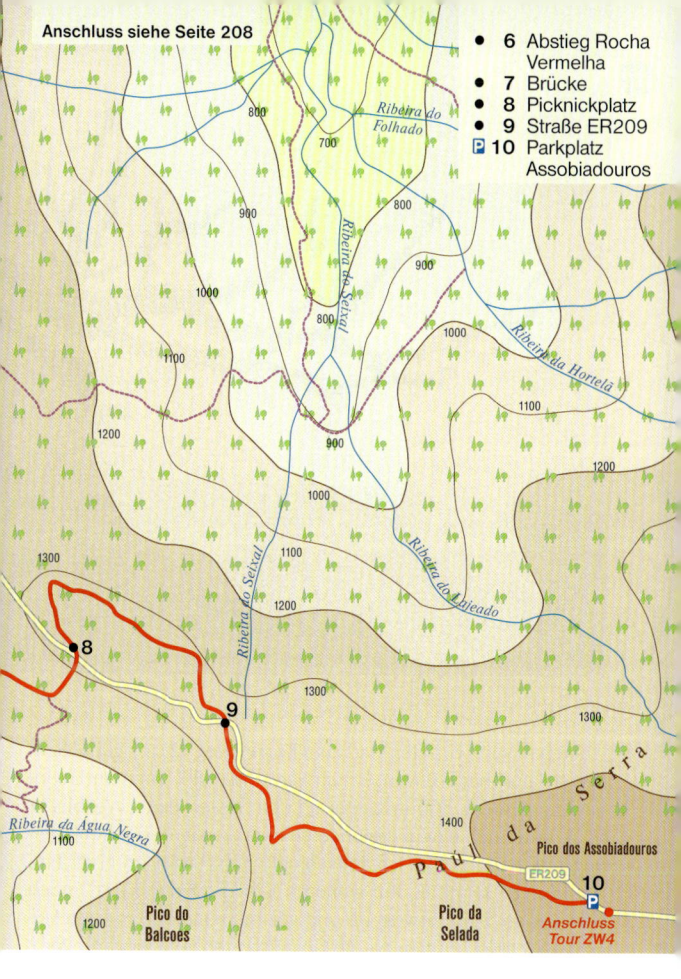

Anschluss siehe Seite 208

- **6** Abstieg Rocha Vermelha
- **7** Brücke
- **8** Picknickplatz
- **9** Straße ER209
- P **10** Parkplatz Assobiadouros

links liegen und geht auf die Bohlentreppe mit Schild („PR13 – Paúl da Serra 8 km") zu. Auf ihr in gut 5 Min. hochgegangen steht man am Rand einer Wiesenebene (und ohne erkennbaren Pfad). Rechter Hand sind Markierungspfosten aus Holz in den Boden gerammt – man ignoriere sie und gehe geradeaus auf den Steinhaufen zu der Linie des Abhangs folgend. Nach etwa 100 m kann man den Pfad aufnehmen. 15 Min. nach Start geht es auf relativ gutem Steig in etwa die Höhe haltend in die Buschheide und leicht bergauf unter uralten Lorbeerbäumen mit Baumbartbewuchs durch.

Nach 5 Min. wird der Pfad zum **Karrenweg (2)**, es geht leicht bergab und nach 2 Min. ist ein Hinweisschild an einem Steinhaufen erreicht. 100 m weiter an den Resten einer Wellblechhütte und noch einem Steinhaufen nimmt man den schmaleren und holprigen Pfad nach links, biegt nach 5 Min. an einer **Einmündung (3)** mit einem weiteren Schild („Fio 0,3 km") nach links in den Schotterweg ein und gelangt nach 200 m nach Fio. Einige Wellblechhütten für die Gerätschaften von Forstarbeitern, ein Brunnen und Bänke bilden die Infrastruktur. 100 m weiter stehen am **Miradouro Fio (4)** die Reste einer Materialseilbahn. Die Aussicht auf die Küste 1100 m tiefer ist natürlich fantastisch. 300 m zur **Einmündung (3)** zurückgegangen folgt man nun dem Schotterweg 400 m geradeaus Richtung Südwesten leicht bergan, biegt an einer Wiese nach Süden ab und nach 200 m nach Südosten in einen breiteren Weg ein.

Knapp 10 Min. hinter der Einmündung geht es eine Treppe hoch (Bohlen und Stein), nach 2 Min. auf breitem Karrenweg weiter und nach weiteren 3 Min. ist ein Aussichtspunkt erreicht. Von hier sind es gute 10 Min. zur Straße ER209, die man aller-

117wma sk

dings nur kurz berührt und nicht quert. Nun folgt einer der schönsten Abschnitte der Wanderung. Immer wieder geht es über Treppen rauf und runter durch herrlichen Zauberwald, unter uralten, mit Bärten behangenen Bäumen im Halbschatten einer verwunschenen Welt und über Steinstufen an bemoosten Felswänden vorbei. 20 Min. später hat man die Möglichkeit zu einem Abstecher zu einem weiteren Aussichtspunkt: **Miradouro Fanal (5).** Hier wechselt man auf die andere Seite der ER209 (150 m vor dem Aussichtspunkt trifft die Wanderung N1 von Seixal hochkommend auf den Weg).

Nun geht es wieder über eine Bohlentreppe hinunter und durch einen weiteren Zauberwald mit einem schönen Picknickplatz unter einem steinalten, weit ausladenden Stinklorbeerbaum. 15 Min. hinter dem Miradouro kommt rechter Hand der **Abstieg zur Levada Rocha Vermelha (6)** (s. Tour ZW3). Immer

Fanal ist ein Nebelloch

118wma sk

wieder steigt man nun Treppen hoch und runter, quert einen Bachlauf und wandert schließlich 20 Min. nach dem Abzweig über eine **Brücke (7).**

Rauf und runter geht es wieder durch Buschheide. Gegenüber blitzen die Fahrzeuge auf dem Parkplatz von Rabaçal, unterhalb ist das Forsthaus zu sehen. Gut 30 Min. hinter der Brücke blickt man am mit einem Drahtseil gesicherten Abgrund tief hinunter

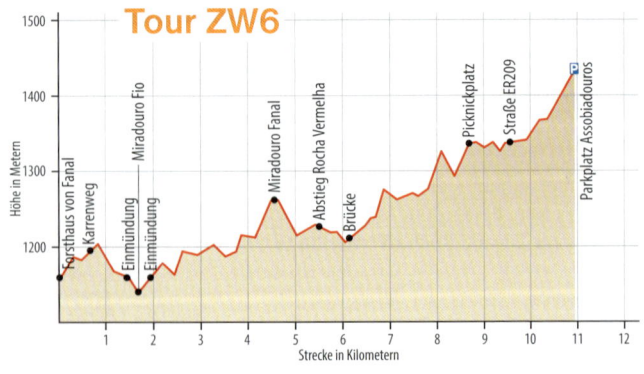

in das Tal der Ribeira da Janela. 5 Min später hat man wieder die ER209 erreicht. Gegenüber der Straße wartet ein schöner **Picknickplatz (8)** mit Bänken, Tischen, Brunnen und Grillstelle.

Hinter dem Rastplatz geht es auf schmalem Pfad erst bergan und dann in etwa die Höhe haltend auf einem Waldweg und durch Zauberwald in leichten Auf und Ab um die Kuppe herum und zur **Straße ER209 (9)** hoch, die man quert. 30 Min. sind es von hier hoch zum **Parkplatz Pico dos Assobiadouros (10)** unterhalb des Paúl da Serra, wo die Wanderung PR13 endet.

Forsthaus von Fanal (1) 32.809389, 17.141081	0 Min.	1140 m
Karrenweg (2) 32.810263, 17.135358	20 Min.	1200 m
Einmündung (3) 32.808781, 17.128232	30 Min.	1160 m
Miradouro Fio (4) 32.808948, 17.125421	35 Min.	1140 m
Einmündung (3) 32.808781, 17.128232	40 Min.	1160 m
Miradouro Fanal (5) 32.792157, 17.128702	85 Min	1270 m
Abstieg Rocha Vermelha (6) 32.786648, 17.135579	100 Min.	1220 m
Brücke (7) 32.782313, 17.133292	120 Min.	1210 m
Picknickplatz (8) 32.773088, 17.122943	170 Min.	1330 m
Straße ER209 (9) 32.771272, 17.118272	185 Min.	1345 m
Parkplatz Assobiadouros (10) 32.767052, 17.107360	200 Min.	1430 m

Im westlichen Inselinneren

„Hohlweg" unterhalb von Fanal

Lorbeer

(laurus, port. loureiro, engl. laurel)

Die Lorbeerwälder sind der Grund dafür, dass Madeira auf der Liste des UNESCO-Weltnaturerbes steht. Große Teile des früher die Region zwischen 300 und 1300 m Höhe bedeckenden Waldes sind allerdings im Lauf der Jahrhunderte abgeholzt worden. So stehen die Bäume in kleinen Wäldern wie Inseln zwischen dem Heidebusch. Tatsächlich gibt es mehrere Lorbeerarten, die auf Madeira vorkommen. Sie werden zwischen 15 und 30 Meter hoch, wachsen buschartig oder als Bäume. Der Azoren-Lorbeer kommt am häufigsten vor. Eine Untergattung soll der Kanarische Lorbeer sein, ursprünglich nur auf den Kanaren beheimatet, heute auch auf Madeira vorkommend (ob er tatsächlich als Unterart gelten soll, ist umstritten). Am malerischsten ist der Stinklorbeer (port. *til*, engl. *stinklauren*) mit seinem knorrigen Stamm und wild ragenden Ästen. Seinen Namen trägt er zurecht (wird ein Baum geschlagen, stinkt es gottserbärmlich). Der Madeira-Lorbeer (*vinhático*, engl. *madeira mahogany*) ist der dritte (vierte) im Bunde.

022wma sk

ZW7 Fanal – Ribeira da Janela (Levada dos Cedros)

> 3–3½ Std. | 9,7 km
> mittelschwer
> ▲ 0 m ▼ 720 m

Levadawanderung auf guten, teilweise ausgesetzten Pfaden mit mehreren getreppten Abschnitten. Da es (auf ungezählten Stufen) nur abwärts geht auch für Untrainiertere geeignet, wenn sie denn schwindelfrei sind.

Fanal am Ausgangspunkt, das Nebelloch der Insel, begeistert mit uralten Lorbeerbäumen. Der häufige Niederschlag und die Ebene der Bergstufe mit der Speicherkapazität des Untergrundes (und den Seen) prädestiniert die Gegend natürlich für eine Levada. Der **Zedernkanal** gehört zu den ältesten Wassersystemen der Insel und entstand bereits im 17. Jh. Im Laufe der Jahrhunderte wurde die Strecke der Levada allerdings mehrfach verlegt und sie befindet sich heute unterhalb des ursprünglichen Verlaufes.

Die Levada fließt in Abschnitten ungefasst, nur dort wo der Untergrund zu unsicher ist, hat man sie gemauert. Die Wanderung entführt in immergrünen Heidebusch und feuchten Lorbeer-Zauberwald mit Baumbart, Moos und Farnen.

Offiziell lautet der Name der Wanderung nur in den ersten zwei Dritteln Levada dos Cedros (PR14), im letzten Drittel dann Vereda da Ribeira da Janela (PR15).

Im feuchten Baumtunnel

Start: Forsthaus von Fanal (32.809389, 17.141081)
Ende: Ribeira da Janela (32.846806, 17.153714)
Gesamtzeit: 3–3½ Std.
Länge: 9,7 km
Anstieg: 0 m
Abstieg: 720 m
Trittsicherheit: gering
Orientierung: mittel
Schwindel: mittel
Kondition: gering
Anfahrt: Kein öffentlicher Personenverkehr
Abfahrt: Rodoeste Bus Nr. 139 und 150 von Porto Moniz nach São Vicente (139 weiter bis Funchal, werktags 6–8 mal, Sa/So

Im westlichen Inselinneren

stark eingeschränkt, einfach 6 Euro nach Funchal), Taxi in Porto Moniz, João Carlos Farinha, Tel. 966044361

Einkehr: Bar Escada in Ribeira da Janela

Ausrüstung: Wanderschuhe, Sonnenschutz

Anschluss: ZW3 Wanderung von Rabaçal an der Levada Rocha Vermelha nach Fanal oder auf ZW4/ZW5 zur Levada do Alecrim, ZW6, N1 Rundwanderung von Chão da Ribeira da Seixal

Wegbeschreibung

Die Wanderung beginnt 250 m oberhalb des Abdrehs zum **Forsthaus von Fanal (1)** am **Parkplatz (2)**. Einige Stufen markieren den Einstieg und wenn die ersten Minuten auch flacher verlaufen, der Weg führt in vielen Bereichen steil auf Stufen bergab.

Die erste Passage beginnt nach 5 Min. In den folgenden 15 Min. vornehmlich auf einer Bohlentreppe baut man Höhe ab, läuft entlang eines Baches durch den Zauberwald und über ein Brücklein. Dann entfernt man sich ein Stück weit vom Bach und der Weg verläuft etwas flacher. Nach 2 Min. ist man aber wieder an einer Bohlentreppe angelangt und steigt auf ihr dem Rauschen der Levada in steilen Serpentinen entgegen. Nach einer kurzen Steintreppe ist die **Levada dos Cedros (3)** erreicht.

Tritt man 50 m nach links steht man am Ursprung der Levada – mit bemoosten Steinen und Lorbeerbäumen, im Halbdunkel ein verwunschener Platz. Nun geht es auf gutem, wenn auch

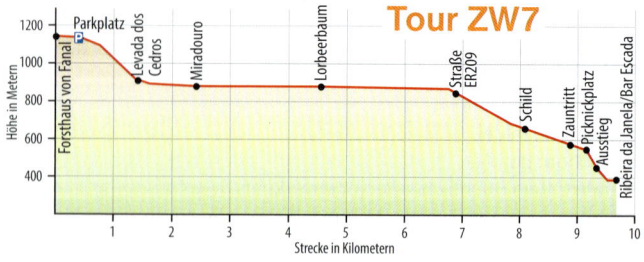

schmalem Pfad an der Levada im dunklen Tal entlang Richtung Westen (und an der ersten ausgesetzteren Stelle vorbei), sie wendet sich dann aber nach Norden. Nach etwa 10 Min. und einer Bachquerung auf Trittsteinen ist ein Talschluss mit bemooster, tropfender Felswand erreicht. Kurz danach (35 Min. nach Beginn) wird eine ausgesetzte Stelle passiert, die häufiger Schauplatz von Erdrutschen ist. Die Levada wurde hier mit Betonplatten geschützt. 5 Min. später kann man über 19 Felsstufen zu einem **Miradouro (4)** mit Blick auf das Tal hochsteigen.

Die nun folgenden ausgesetzten Abschnitte sind mit Draht gesichert. Kurz nach dem Aussichtspunkt werden eine Brücke mit Wasserfall im Hintergrund und ein weiterer, größerer, wild gischtender Wasserfall passiert. Die nächste halbe Stunde sind mehrere ausgesetzte, nur teilweise gesicherte Stellen zu absolvieren, teils auf schmalem, wenn auch gepflasterten Levadaweg. 25 Min. nach der Brücke geht es in einem Talschluss an einem Zufluss vorbei, in der Schlucht wachsen zahlreiche Farne. Nun wird der Weg etwas breiter, die ausgesetzten Passagen werden weniger. 5 Min. nach der Farnschlucht steht man an einer perfekten Pausenstelle. Die Levada schlängelt sich in einer S-Kurve um einen alten **Lorbeerbaum (5),** eine gemauerte Plattform lädt zum Rasten und Auspacken der Vesper ein.

Nach 2 Min. kommt nochmal eine Sitzbank (die aber nicht so idyllisch liegt), es folgen nach knapp 10 Min. eine Aussichtstelle, nach 5 Min. ein kleine Brücke und nach 3 Min. sprudelt die Levada eine kurze Strecke etwas steiler bergab. Dahinter wandert man unterhalb einer Felswand entlang. Der Weg ist nun breit und gut. Ein weiteres Mal geht es an einem Talschluss vorbei und 5 Min. dahinter steht man an der **Straße ER209 (6).**

Hier endet der PR14, auf der gegenüber liegenden Seite beginnt der PR15 herunter nach Ribeira da Janela. Die Levada fließt nun ungefasst neben dem mit Bohlen gebauten Treppenweg bergab, nach 10 Min. wird erneut die ER209 gequert, nach 2 Min. nochmals. Hier endet der Wald und es geht in einer Buschgasse über Bohlen- und Felsstufen in nicht besonders gutem Zustand weiter runter. 5 Min. nach der letzten Querung trifft man ein weiteres Mal auf die ER209. 20 m nach rechts gegangen wird sie wieder verlassen. Nach einer quer zum Weg verlaufenden, gemauerten Levada folgt eine breite Schneise. Auf der anderen Seite weist ein **Schild (7)** nördlich nach Ribeira da Janela.

Im westlichen Inselinneren

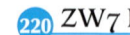

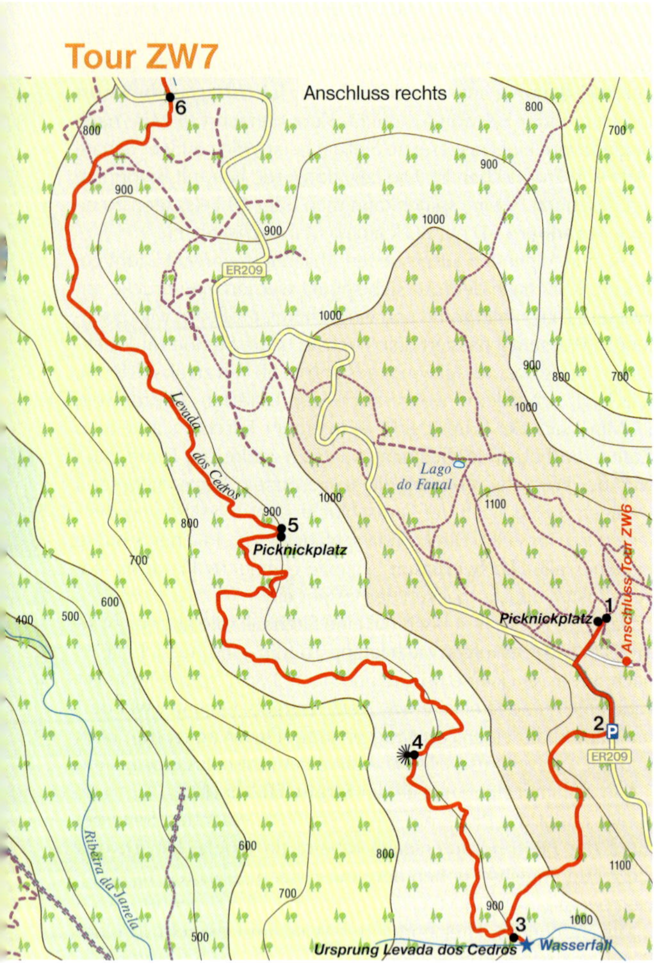
Tour ZW7
Anschluss rechts
6
5
Picknickplatz
1
Picknickplatz
Anschluss Tour ZW6
2
P
ER209
4
3
Ursprung Levada dos Cedros
Wasserfall
Levada dos Cedros
Lago do Fanal
Ribeira da Janela
ER209
800
900
1000
1100
700
600
500
400

Nun verlässt man die Levada und gelangt auf einem Bohlenweg unter Farnbäumen hindurch nach 4 Min. an ein Gatter, wendet sich dort nach rechts und Osten am Zaun entlang und erreicht nach weiteren 6 Min. einen **Zauntritt (8),** über den man klettert.

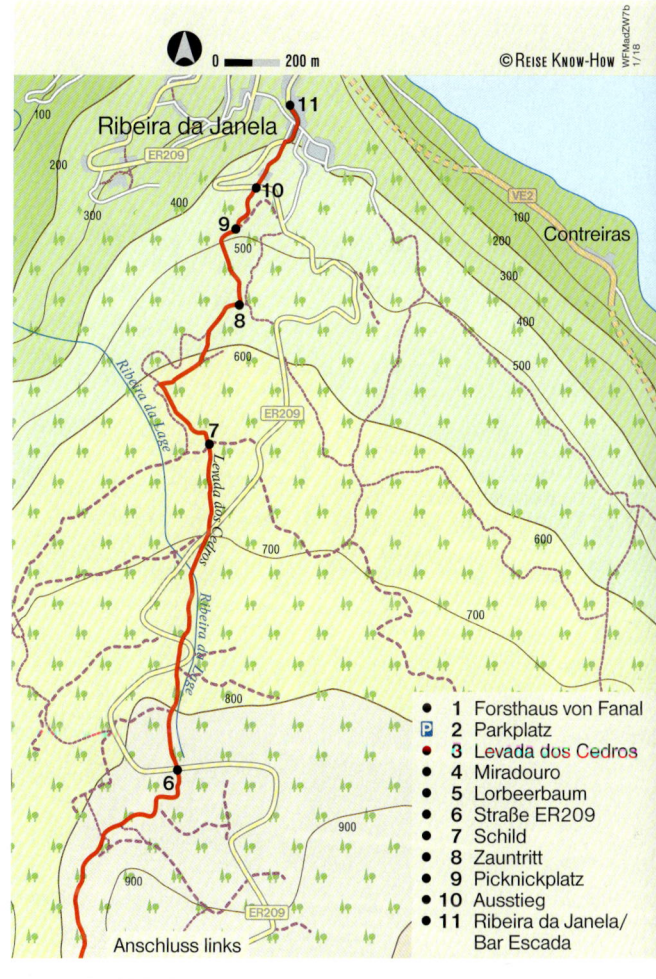

Ribeira da Janela

Contreiras

Anschluss links

- **1** Forsthaus von Fanal
- **P 2** Parkplatz
- **3** Levada dos Cedros
- **4** Miradouro
- **5** Lorbeerbaum
- **6** Straße ER209
- **7** Schild
- **8** Zauntritt
- **9** Picknickplatz
- **10** Ausstieg
- **11** Ribeira da Janela/ Bar Escada

Der Waldweg endet nach 4 Min. an einer weiteren Schneise, der man nach rechts zu einem **Picknickplatz (9)** mit Häuschen folgt. Dort trifft man wieder auf die Levada, die ungefasst über den Waldweg fließt. Noch vor ihr beginnt die Bohlentreppe hinunter zum Ausstieg.

In gut 10 Min. auf getreppten Weg, vorbei an einem Gehöft, durch einen Hohlweg und wieder auf Stufen erreicht man die ER209 am **Ausstieg (10)** des PR15.

Die schmale Straße direkt gegenüber mit „eingebauter" Treppe führt weiter hinunter nach **Ribeira da Janela (11),** wo man sich in der Bar Escada ein Taxi rufen lassen kann.

Forsthaus von Fanal (1) 32.809389, 17.141081	0 Min.	1140 m
Parkplatz (2) 32.806160, 17.140898	10 Min.	1140 m
Levada dos Cedros (3) 32.799694, 17.144707	25 Min.	910 m
Miradouro (4) 32.805316, 17.148591	40 Min.	890 m
Lorbeerbaum (5) 32.812359, 17.153805	75 Min.	890 m
Straße ER209 (6) 32.825906, 17.158102	110 Min.	850 m
Schild (7) 32.836233, 17.156879	140 Min.	670 m
Zauntritt (8) 32.840636, 17.155720	150 Min.	580 m
Picknickplatz (9) 32.842971, 17.155613	160 Min	550 m
Ausstieg (10) 32.844206, 17.154931	175 Min.	450 m
Ribeira da Janela/Bar Escada (11) 32.846806, 17.153714	180 Min.	390 m

Im westlichen Inselinneren

Die „Treppen" sind ab und an rustikal

Lagoa do Fanal und der Nebel

Am Rand einer – für die Verhältnisse Madeiras riesigen – Weidewiese mit Kühen liegt ein mit 15 m Durchmesser zwar winziger, dafür von uraltem Stinklorbeer romantisch umgebener See. Wie von Caspar David Friedrich in die Landschaft gekleckst wirkt die Szenerie. Ideal für ein Picknick – wenn der Nebel nicht wäre! Aber gerade er macht die Landschaft mit ihren von Wind und Alter verdrehten, sich duckenden oder stolz ragenden Baumstämmen so pittoresk. 15 Gehminuten leicht bergab sind es vom Forsthaus von Fanal, gut 5 Min. auf dem Ziehweg von der Straße ER209 1,2 km unterhalb des Abdrehs zum Forsthaus.

Dass Fanal als Nebelloch Madeiras gilt, ist den nördlichen Winden geschuldet. Sie treiben die Wolken die Hänge hoch. Bei Fanal hat sich aber eine Stufe herausgebildet, an der sich die Wolken stauen und nicht weiter vordringen können. So passiert es häufig, dass nur wenige Meter oberhalb der Forststation die Sonne brennt, der Lorbeerwald auf der Stufenebene von Fanal aber nur in Schemen erkennbar ist.

023wma sk

ZW8 Rabaçal – Cova Grande/Cristo Rei (Levada do Paúl 2)

> 1¼–1½ Std. | 5,1 km
> leicht
> ▲ 25 m ▼ 0 m

Levadawanderung auf gutem Pfad, ohne Schatten und Höhen-unterschiede entlang des Abbruchs der Hochebene mit Dauer-ausblick auf die Küste rund um Calheta. Rückkehr auf demsel-ben Weg oder Weiterwanderung zum Forsthaus von Bica da Cana.

Die Region hier oben ist immer wieder auch von **Waldbrän-den** betroffen, sodass der Busch an den Südseiten der Hoch-ebene teils stark in Mitleidenschaft gezogen bzw. gänzlich ver-schwunden ist. Vorteil: Die Sicht auf die Küste ist unverstellt und die Sonnenaufgänge am frühen Morgen sehenswert.

Am Beginn der Wanderung bei Rabaçal steht die **Capela da Fátima,** ein recht einfaches Gebäude aus Beton mit einer noch einfacheren Inneneinrichtung (und immer abgesperrt). Errichtet wurde sie in den 1960er Jahren. Eindrucksvoller ist die **Statue Cristo Rei** am Ende der Wanderung bei Cova Grande oberhalb des Wasserhauses an der ER209 neben dem Posto Florestal. Glänzend weiß blickt die Gestalt über das Meer. Auf dem Bo-gen darunter steht „Ihr werdet Wasser schöpfen voll Freunde aus der Quelle des Erlösers", auf den gemauerten Stelen auf dem Feld der Erbauung dienliche Bibelzitate wie „Selig sind, die da hungern und dürsten nach Gerechtigkeit; denn sie sollen satt werden."

Die **Levada do Paúl 2** hat ihren Ursprung unterhalb des Forst-hauses von Bica da Cana und verläuft Höhe haltend an den Hängen oberhalb Calhetas bis Rabaçal, wo sie ins Speicher-becken Casa Carga fließt (das u.a. das Kraftwerk von Calheta speist). Ihr Bau fand 1953 statt. Heute ist sie trockengefallen bzw. der Originalkanal verschüttet, und das Wasser fließt in Rohren.

Hoch über Calheta

Start: Parkplatz Rabaçal (32.754068, 17.133061)
Ende: Cova Grande Wasserhaus (32.739720, 17.102247)
Gesamtzeit: 1¼–1½ Std.
Länge: 5,1 km

Im westlichen Inselinneren

Anstieg: 25 m
Abstieg: 0 m
Trittsicherheit: gering
Orientierung: gering
Schwindel: mittel
Kondition: gering
Anfahrt: Kein öffentlicher Personenverkehr
Abfahrt: Kein öffentlicher Personenverkehr
Ausrüstung: Wanderschuhe, Sonnenschutz
Anschluss: Tour ZW1A zum Risco-Wasserfall und zu den 25 Fontes, ZW2 Rabaçal an der Levada Rocha Vermelha und

zurück nach Rabaçal oder auf dem ZW3 nach Fanal (und weiter auf ZW4/ZW5 zur Levada do Alecrim und nach Rabaçal)

Wegbeschreibung

Die Wanderung beginnt direkt an der Capela Nossa Senhora da Fátima am **Parkplatz von Rabaçal (1),** an der man den Weg entlang der Levada do Paúl aufnimmt.

Auf gutem Weg folgt man der Levada zwischen niedrigem Buch und Farnen und erst einmal parallel zur und unterhalb der

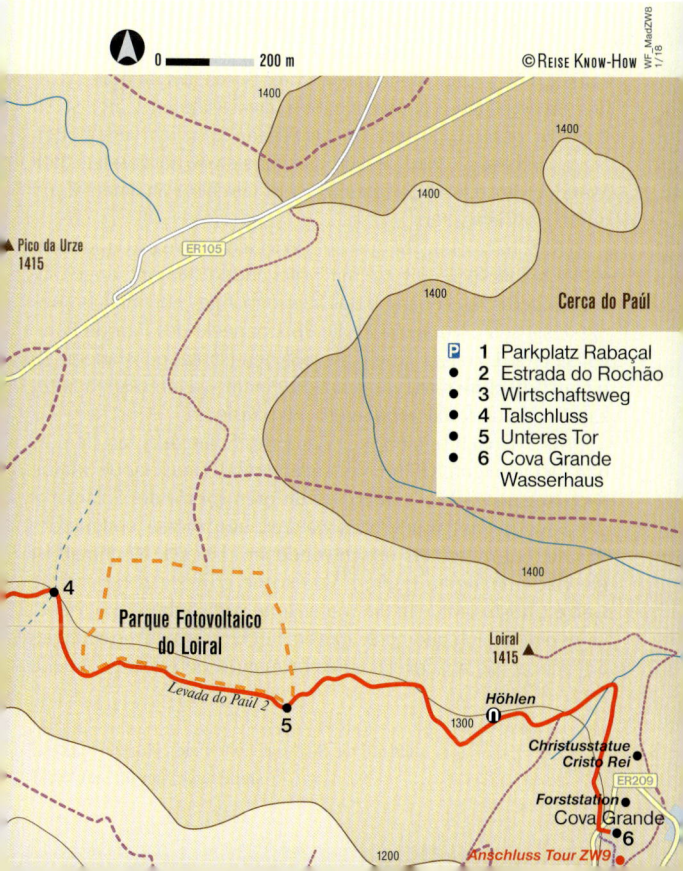

1 Parkplatz Rabaçal
2 Estrada do Rochão
3 Wirtschaftsweg
4 Talschluss
5 Unteres Tor
6 Cova Grande
Wasserhaus

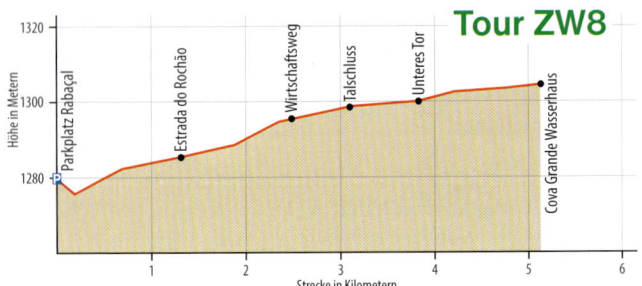

Straße. Knapp 20 Min. nach Start wird die **Estrada do Rochão (2)** hinunter nach Arco da Calheta gequert.

Nun ragen zahlreiche geschwärzte Äste aus dem Ginster- und Farnteppich. Früher stand hier dichter Busch, bis ihm die Waldbrände den Garaus gemacht haben. Zwei Minuten später ist ein Bach zu queren, ab hier ist die Levada gänzlich verschüttet. Nach nochmals 2 Min. passiert man eine etwas ausgesetzte Stelle und 5 Min. danach geht es in einem Talschluss an einem Zaun durch ein Viehgatter.

10 Min. nach dem Tor quert ein **Wirtschaftsweg (3)** (auf dem es hoch zum Pico da Urze mit Hotel und Restaurant ginge). Etwas später ist es entlang eines Wiesenhanges nochmal ein wenig ausgesetzt. Voraus sind die Solarpaneele des Parque Fotovoltaico do Loiral zu sehen, die sich den Hang hochstaffeln. An einem **Talschluss (4)** direkt nach einem weiteren Viehgatter kann man auf den Betonmauern gut pausieren.

5 Min. danach beginnt der Zaun des Solarparks (an dem es nun für einen guten Kilometer entlanggeht). Eine knappe Stunde nach Beginn wird kurz nach dem **unteren Tor (5)** des Solarparks der Zaun verlassen und man wandert nun wieder entlang der (bis hierher mehrmals verschwundenen) Levada. Nochmals ist ein Wiesenhang zu queren. Von vorne grüßt jetzt bereits die weiße Christusstatue in die weite Ferne von Himmel und Meer. Über einen Bach und nach 10 Min. nochmal durch ein Viehgatter und etwas ausgesetzt erreicht man in den Fels gehauene

Blick auf die Südküste, vor vielen Hundert Jahren stand auch hier dichter Wald

120wma sk

Höhlungen, in denen die Levadawächter einst ihr Werkzeug aufbewahrten und bei widrigem Wetter Schutz suchten. Nach noch einem Viehgatter und einem Talschluss ist schließlich die ER209 erreicht und gleich auf deren anderen Seite das **Cova Grande Wasserhaus (6).** Hier hat man Anschluss an die Wanderung ZW9 weiter entlang der Levada Serra do Paúl 2 zum Posto Florestal Bica da Cana.

Um zur **Statue Cristo Rei** zu gelangen, geht man die Straße 250 m durch die Rechtskurve hoch und an der Forststation links auf dem Feldweg.

Parkplatz Rabaçal (1)	0 Min.	1280 m
32.754068, 17.133061		
Estrada do Rochão (2)	20 Min.	1285 m
32.748419, 17.125293		
Wirtschaftsweg (3)	35 Min.	1290 m
32.744250, 17.120245		
Talschluss (4)	45 Min.	1295 m
32.744498, 17.115916		
Unteres Tor (5)	55 Min.	1300 m
32.742228, 17.110149		
Cova Grande Wasserhaus (6)	75 Min.	1305 m
32.739720, 17.102247		

Alternative Energien

Die Wanderung von Rabaçal nach Cristo Rei verläuft einen knappen Kilometer direkt entlang des unteren Zaunes der Sonnenkollektoren des Parque Fotovoltaico do Loiral. Und hinter den silbern glänzenden Paneelen stechen die Windräder des Paúl da Serra in den Himmel. Damit nicht genug mit Alternativen: 2017/18 wurde auf dem Paúl ein riesiges Wasserbecken gebaut (für 1 Mio. t), das die Turbinen des Kraftwerkes von Calheta antreibt. Portugal ist und bleibt der Musterknabe Europas bei der Erzeugung nachhaltiger Energie – nicht nur auf dem Festland, auch auf Madeira. Die 2012 eingeweihten Kollektoren von Loiral erzeugen mit einer Leistung von 7,2 MW jedes Jahr 10 GWh und vermeiden so 2700 t CO_2 (herkömmlich hergestellter Energie).

024wma sk

ZW9 Cova Grande/ Cristo Rei – Forststation Bica da Cana (Levada do Paúl 2)

2½–3 Std.	7,6 km
mittelschwer	
▲ 250 m ▼ 0 m	

Einfachere, schattenlose **Levadawanderung** mit einigen ausgesetzteren Stellen, relativ wenig begangen – Almgefühle mit Kühen und gegen Ende eine wunderschöne Wiesenszenerie mit außerordentlich malerischer Felsformation. Da der Weg häufig von Stechginster und Brombeeren überwuchert ist, sollten lange Hosen getragen werden – die Haut dankt es.

Falls **Kühe** den schmalen Pfad verstellen: Geduld! Meist ist ihnen die Begegnung unangenehmer als dem Wanderer – sie trotten in Gegenrichtung fort und weichen bei der nächsten Gelegenheit nach oben oder unten aus.

1953 wurde die **Levada** neu errichtet, ihr Ursprung befindet sich unterhalb von Bica da Cana. Die Wegführung ist spektakulär entlang des Randes des tiefen Talkessels von Cascalho. Das Wasser, das auch noch durch mehrere Nebenläufe wie der Levadinha da Serra zugeführt wird, speist bei Rabaçal durch zwei Druckröhren die Turbinen des Calheta-Kraftwerkes. Die Levadinha da Serra war ursprünglich und ab dem 19. Jh. der einzige Kanal in diesem Bereich und versorgte Canhas unterhalb von Cova Grande/Cristo Rei. Mit dem Levadaneubau 1953 kappte man ihren westlichen Strang und degradierte sie zum Tributär der Levada do Paúl da Serra 2.

An der Kuhlevada

Start: Cova Grande Wasserhaus (32.739720, 17.102247)
Ende: Forststation Bica da Cana (32.755741, 17.059010)
Gesamtzeit: 2½–3 Std.
Länge: 7,6 km
Anstieg: 250 m
Abstieg: 0 m
Trittsicherheit: gering
Orientierung: mittel
Schwindel: mittel
Kondition: mittel

Im westlichen Inselinneren

Anfahrt: Kein öffentlicher Personenverkehr
Abfahrt: Kein öffentlicher Personenverkehr
Ausrüstung: Wanderschuhe, Sonnenschutz, feste Beinkleider
Anschluss: ZW8 nach Rabaçal, ZW11 zur Boca da Encumeada,
ZW12 über Pináculo zum Lombo de Mouro

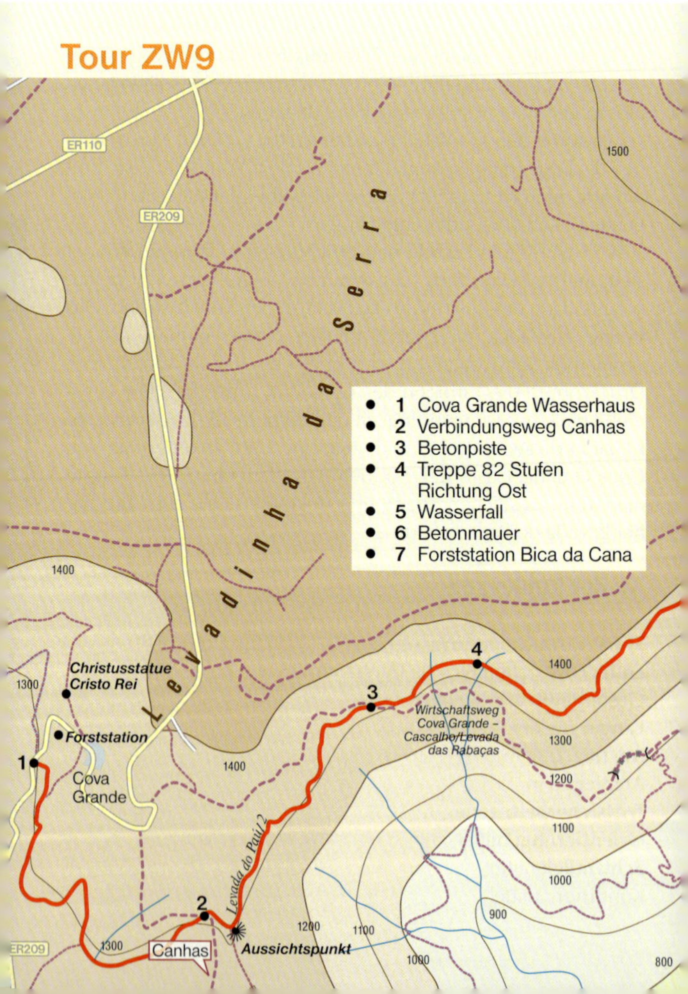

Tour ZW9

- 1 Cova Grande Wasserhaus
- 2 Verbindungsweg Canhas
- 3 Betonpiste
- 4 Treppe 82 Stufen
  Richtung Ost
- 5 Wasserfall
- 6 Betonmauer
- 7 Forststation Bica da Cana

ER110

ER209

1500

Levadinha da Serra

1400

*Christusstatue
Cristo Rei*

1300

4

1400

3

*Wirtschaftsweg
Cova Grande –
Cascalho/Levada
das Rabaças*

1300

1200

● *Forststation*

Cova
Grande

1

Levada do Paúl ?

1400

1100

1000

900

2

Aussichtspunkt

1200

1100

ER209

1300

Canhas

1000

800

Wegbeschreibung

Startpunkt der Wanderung ist das **Cova Grande Wasserhaus** (**1**) an der ER209 unterhalb der Statue Cristo Rei do Paúl. Hier nimmt man den Levadaweg entgegen der Fließrichtung auf.

Nach 5 Min. ist ein Bach zu queren, nach 10 Min. nochmals und nach weiteren 10 Min. das Kopfsteinpflaster des alten **Verbindungsweges (2)** hinunter nach **Canhas.**

Parallel zur Levada geht es nun leicht bergan bis 5 Min. später ein Zauntritt anzeigt, dass man sich hier im Weiderevier der Rindviecher bewegt. Es geht flach weiter auf gutem, wenngleich schmalem Pfad und das Zirpen der Grillen begleitet den Wanderer. Eine kurze Passage (50 m) ist auf der Levadamauer zu bewältigen. 20 Min. hinter dem Pflasterweg quert man eine **Betonpiste (3),** die Forststraße hinunter in den beeindruckenden Kessel von Cascalho.

3 Min. darauf kommt eine 20 m lange ausgesetzte Stelle auf der Levadamauer, gleich danach kreuzt die Levada das Rabaças (die wenige Meter oberhalb ihren Ursprung hat und sich ebenfalls in den Cascalho senkt) und es geht bergan, dann wieder etwas ausgesetzt bis zur betonierten **Treppe (4)** 10 Min. nach der Betonpiste.

82 Stufen sind sie hoch, schmal, steil und ausgesetzt. Anschließend steigt der Pfad bzw. die Levadamauer leicht bergan. 20 Min. nach der Treppe gaukelt der Bewuchs vor, dass der Weg doch eigentlich breit sei – mitnichten. Er ist schmal und das Gebüsch trügerisch. Kurz hintereinander folgen zwei Bachquerungen, an der dritten lässt sich dann gut rasten, ein idyllischer Platz mit 20 m hohem **Wasserfall (5)** und Gumpen – ein Tributär der Ribeira da Ponta do Sol, die steil in den Cascalho abfließt und

Jetzt ist Geduld gefragt

121wma sk

Im westlichen Inselinneren

weiter unten dann Levada do Moinho und Levada Nova speist (s. Tour W1).

Jetzt muss man sich durch den Busch drängeln, der immer wieder den Kanal überwächst. Kurze Hosen sind hier von Nachteil, die Dornen sind lang und spitz. 20 Min. später gelangt man an eine **Betonmauer (6),** Felsen wie riesige Murmeln ragen aus dem Busch, eine Bohlentreppe mit Geländer führt hoch. Wer hier 25 m durch den dichten Busch auf dem Levadamäuerchen nach hinten balanciert kann einen Blick auf den Ursprung werfen.

Nun geht es dem Geländer folgend die Treppe hoch bis zu einem bergab sprudelnden Levadakanal (Levada da Serra) und an ihm entlang am rechten Rand der Talsenke hoch in Richtung Bica da Cana. Nach 10 Min. auf einer riesigen Wiese angelangt – idyllisch wie eine Hochalm – sind die Windräder unübersehbar. Man folgt der Levada bergauf und auf ein Wäldchen zu. 20 Min. nach dem Ursprung muss man über einen Zauntritt klettern. 5 Min. später und direkt unterhalb eines Windrades wenden sich Weg und Levada nach links und Norden. Linkerhand steht eine markante Felsformation – hoch, lang, ganz dünn, wie die gemauerten Reste eines in Ruinen gefallenen Hauses. Immer wieder sind Geländerabschnitte aufgestellt und dienen als Wegweiser. 35 Min. nach dem Ursprung steigt man in 5 Min. auf einer Bohlentreppe hoch zum **Forststation von Bica da Cana (7).**

Cova Grande Wasserhaus (1)	0 Min	1305 m
32.739720, 17.102247		
Verbindungsweg Canhas (2)	25 Min	1310 m
32.735388, 17.096733		
Betonpiste (3)	45 Min.	1330 m
32.741191, 17.091674		
Treppe (4)	55 Min.	1340 m
32.742337, 17.087801		
Wasserfall (5)	85 Min.	1430 m
32.747607, 17.075007		
Betonmauer (6)	105 Min.	1430 m
32.743789, 17.067894		
Forststation Bica da Cana (7)	145 Min.	1550 m
32.755741, 17.059010		

Stechginster

(ulex europaeus, port. carqueja/tojo, engl. common gorse)

Die gelben Blüten des bis zu 2 m hohen Strauches sind im Grün der Landschaft unter blauem Himmel natürlich immer gut für einen Farbenrausch. Doch wer sich einmal durch eine Stechginsterhecke mit ihren bis zu 20 mm langen Dornen drängeln musste, dürstet nach Rache. Die Früchte sind im Übrigen für den Menschen hochgiftig (nicht aber für Tiere). Neben der Nutzung als Futterpflanze hat man den gelben Blütenextrakt einst zum Färben von Stoffen verwendet. Auch wenn Stechginster auf der ganzen Insel vorkommt, heimisch ist er nicht. Er kam vom portugiesischen Festland, gilt als extrem invasiv und verdrängt die indigene Flora. Auf der Liste der Top100 der pflanzlichen Invasoren auf den Inseln vor der Küste Afrikas nimmt er Platz 3 ein.

025wma sk

Im westlichen Inselinneren

ZW10 Pico Ruivo do Paúl

> ¾ Std. | 2,2 km
> leicht
> ▲ 135 m ▼ 135 m

Leichte, schattenlose Wanderung mit geringen Höhenunterschieden – bei Auf- und Abstieg zum „Gipfel" allerdings auf nicht befestigtem und relativ steilem Pfad.

Eine kurze Strecke folgt man einer Levada. Die **Levadinha da Serra** entspringt unterhalb des Pico Ruivo do Paúl an den Fontes de Ruivas und endet bei Cova Grande an der Levada do Paúl 2, der sie ihr Wasser übergibt (s. Tour ZW8/9).

Aussicht auf Meere aus Farn und Wasser

Start: Forststation Estanquinhos (32.770253, 17.078140)
Ende: Forststation Estanquinhos
Gesamtzeit: ¾ Std.
Länge: 2,2 km
Anstieg: 135 m
Abstieg: 135 m
Trittsicherheit: gering
Orientierung: gering
Schwindel: gering
Kondition: gering
Anfahrt: Mit dem Auto von der ER110 zwischen Encumeada-Pass und Rabaçal 700 m auf der Stichstraße zum Parkplatz unterhalb der Forststation Estanquinhos. Kein öffentlicher Personenverkehr.
Abfahrt: Kein öffentlicher Personenverkehr
Ausrüstung: Wanderschuhe, Sonnenschutz

Im westlichen Inselinneren

122wma sk

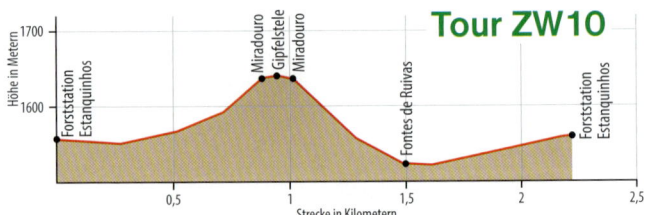

Wegbeschreibung

Startpunkt der Wanderung ist der Parkplatz gleich unterhalb der **Forststation Estanquinhos (1)**. Man tritt über die Straße und nimmt auf der anderen Seite den breiten Ziehweg Richtung Nordwesten auf (Schild: „Pico Ruivo 1,2 km"). Nach 250 m biegt man an der Gabelung nach rechts auf den Forstweg ein und hält sich nördlich.

Der Weg fängt bald an, leicht zu steigen. 10 Min. nach dem Richtungswechsel wird der Weg an einem weiteren Schild („Pico Ruivo 0,4 km") schmal und zum Pfad. Der Anstieg beginnt. Nach spätestens 10 Min. sollte man oben am **Miradouro (2)** an-

gekommen sein, von dem der Blick hinunterfällt auf das breite Tal von São Vicente.

100 m sind es herüber zur gemauerten **Gipfelstele (3)** (eine Messsäule), wo der Blick über den Paúl da Serra schweift. Hier beginnt der Abstieg auf schmalem Pfad Richtung Südwesten durch Ginster und Farne (Schild „Fonte de Ruivas 0,7 km").

Voraus ist ein Wäldchen zu sehen, auf das man nun zuschreitet. Nach 12 Min. nach dem Gipfel passiert man am Waldrand das Wasserbecken der **Fontes de Ruivas (4).** Ihr Wasser wird in eine Levada geleitet, der man nun in den Wald folgt.

Es geht im Schatten der Nadelbäume an den Bänken, Tischen und Grillstellen des Picknickplatzes von Estanquinhos vorbei; kurz danach verlässt man die Levada nach links und wandert auf breitem Forstweg nach Osten aus dem Wald heraus und leicht bergauf zum Parkplatz an der **Forststation Estanquinhos (1).**

Forststation Estanquinhos (1)	0 Min.	1550 m
32.770253, 17.078140		
Miradouro (2)	25 Min.	1639 m
32.770253, 17.078140		
Gipfelstele (3)	22 Min.	1639 m
32.777028, 17.080114		
Fontes de Ruivas (4)	35 Min.	1520 m
32.773803, 17.083440		
Forststation Estanquinhos (1)	45 Min.	1550 m
32.770253, 17.078140		

Im westlichen Inselinneren

Adlerfarn

(pteridium aquilinum, port. feto-comum, engl. eagle fern)

Neben Stechginster (s. Wanderung ZW9) wachsen um den Pico Ruivo do Paúl herum vor allem Farne, darunter der giftige Adlerfarn. Zwischen 0,50 und 1,50 Meter wird er in großen Höhen hoch und kann nach Abholzungen weite Gebiete übernehmen. Adlerfarne werden bis mehrere Hundert Jahre alt (und auf dem europäischen Kontinent wurden schon Exemplare gefunden, die weit über 1000 Jahre existieren).

Die Forststation von Estanquinhos ist einer der Hotspots für die Wiederaufforstung der Inselmitte mit dem ursprünglichen Bewuchs und besonders der Zeder. Auch Heidekraut/Erika gehört zu den Pflanzen im Fokus der Regeneration.

026wma sk

ZW11 Bica da Cana – Boca da Encumeada (Levada do Norte)

3½–4½ Std. | 11 km
mittelschwer
▲ 60 m ▼ 600 m

Wegen der **langen Treppenabstiege** und den sehr schmalen und **langen Tunnelpfaden** mittelschwere meist schattige Wanderung mit einer Hauptrichtung: abwärts! Eine **Taschenlampe** ist wegen der langen Tunnels am Ende unabdinglich.

Zwei der **Tunnels** (und auch noch die längsten), die erst gegen Ende der Wanderung durchschritten werden müssen, sind etwas eng, wobei es beim ersten an längeren Passagen schwierig sein könnte, sich am Gegenverkehr vorbeizuquetschen – und er misst 800 m. Gute Nachricht: Die Wanderung gehört nicht zu den „Rennstrecken" der Insel.

Im ersten Abschnitt geht es durch einen herrlichen **Zauberwald,** und man erlebt ein Madeira, wie es vor Jahrhunderten aussah, mit Lorbeerwald, in dem Baumbart für die rechte Stimmung sorgt, Heidebusch, einem verfallenen Forsthaus im Nirgendwo, wild wachsenden Blumen und ab und an sogar mit Ausblicken. Zum Ende der Wanderung hin begleitet man die Levada do Norte bis Encumeada und durchwandert das **Folhadal** mit seiner verschwenderisch wuchernden Pflanzenwelt, darunter den Maiblumenbaum, Namengeber des Tals.

Der Ursprung der 1953 entstandenen nördlichen **Levada do Norte** liegt westlich des Pico Ruivo do Paúl. Sie verläuft in einem weiten Bogen um ihn herum nach Osten und endet an der Boca da Encumeada, wo sie mit der Levada da Rabaças (der man bereits auf der Wanderung ZW9 begegnet ist) zusammen den Canal do Norte speist, der wiederum das Kraftwerk Serra de Água versorgt.

Ein Hexenhaus im Zauberwald

Start: Parkplatz Bica da Cana (32.757487, 17.059348)
Ende: Boca da Encumeada (32.754112, 17.019265)
Gesamtzeit: 3½–4½ Std.
Länge: 11 km
Anstieg: 60 m
Abstieg: 600 m
Trittsicherheit: mittel

Im westlichen Inselinneren

Orientierung: mittel
Schwindel: mittel
Kondition: mittel
Einkehr: Snackbar-Restaurant Encumeada, Boca da Encumeada (von frühmorgens bis spät, auch Infos zur Begehbarkeit der Wege und Befahrbarkeit der Straße hoch)
Anfahrt: Mit dem Wagen auf der ER110 zwischen Encumeada-Pass und Rabaçal am Forsthaus von Bica da Cana vorbei und nach 200 m am Einstieg parken. Kein öffentl. Personenverkehr.
Abfahrt: Rodoeste Bus Nr. 6 ab Encumeada nach Funchal (wochentags morgens, mittags und abends, So nicht mittags, ein-

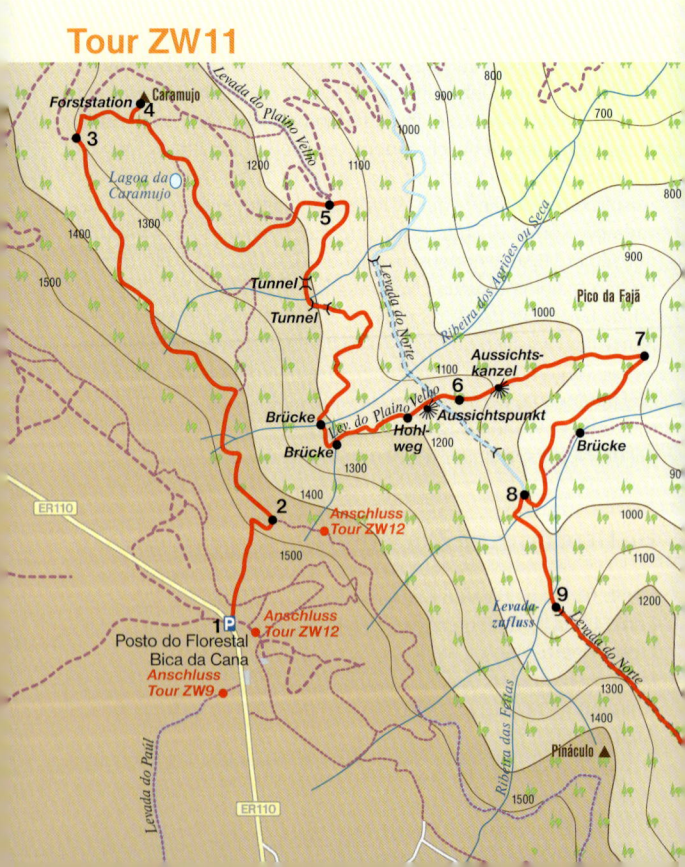

Tour ZW11

fach 4 Euro). Mit dem Taxi oder per Anhalter ab Encumeada über die ER110 (so sie nicht gesperrt ist) auf 9 km zum Ausgangspunkt (mit Anfahrt von Serra de Água um 20 Euro, also besser auf ein Taxi warten, das Besucher auslädt)

Ausrüstung: Wanderschuhe, Taschenlampe

Anschluss: Von Boca da Encumeada zu Fuß auf dem Asphalt Richtung Ausgangspunkt und dann auf Wanderung ZW12 von Lombo de Mouro nach Bica da Cana; von Boca da Encumeada auf F9 nach Curral das Freiras oder auf ZO5 über den Pico Ruivo nach Teixeira

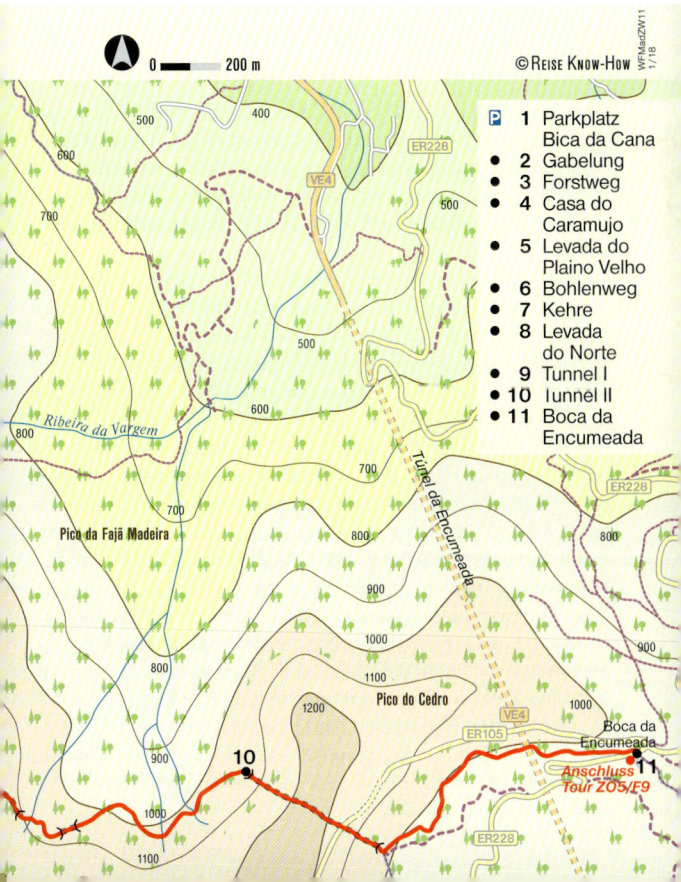

0 ▬▬ 200 m

© REISE KNOW-HOW

WFMiszZW11 1/18

P **1** Parkplatz Bica da Cana
● **2** Gabelung
● **3** Forstweg
● **4** Casa do Caramujo
● **5** Levada do Plaino Velho
● **6** Bohlenweg
● **7** Kehre
● **8** Levada do Norte
● **9** Tunnel I
● **10** Tunnel II
● **11** Boca da Encumeada

Ribeira da Vargem

Pico da Fajã Madeira

Túnel da Encumeada

Pico do Cedro

Boca da Encumeada

Anschluss Tour ZO5/F9

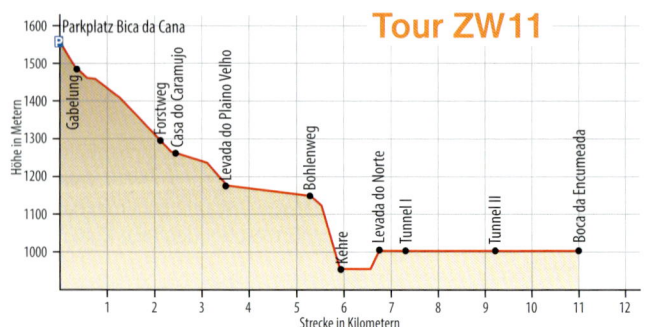

Tour ZW11

Wegbeschreibung

Vom **Parkplatz an der Bica da Cana (1)** nimmt man den ausgetretenen Erdpfad hinunter auf, ignoriert nach 50 m an der Kreuzung die beiden abgehenden Wege und steigt weiter ab.

Nach knapp 10 Min. am Ende auf felsigem Steig hält man sich an der **Gabelung (2)** nach links und Nordwest und folgt dem Schild „Encumeada 10,7 km".

Der gute Weg verläuft nun unterhalb des Abbruchs des Paúl da Serra an der Felswand entlang und etwa Höhe haltend im Schatten durch die Buschheide. 5 Min. nach der Gabelung passiert man eine kurze tropfende Wand und ein Bächlein, der Pfad wird nun steiniger. Nach einem weiteren Bach blickt man auf das Massiv von Pico Ruivo und Pico Arieiro. Nun senkt sich auch der Weg. Von oben ist das tiefe Summen der Windräder zu hören. Ruppigere und gute Wegabschnitte wechseln sich jetzt ab, es geht hinunter und erstmals gerät man auch an Bohlenstufen. Sie werden bald zur ständigen Begleitung. 7 Min. nach der ersten Bohlentreppe biegt man nach einigen Stufen auf den **Forstweg (3)** nach rechts ein („Encumeada 9 km").

Nun heißt es aufmerksam sein. Nach 2 Min. (100 m) auf dem Forstweg markiert eine Holzbake den Pfad, der auf einer kurzen Steintreppe wieder in den Wald führt. Nach weiteren 3 Min. und kurz an einem Bachbett entlang stehen linkerhand nach drei Steinstufen zwei Steinsäulen eines ehemaligen Tores. 50 m sind es durch das Tor durch zur aufgelassenen Forststation **Casa do Caramujo (4)**. Mit kaputten Dächern stehen die Gebäude wie ein Hexenhaus im Wald, verloren von der Zeit, verloren von der Erinnerung. Einen schöneren Rastplatz wird man auf der Wanderung nicht finden.

Am Tor zurück geht es durch den Schatten des Zauberwaldes die Höhe haltend und auf gutem Pfad weiter. Nach knapp 5 Min. ist eine Lichtung erreicht, die Lagoa da Caramujo, ein Moorsee. Sie ist nach 3 Min. durchschritten. Nun steigt und senkt sich der Waldweg in kurzen Abständen mit der Tendenz Höhe abzubauen. Gut 15 Min. nach dem Haus führt eine Bohlentreppe hinunter zur aufgelassenen **Levada do Plaino Velho (5)**. 1910 wurde sie in den Fels geschlagen und 1953 trockengelegt – ihre Funktion übernahm stattdessen die Levada da Fajã do Rodrigues (s. Tour N2).

Auf gutem und breitem Levadaweg geht es weiter. Nach 5 Min. kommt ein 10 m langer Tunnel, nach 2 Min. einer mit 30 Metern (wegen der grob verlegten Abdeckplatten in ihm sollte man schon mal die Taschenlampe herausholen). Anschließend sichert Draht den Weg. Über zwei Brücken werden Wildbäche gequert, dann folgt ein etwa 100 m langer beeindruckender Hohlweg, der mit einem Felstor abschließt. Dahinter öffnet sich der Blick auf São Vicente. 25 Min. nach der Ankunft an der Levada verlässt man sie auf einem **Bohlenweg (6)** nach unten.

Nach 5 Min. geht es kurz einen beidseits mit Draht versicherten Grat nach oben zu einer Aussichtskanzel, eine der tollen Stellen dieser Wanderung. Seitlich am Kopf vorbei steigt man wieder in den Wald hinunter. Von nun an geht's bergab – gut 15 Min. und wem es langweilig ist, kann die Bohlen zählen: es sind über 800. Unten angekommen vollführt der Weg eine **Kehre (7)** nach rechts und verläuft erst einmal flach.

Nach gut 10 Min. wird ein Bachbett gequert, 3 Min. danach folgt der einzige nennenswerte Anstieg der Tour – natürlich über Bohlenstufen. Nach gut 5 Min. ist die breite und tiefe **Levada do Norte (8)** erreicht.

Auf gutem, manchmal etwas schmalerem, aber gesichertem Weg begleitet man die Levada, passiert nach 5 Min. einen 30 m hohen Wasserfall (guter Pausenplatz) und steht nach weiteren 5 Min. am von Wasser eines Levadazuflusses umtosten Eingang des über 800 m langen **Tunnel I (9)** hinüber in das Tal von Folhadal.

15 Min. sollte man für die Durchquerung schon rechnen. Der Begleitweg ist besonders am Anfang und am Ende eher schmal

und es mag eine hervorragende Idee sein, etwaigen Gegenverkehr abzuwarten. Auch am Ausgang wartet ein Wasserfall (und ein Levadazufluss), dann durchwandert man den Folhadal und kann sich an seinem üppigen Pflanzenkleid erfreuen. Kurz nach dem Tunnel folgt ein weiterer, kurzer, der eher einem Felstor gleicht, dann kommt ein ausgesetzterer Abschnitt ohne Sicherung auf der 50 cm breiten Levadamauer (wo sie noch schmaler wird kann man auf einen 30 m langen Pfad auf der Bergseite ausweichen).

5 Min. nach einem breiten Wildbachbett (15 Min. nach Verlassen von Tunnel I) beginnt der 600 m lange **Tunnel II (10).**

123wma sk

Auch wenn sein Pfad nicht ganz so eng ist, der Gegenverkehr dankt ein Abwarten. Nach 10 Min. ist er überwunden und am Ausgang wendet man sich der Levada do Norte folgend nach links (von rechts mündet die Levada das Rabaças ein). Nun sieht man schon das Hotel unterhalb der Boca da Encumeada vor sich liegen, 2 Min. später geht es an einem schönen Rastplatz mit betonierten Bänken und Tischen an einer Aussichtskanzel (Blick auf den Pico Ruivo) vorbei und es folgt eine Wasserverteilstation mit Säuberungsrechen. Gut 15 Min. hinter dem Tunnelausgang ist über eine kurze Treppe das Snackbar-Restaurant an der **Boca da Encumeada (11)** erreicht.

Parkplatz Bica da Cana (1) 32.757487, 17.059348	0 Min.	1550 m
Gabelung (2) 32.760424, 17.057846	10 Min.	1480 m
Forstweg (3) 32.771556, 17.064906	40 Min.	1300 m
Casa do Caramujo (4) 32.772562, 17.062631	45 Min.	1270 m
Levada do Plaino Velho (5) 32.769639, 17.055765	65 Min.	1180 m
Bohlenweg (6) 32.764033, 17.050588	90 Min.	1150 m
Kehre (7) 32.765259, 17.044580	115 Min.	940 m
Levada do Norte (8) 32.761308, 17.048775	135 Min.	1000 m
Tunnel I (9) 32.757866, 17.047724	145 Min.	1000 m
Tunnel II (10) 32.753742, 17.033449	175 Min.	1000 m
Boca da Encumeada (11) 32.754112, 17.019265	200 Min.	1000 m

Im westlichen Inselinneren

Hexenhaus im Wald – das Casa do Caramujo

Maiblumenbaum

(clethra arborea, port. folhado, engl. lily-of-the-valley-tree)

Das Tal vor dem letzten Tunnel trägt seinen Namen nach dem von August bis Oktober blühenden und einen angenehmen Duft verströmenden Baum (wegen der besonders schönen Exemplare, die hier gedeihen). Der immergrüne Baumstrauch gehört zur Pflanzengemeinschaft des Lorbeerwaldes und taucht häufiger auf. Bis zu 6 m kann er hoch, bis zu 4 m breit werden. Die kleinen weißen Blüten reihen sich in Ketten entlang eines Stengels. Tausende von ihnen tauchen den Baum in der Blütezeit in reinstes Weiß. Blätter und Blüten des Maiblumenbaums wirken toxisch auf Menschen. Auf Madeira hat man sein Holz früher zur Herstellung von widerstandsfähigen Spazierstöcken verwendet.

ZW12 Bica da Cana – Pináculo – Lombo de Mouro – Bica da Cana (Levada da Serra)

> 3–3½ Std. | 10 km
> **mittelschwer**
> ▲ 370 m ▼ 370 m

Teils sonnige, teils schattige Wanderung auf relativ guten Wegen und Pfaden erst entlang der Abbruchkante des Paúl da Serra die Levada da Serra begleitend (und entlang einer langen tropfenden Wand mit garantierter, erfrischender Dusche) zur „Felsnadel" Pináculo und von dort von der Hochebene hinunter nach Lombo de Mouro. Es geht dann fast die gesamte Strecke auf demselben Weg zurück. Zum Ende hin biegt man aber zum „Gipfel" der Bica da Cana ab und gelangt auf einem, im ersten Abschnitt recht steilem und holprigem Pfad über den Berg zurück zum Parkplatz.

Die **Levada da Serra** bestand bereits im 19. Jh., floss zu dieser Zeit ab Pináculo nach Norden und São Vicente. 1910 wurde aber ihr Lauf geändert und sie verläuft seitdem nach Süden Richtung Ribeira Brava. Zeitgleich entstand die die Levada do Inferno und übernahm die Versorgung von São Vicente.

Hinweis: Die Straße von der Boca da Encumeada hoch zum Paúl da Serra (ER110) ist häufig wegen Steinschlags für Fahrzeuge gesperrt. (Man erkundige sich dazu noch im Hotel.) Die Wanderung ist deshalb besser von der Forststation Bica da Cana aus zu beginnen. Alternativ erreicht man den Einstieg am Lombo de Mouro in 45 Min. zu Fuß auf dem Asphalt der ER110.

Ausflug mit Dusche und Aussicht

Start: Parkplatz Bica da Cana (32.757487, 17.059348)
Ende: Parkplatz Bica da Cana
Gesamtzeit: 3–3½ Std.
Länge: 10 km
Anstieg: 370 m
Abstieg: 370 m
Trittsicherheit: mittel
Orientierung: gering
Schwindel: mittel
Kondition: mittel

Im westlichen Inselinneren

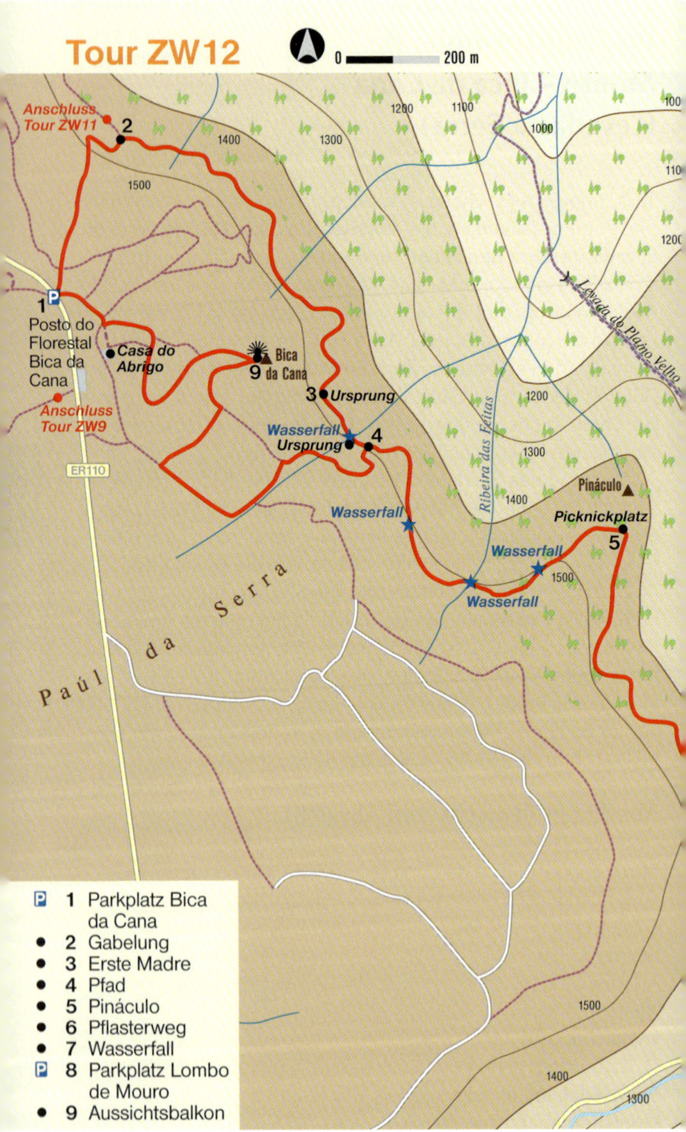

Tour ZW12

0 ▬▬▬▬▬ 200 m

Anschluss
Tour ZW11

2

1400

1500

1300

1200

1100

1000

100

110

1200

Anschluss
Tour ZW11

2

Levada do Pináo Velho

1 🅿
Posto do
Florestal
Bica da
Cana

● Casa do
Abrigo

9 ☀ Bica
da Cana

3 ● Ursprung

Wasserfall
Ursprung

4

1200

Ribeira das Éthas

Anschluss
Tour ZW9

ER110

Wasserfall ★

1300

Pináculo ▲

Picknickplatz

5

Wasserfall

1500

Wasserfall ★

Paúl   da   Serra

1500

1400

1300

🅿 **1** Parkplatz Bica
da Cana
● **2** Gabelung
● **3** Erste Madre
● **4** Pfad
● **5** Pináculo
● **6** Pflasterweg
● **7** Wasserfall
🅿 **8** Parkplatz Lombo
de Mouro
● **9** Aussichtsbalkon

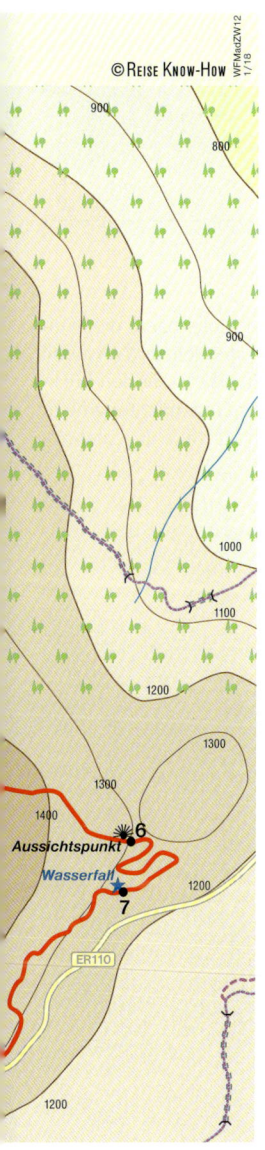

© Reise Know-How

WFMidZW12
1/18

900
800

900

1000

1100

1200

1300

1300

1400
6
Aussichtspunkt
Wasserfall
1200
7

ER110

1200

Anfahrt: Mit dem Wagen auf der ER110 zwischen Encumeada-Pass und Rabaçal am Forsthaus von Bica da Cana vorbei und nach 200 m am Einstieg parken. Will man die Wanderung ab Lombo de Mouro gehen, fährt man mit dem Wagen vom Encumeada-Pass 3,3 km Richtung Rabaçal, parkt und läuft 200 m zum Einstieg zurück (zu Fuß zum Einstieg ab Encumeada 3,1 km, 45 Min.). Kein öffentlicher Personenverkehr.

Abfahrt: Kein öffentlicher Personenverkehr

Ausrüstung: Wanderschuhe, Sonnen-/Regenschutz

Wegbeschreibung

Vom **Parkplatz an der Bica da Cana (1)** nimmt man den ausgetretenen Erdpfad hinunter, ignoriert nach 50 m an der Kreuzung die beiden abgehenden Wege und steigt weiter ab.

Nach knapp 10 Min. am Ende auf felsigem Steig hält man sich an der **Gabelung (2)** nach rechts und Osten und folgt dem Schild „Lombo de Mouro 4,3 km" auf ebenem Erdpfad. Unten im Tal sind die Häuser von São Vicente zu sehen.

Erst durch den Heidebusch dann durch Wald gehend hält man die Höhe, passiert eine kurze, drahtgesicherte Stelle und gelangt 15 Min. hinter der Gabelung an den ersten Ursprung, der **ersten Madre (3)** der Levada da Serra.

Im westlichen Inselinneren

3 Min. später passiert man einige Stufen linkerhand, die in einen kleinen Felskessel hochführen. In ihm sprudelt ein Wasserfall herunter, der zweite Ursprung. Die Landmarke ist für den Rückweg wichtig, da 100 m weiter der aus der Gegenrichtung nicht ganz klar zu erkennende **Pfad (4)** hoch zur Bica da Cana abzweigt.

Es folgt eine 50 m lange, gepflasterte und etwas ausgesetzte Passage. Diese und die folgenden ausgesetzteren Strecken sind mit guten und intakten Sicherungen versehen. 5 Min. hinter dem Pfad ist die beeindruckend lange und beeindruckend nasse Felswand erreicht. Mehrere Wasserfälle fluten sie und nach starkem Regen ist es sicher nicht falsch, seine Regenjacke herauszukramen. Man kann sich natürlich auch ducken und die Erfrischung genießen. 40 Min. nach Beginn ist der **Pináculo (5)** erreicht, eine augenfällige Felskuppe, mit gemauerten Bänken bestens für eine Rast geeignet.

Die Levada verlässt den Rastplatz leicht bergab auf einer Wasserrutsche, begleitet von einem getrepptem Pflaster. Dann wird der Weg wieder etwas flacher, um sich gleich darauf abzusen-

Blick auf das Arieiro-/Ruivo-Massiv

124wma sk

Eurasischer Sperber

(accipiter nisus granti, port. fura-bardos,

engl. macaronesian sparrowhawk)

Diese Sperber-Art kommt nur auf Madeira und den Kanarischen Inseln vor und ist dunkler und auffällig kleiner als die anderen Vertreter. Der „Sperlingsadler" (aus den Namen der beiden Vogelspezies setzt sich „Sperber" zusammen) ist extrem schnell, wendig und fliegt fast ohne Geräusch. Er bevorzugt es, sich zwischen Bäumen auf Nahrungssuche zu begeben, wo er seine Agilität voll nutzen kann, seine Beute sind kleinere Vögel. Sein Nest baut er in Wäldern in Höhen über 6 m, ein Gelege besteht aus 3–4 Eiern. Da er sich vornehmlich zwischen Bäumen aufhält ist seine Beobachtung sehr schwierig.

ken, während das Wasser gurgelnd im Kanal hinunterschießt. Man durchwandert alten Wald, passiert eine weitere Wasserrutsche und knapp 20 Min. hinter dem Pináculo tritt man unter den Bäumen hervor und blickt auf die Berglandschaft mit Pico Ruivo und Pico Arieiro. Jetzt beginnt der **Pflasterweg (6)** hinunter zur Straße. Die Levada verabschiedet sich vom Weg und stürzt nun in mehreren Kaskaden hinab.

Ein Waldbrand hat hier 2017 den alten Busch zerstört, schwarze Äste ragen als stumme Zeugen in den Himmel. In Serpentinen und mit Stufen versehen senkt sich der Weg schnell ab. Bald ist die Straße sichtbar. Die dunkle Felswand, die es entlang geht ist richtig einschüchternd und ohne Drahtsicherung könnte man ein mulmiges Gefühl bekommen. Kurz hintereinander kreuzt man zweimal die Levada. Nach gut 10 Min. und nach einer Steintreppe wird der Weg wieder flacher. 15 Min. nach Abstiegsbeginn ist der **Wasserfall (7)** erreicht, der eigentlich die Levada ist. Ab hier fließt sie wieder parallel zum Weg. In zwei Stufen (beide jeweils etwa 25 m hoch) stürzt das Wasser herunter und es ist faszinierend zu sehen, wie es oben an der Kante aus dem Waldboden quillt. Etwa 600 m bzw. 10 Min. sind es von hier zur Straße und an ihr rechts gehend nochmal 200 m zum **Parkplatz Lombo de Mouro (8)**.

Nun kehrt man zum Abzweig des Pfades zurück. Man achte 15 Min. nach dem Pináculo hinter einer Linkskurve an einer Wegverbreiterung auf ein Steinmännchen rechterhand und ein Trittstein über die Levada linkerhand. Der **Pfad (4)** führt anfangs recht ruppig und relativ steil hoch, ist dafür aber ausgezeichnet markiert.

Nach 6 Min. wird es flacher, man blickt auf das São Vicente-Tal, ignoriert die Abzweigungen in dem Aufforstungsgebiet und bleibt auf dem Trampelpfad, der sich allmählich nach rechts auf die Bica da Cana zuwendet. Knapp 20 Min. nach Pfadbeginn wählt man an der Gabelung den rechten Weg hoch zur Bica, passiert eine Wetterstation und erreicht 8 Min. später den **Aussichtsbalkon (9)** auf der Bica da Cana mit Blick auf die Berge gegenüber.

Auf gutem und breitem Forstweg steigt man nun westlich in einer weiten Kurve ab, passiert das Casa do Abrigo und gelangt wieder zum **Parkplatz Bica da Cana (1).**

Parkplatz Bica da Cana (1) 32.757487, 17.059348	0 Min.	1550 m
Gabelung (2) 32.760424, 17.057846	10 Min.	1480 m
Erste Madre (3) 32.755619, 17.053485	20 Min.	1480 m
Pfad (4) 32.754595, 17.052138	25 Min.	1480 m
Pináculo (5) 32.753138, 17.046302	40 Min.	1480 m
Pflasterweg (6) 32.747529, 17.041517	60 Min.	1440 m
Wasserfall (7) 32.746537, 17.041560	75 Min.	1300 m
Parkplatz Lombo de Mouro (8) 32.741091, 17.045766	85 Min.	1310 m
Pfad (4) 32.754595, 17.052138	135 Min.	1480 m
Aussichtsbalkon (9) 32.756323, 17.054590	170 Min.	1620 m
Parkplatz Bica da Cana (1) 32.757487, 17.059348	180 Min.	1550 m

Im westlichen Inselinneren

Wanderungen im östlichen Inselinneren

Wanderungen im östlichen Inselinneren

Zwei Pässe bilden die Hauptübergänge über Madeiras Zentralgebirge im Osten. Der Paso de Portela ist erreichbar über die ER102 von Funchal über Camacha und die ER108 von Machico über Santo da Serra. Von Funchal an Monte schlängelt sich die ER103 zum Paso de Poiso hinauf. Wer Madeiras dritthöchstem Berg, dem Pico do Arieiro, einen Besuch abstatten möchte, kann dies vom Paso de Poiso aus bequem mit dem Auto tun und von dort dann zum Pico Ruivo weiterwandern. Ein Bonbon ist die Wanderung entlang der Levadas über den Caldeirão Verde zum Caldeirão do Inferno, lange zwar, aber mit unvergleichlichem Einblick in die Gewalt, die dem Wasser innewohnen kann.

Kapitelstartseite:
Abstieg vom Pico Arieiro Richtung Pico Ruivo

ZO1 Pico Arieiro – Pico Ruivo – Pico Arieiro

5½–7 Std. | 11,4 km
schwer
▲ 1160 m ▼ 1160 m

Von der Höhe und der Kondition ist es *die* **Herausforderung** der Wanderungen auf Madeira. Schmale Steige, lange Tunnels, steile Treppen, ausgewaschener Fels, brennende Sonne oder Nebel und strömender Regen – dafür wunderschöne Ausblicke auf Steingipfel, auf ozeanblaues Meer oder auch, ganz betörend, auf eine Wolkendecke, die bauschiger Watte gleich die Welt da unten ins Halbdunkel taucht, während hier oben der Himmel sich stahlblau spannt.

Die beiden höchsten Gipfel des Archipels liegen dicht beieinander, nur getrennt von tiefen Tälern, die es zu durchsteigen gilt. Zum **Pico Arieiro** lässt es sich bequem mit dem Auto hochfahren, mehr oder weniger bis zum Gipfel. Auch auf den **Pico Ruivo** führt eine Fahrstraße, zumindest bis knapp 300 m unter den Gipfel. Wer also die Anstrengung der Wanderung scheut – man kann's auch einfacher haben.

Im Hochgebirge

Start/Ende: Pico Arieiro (32.735576, 16.928661)
Gesamtzeit: 5½–7 Std.
Länge: 11,4 km
Anstieg: 1160 m
Abstieg: 1160 m
Trittsicherheit: hoch
Orientierung: gering
Schwindel: hoch
Kondition: hoch
Anfahrt/Abfahrt: Kein öffentlicher Personenverkehr
Einkehr: Bar/Restaurant am Pico Arieiro
Ausrüstung: Bergschuhe, Pullover, Wind-/Regenjacke, Sonnenschutz, Taschenlampe
Anschluss: Tour ZO2 vom Pico Ruivo nach Teixeira, Tour ZO3 von Pico Ruivo nach Ilha (und weiter auf Tour ZO4 nach Queimadas), Tour ZO5 von Pico Ruivo nach Encumeada (und weiter nach Bica da Cana und Rabaçal – siehe Wanderungen im Westen)

Im östlichen Inselinneren

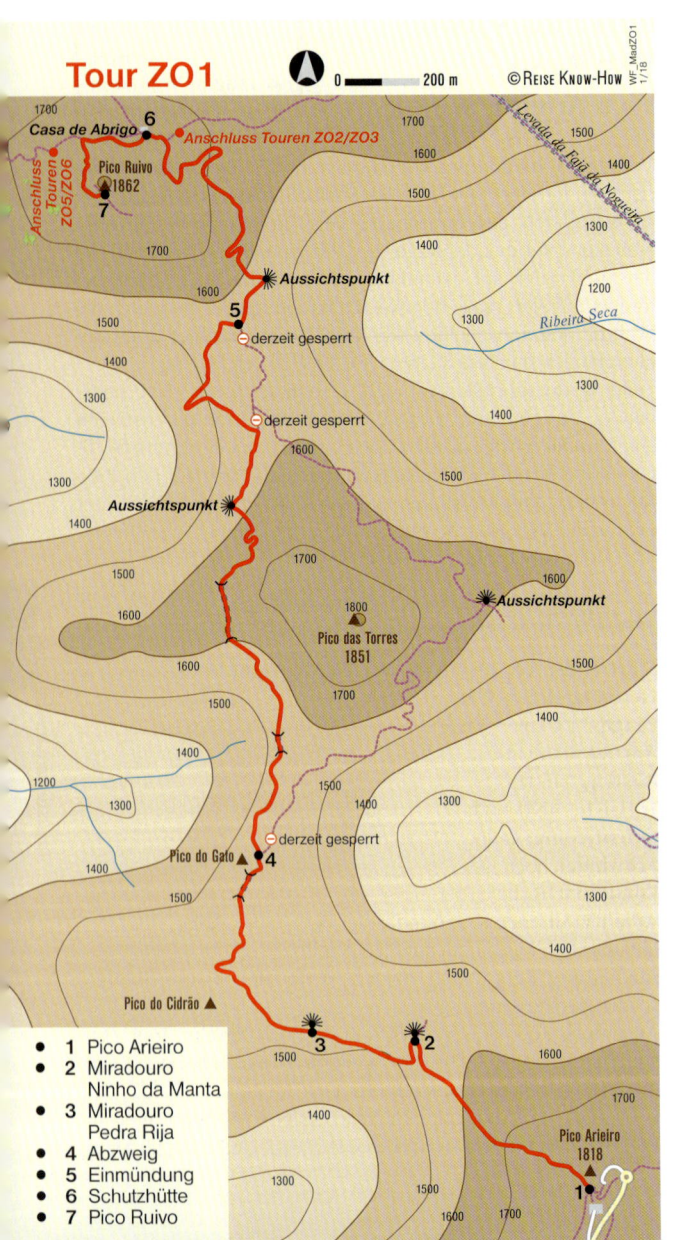

Tour ZO1

0 — 200 m   © Reise Know-How

WF_MadZO1
1/18

1700
Casa de Abrigo **6** *Anschluss Touren ZO2/ZO3*
Anschluss Touren ZO5/ZO6
Pico Ruivo
1862
7

1700

Aussichtspunkt
5
⊖ *derzeit gesperrt*

1500

⊖ *derzeit gesperrt*

Aussichtspunkt

Pico das Torres
1851

Aussichtspunkt

Pico do Gato ▲ **4**
⊖ *derzeit gesperrt*

Pico do Cidrão ▲

3 ☀ ☀ **2**

Pico Arieiro
1818
1

1700   1500   1500   1400   1300   1200   1300   1400   1500   1600   1700   1800   1600   1400   1300   1200   1300   1400   1500   1600   1700

Levada da Fojá do Nogueira

Ribeira Seca

- • **1** Pico Arieiro
- • **2** Miradouro
     Ninho da Manta
- • **3** Miradouro
     Pedra Rija
- • **4** Abzweig
- • **5** Einmündung
- • **6** Schutzhütte
- • **7** Pico Ruivo

Wegbeschreibung

Die weiße Schale der Nato-Radarstation auf dem **Pico Arieiro (1)** ist bei der Auffahrt schon aus weiter Ferne zu sehen. Oben angekommen zeugt die Masse an Parkplätzen die Beliebtheit dieses Ausflugsziels und der Wanderung zum Brudergipfel. Direkt am Gipfelkreuz beginnt der Weg. Er senkt sich in einen Sattel, am Wegesrand stehen Bänke für die Erschöpften, die auf dem Rückweg auf den letzten Höhenmetern noch eine Pause einlegen müssen.

Erste Station ist nach 15 Min. der **Miradouro do Ninho da Manta (2),** das Bussardnest, wenige Meter vom Hauptweg, von dessen Kanzel aus man nach Osten in das tiefe Tal der Ribeira da Fajã da Nogueira blickt. Der nächste Aussichtspunkt liegt 10 Min. weiter – **Pedra Rija (3)** ist nach einer kleinen (gut gesicherten, erst leicht bergan, dann bergab führenden) Gratwanderung erreicht.

5 Min. danach geht es ziemlich steil auf Treppen und schnell über 100 Höhenmeter bergab und 15 Min. hinter Pedra Rija durch den ersten, etwa 50 m langen Tunnel unter den Pico do Gato hindurch. Direkt dahinter steigt man noch einmal 50 Höhenmeter steil bergab und kommt an den **Abzweig (4)** der östlichen Route, die aber häufig gesperrt ist.

Der Weg führt nun die Höhe haltend spektakulär unterhalb einer Felswand und aus dieser herausgeschlagen 50 Min. nach Start zum Eingang des nächsten, um 80 m langen, leicht gebogenen Tunnel. Kurz darauf schließt der längste Tunnel der Wanderung an – 200 m. Zwei weitere Tunnel folgen, beide messen aber nur ca. 10 m. Auf einer ausgewaschenen Felstreppe geht es kurz bergauf zu einem atemraubenden Panorama, man steigt wieder ab und erneut auf und gelangt zur **Einmündung (5)** des Ostwegs.

Kurz darauf folgt der steile Anstieg über eine lange, in mehrere Segmente geteilte Eisentreppe hoch zu einem Grat. Hinter der Treppe wendet sich der Weg in einem Linksbogen nach Westen um den Berg herum und die Schutzhütte unterhalb des Pico Ruivo erscheint 30 Min. nach der Einmündung im Blickfeld. Ausgeblichen und malerisch weiß ragen hier die Stämme und Äste eines ehemaligen Heidebuschwaldes in den blauen Himmel, Opfer eines Feuers. Leicht ansteigend geht es an der Einmündung des Pflasterweges von Teixeira vorbei zur **Schutzhütte (6)**

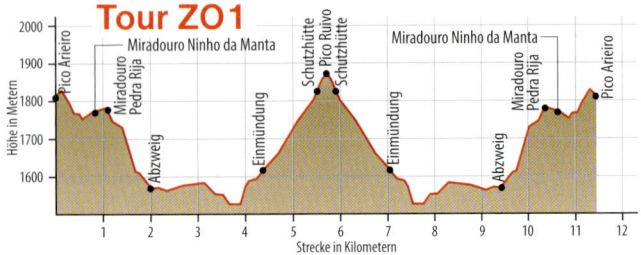

hoch (unregelmäßig geöffnet, keine Speisen, manchmal Getränke). Knapp 100 Höhenmeter sind es noch zum höchsten Gipfel der Insel. Von der Schutzhütte folgt man dem Treppenweg nach Westen, biegt nach 5 Min. in den Serpentinenweg nach Süden den Berg hoch ein, tritt auf einem Bretterweg die letzten Meter zur Gipfelsäule und steht 20 Min. nach der Hütte auf dem **Pico Ruivo (7)**. Für den Rückweg nimmt man den Aufstiegsweg und rechne in etwa die gleiche Zeit. Die Tour endet wieder am **Pico Arieiro (1)**.

Pico Arieiro (1)	0 Min.	1805 m
32.735576, 16.928661		
Miradouro do Ninho da Manta (2)	15 Min.	1740 m
32.739261, 16.933632		
Miradouro Pedra Rija (3)	25 Min.	1720 m
32.739132, 16.936728		
Abzweig (4)	40 Min.	1570 m
32.743282, 16.938249		
Einmündung (5)	70 Min.	1610 m
32.755748, 16.938771		
Schutzhütte (6)	135 Min.	1775 m
32.760286, 16.941555		
Pico Ruivo (7)	155 Min.	1862 m
32.758917, 16.943034		
Pico Arieiro (1)	330 Min.	1805 m
32.735576, 16.928661		

Pause auf halbem Weg mitten in der Gebirgswelt

046wma sk

Im östlichen Inselinneren

Rothuhn

(alectoris rufa, port. perdiz vermelha, engl. red-legged partridge)

Das Hochgebirge Madeiras ist die weltweit einzige Stelle, wo der Hakensturmtaucher brütet. Zu Gesicht wird man ihn nicht bekommen. Deshalb sollte man mit dem Rothuhn vorlieb nehmen, das am Wegesrand ganz zutraulich vor sich hinpickt. Diese Fasanenart ist in ganz Europa (auch in Deutschland) heimisch gewesen, heute kommt sie noch in den südlichen Ländern in Höhen bis zu 2000 m vor. Und auf dem Höhenweg fällt das eine oder andere von der Brotzeit schon auf den Boden.

028wma sk

ZO2 Achada do Teixeira – Pico Ruivo – Achada do Teixeira

> **2–2½ Std. | 5,5 km**
> **leicht**
> ▲ 270 m ▼ 270 m

Nur am Pico Arieiro ist der **Gipfelsturm** noch leichter (da kann man mit dem Auto bis unters Gipfelkreuz fahren). Beim Pico Ruivo ist ein wenig Mühe vorgeschaltet, aber der Weg ausgezeichnet. Und die knapp 200 Höhenmeter bis zur Schutzhütte stecken die meisten ohne Probleme weg. Die letzten 90 Höhenmeter über Steinstufen sind da etwas anstrengender, aber immer noch unproblematisch. So kann also fast jeder die drei großen Aussichtsplattformen des höchsten Berges erreichen und der Ruivo ist sogar noch für einen Nachmittagsbesuch gut (wenn denn die Sonne scheint).

Riesig ist der Parkplatz auf der Achada do Teixeira, aber an Wochenenden, wenn das Wetter mitspielt, ist auch er rappelvoll. Dann zieht eine endlose Karawane die Bergflanke hoch, und eine ebenso endlose herab. Die Schutzhütte unterhalb des Gipfels ist de facto nicht bewirtschaftet – sollte sie dennoch mal offen sein gibt es nichts außer Tee.

Im Hochgebirge

Start/Ende: Achada do Teixeira (32.764984, 16.920903)
Gesamtzeit: 2–2½ Std.
Länge: 5,5 km
Anstieg: 270 m
Abstieg: 270 m
Trittsicherheit: gering
Orientierung: gering
Schwindel: mittel
Kondition: gering
Anfahrt/Abfahrt: Mit dem Wagen in Santana den Schildern „Pico Ruivo" folgen und auf der ER218 10,5 km zum Parkplatz an der Achada do Teixeira fahren. Kein öffentlicher Personenverkehr
Ausrüstung: Wanderschuhe, Pullover, Wind-/Regenjacke, Sonnenschutz
Anschluss: Tour ZO1 vom Pico Arieiro zum Pico Ruivo, ZO3 von Pico Ruivo nach Ilha (und weiter auf ZO4 nach Queima-

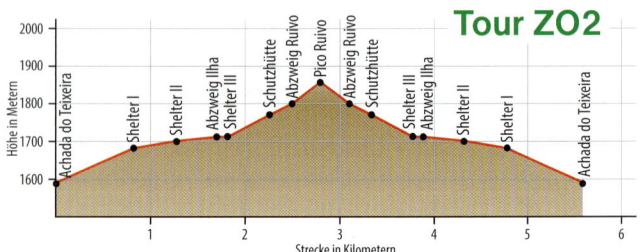

das), ZO5 von Pico Ruivo nach Encumeada (und weiter nach Bica da Cana und Rabaçal – siehe Wanderungen im Westen)

Wegbeschreibung

Vom Parkplatz auf der **Achada do Teixeira (1)** nimmt man den breiten Plattenweg an seinem südlichen Rand auf. Auf ihm geht es mäßig ansteigend in 10 Min. hoch zu einem Hügelrücken und auf ihm – Höhe haltend – weiter mit Blick auf die Radaranlage des Pico Arieiro in 5 Min. zu einem **Shelter I (2).**

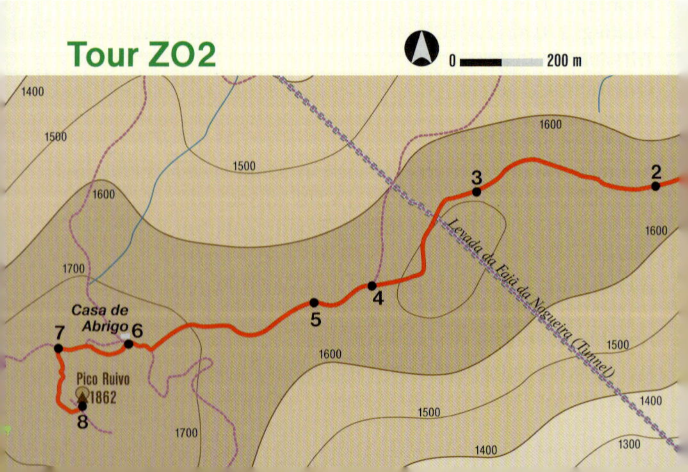

Um eine Kurve gegangen sieht man voraus bereits das nächste **Shelter II (3)** zu dem es flach herübergeht. In dessen Hintergrund sind die Schutzhütte und – über ihr aufragend – der felsige Gipfelblock des Pico Ruivo zu sehen. Am mit Bänken und Tischen ausgestatteten Shelter II kann man pausieren.

Nun steigt der Weg kurz an und verläuft dann wieder sehr kommod auf die Schutzhütte zu. Knapp 10 Min. nach dem Shelter II zweigt in einem spitzen Winkel rechts der Weg hinunter nach Ilha ab (s. Wanderung ZO3): **Abzweig Ilha (4).**

An einem weiteren **Shelter III (5)** vorbei folgt der Weg in leichtem Auf und Ab der Hügellinie, führt 4 Min. nach dem Shelter III zwischen zwei Säulen durch und endet an der Einmündung des Pfades vom Pico Arieiro (s. Tour ZO1).

Über knapp 100 Stufen sind es hoch zur **Schutzhütte (6).** Es gibt Toiletten in nicht besonders gutem Zustand und – wenn man Glück hat – funktioniert der Wasserhahn (wenn nicht, muss man sich auf die Suche nach der Zisterne hinter dem Haus begeben).

Auf einem etwas schmalerem Pflasterweg geht es weiter und man gelangt nach 10 Min. zum **Abzweig Ruivo (7)** hoch zum Gipfel (geradeaus geht es nach Encumeada, s. Tour ZO5).

In 10 Min. steigt man nun in Serpentinen hoch zu den Plattformen rund um den Gipfelstein des **Pico Ruivo (8)**. Vom höchsten Punkt der Insel ist die Aussicht natürlich in alle Richtungen fantastisch und man blickt zu den Nebeninseln, nach Porto Sano und zur Punta da São Lourenço. Aber auch wenn Wolken die Basis des Gebirgsstocks und die Welt tief unten verbergen ist die Stimmung hier oben unvergleichlich: Eine Insel im Nirgendwo, über der stahlblau der Himmel spannt und die Sonne das Braun, Grau und Grün der Kuppen und Felsen in ein magisches Licht taucht.

Die Rückkehr zur **Achada do Teixeiro (1)** erfolgt auf demselben Weg.

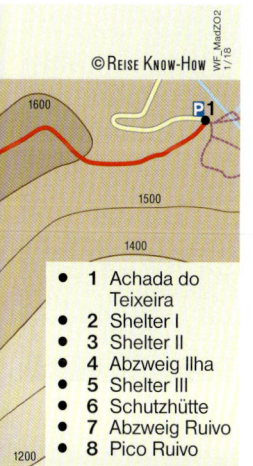

© REISE KNOW-HOW

1600

1500

1400

1200

- 1 Achada do Teixeira
- 2 Shelter I
- 3 Shelter II
- 4 Abzweig Ilha
- 5 Shelter III
- 6 Schutzhütte
- 7 Abzweig Ruivo
- 8 Pico Ruivo

Im östlichen Inselinneren

091wma sk

Achada do Teixeira (1)	0 Min.	1590 m
32.764984, 16.920903		
Shelter I (2)	15 Min.	1680 m
32.763347, 16.927979		
Shelter II (3)	20 Min.	1700 m
32.763473, 16.932555		
Abzweig Ilha (4)	27 Min.	1710 m
32.761281, 16.935736		
Shelter III (5)	30 Min.	1710 m
32.761109, 16.936777		
Schutzhütte (6)	40 Min.	1770 m
32.760388, 16.941594		
Abzweig Ruivo (7)	50 Min.	1800 m
32.760171, 16.943316		
Pico Ruivo (8)	60 Min.	1862 m
32.758651, 16.942468		
Achada do Teixeira (1)	120 Min.	1590 m
32.764984, 16.920903		

Ein Spaziergang nach Queimadas

Auf halbem Runterweg nach Santana (5,4 km ab Achada do Teixeira) kommt man an der Forststation Pico das Pedras vorbei, ein schöner Picknickplatz mit Tischen und Bänken unter hohen Bäumen und Ausgangspunkt für einen geruhsamen und unangestrengten Spaziergang nach Queimadas (wo die Tour zur Caldeirão Verde/do Inferno beginnt, s. ZO4). 30 Min. dauert die einfache Strecke, sie verläuft eben und ist als um *caminho para todos* ausgewiesen, als Ausflug geeignet auch für Rollstuhlfahrer. 2,2 km sind es entlang der Levada do Caldeirão Verde im Schatten von Lorbeer und Eichen, begleitet von Farnen und Moosen.

Im östlichen Inselinneren

Die Schutzhütte am Pico Ruivo

ZO3 Pico Ruivo-Schutzhütte – Ilha

2¾–3½ Std.	7,5 km
schwer
▲ 0 m ▼ 1270 m

Sehr langer, schattiger **Abstieg** (offiziell als PR1.1 katalogisiert) auf teils sehr steilen, sehr ruppigen Waldwegen, teils sehr rutschigen Bohlentreppen in schlechtem Zustand – es ist also Trittsicherheit gefragt, ebenso wie Orientierungsvermögen, da die Markierungen und Richtungsschilder nicht unterhalten werden. Zum Ausgleich wandert man im letzten Abschnitt durch beeindruckende, tiefe Hohlwege, die in eine vergangene Zeit zurückversetzen.

Im unteren Abschnitt der Wanderung geht es durch schönen und ursprünglichen Lorbeerwald – den **Laurisilva.** Zu sehen gibt es u.a. Lorbeer, Maiblumenbaum, Baum- und Strauchheide und im Unterholz eine ganze Anzahl unterschiedlicher Farnarten, die häufig mit dem Laurisilva eine für beide profitable Gemeinschaft bilden. Nähert man sich aber dem Ende der Wanderung wird man auch die schlanken Eukalyptusstämme treffen.

Durch Wald und hohle Wege

Start: Pico Ruivo-Schutzhütte (32.760388, 16.941594)
Ende: Ilha (32.805925, 16.911178)
Gesamtzeit: 2¾–3½ Std.
Länge: 7,5 km
Anstieg: 0 m
Abstieg: 1270 m
Trittsicherheit: hoch
Orientierung: hoch
Schwindel: mittel
Kondition: hoch
Einkehr: Bar Parada 1,2 km, Bar Pico Ruivo 1,7 km, Restaurant/Hotel Montanha (Tel. 291572616, www.ilhaemontanha.com), 2,3 km vom Ausstieg bergab
Anfahrt: s. Tour ZO2

Bei schönem Wetter gut besucht: Casa de Abrigo do Pico Ruivo

092wma sk

Abfahrt: Horários do Funchal Bus Nr. 103/138 (zwischen Santana und Arco São Jorge (werktags dreimal, Sa zweimal und So
einmal täglich Linienführung über Ilha, Bushaltestelle 500 m unterhalb des Ausstiegs, einfach 2,75 Euro), Taxi Santana Tel.
291572540
Ausrüstung: Bergschuhe
Anschluss: Tour ZO1 vom Pico Arieiro zum Pico Ruivo, ZO2
von Teixeira zum Pico Ruivo, auf ZO4 nach Queimadas, ZO5
von Pico Ruivo nach Encumeada (und weiter nach Bica da Cana
und Rabaçal – siehe Wanderungen im Westen)

Wegbeschreibung

Die Wanderung beginnt an der **Schutzhütte (1) unterhalb des
Pico Ruivo.** Über Treppen und den Plattenweg Richtung Achada do Teixeira hinunter und vorbei an einem Shelter erreicht
man in 10 Min. den mit Schildern gekennzeichneten **Abzweig
Ilha (2).** 7,7 km sind es laut Schild bis zum Ausstieg oberhalb
des kleinen Ortes hoch über der Nordküste im Tal der Ribeira
de São Jorge.

Anschluss siehe Seite 276

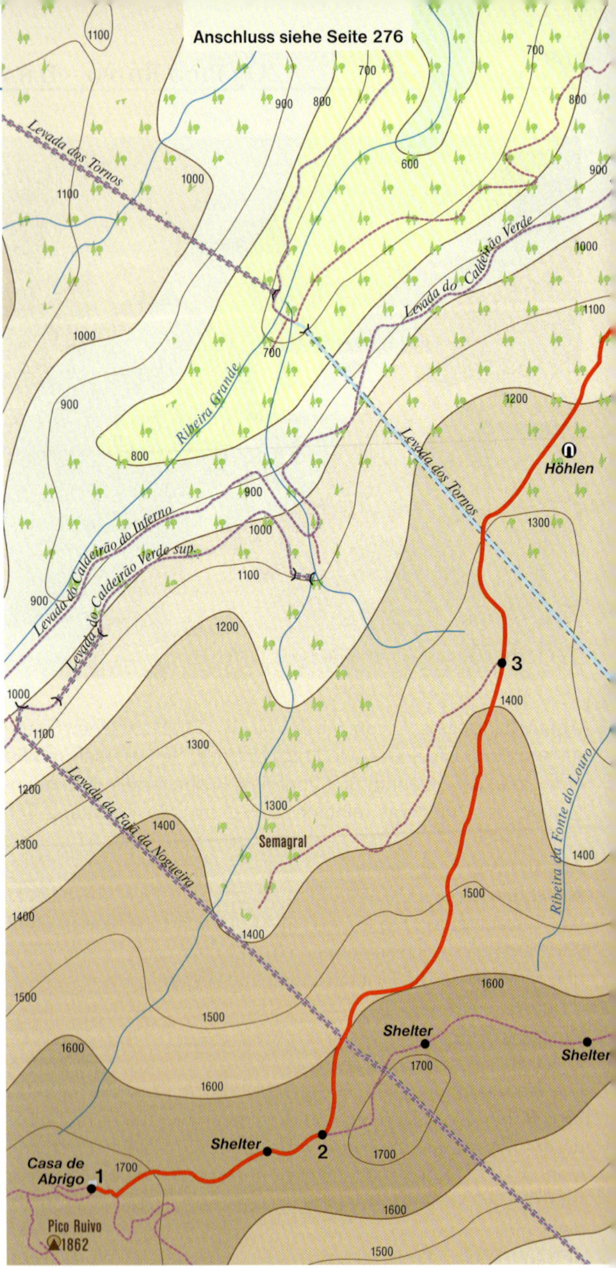

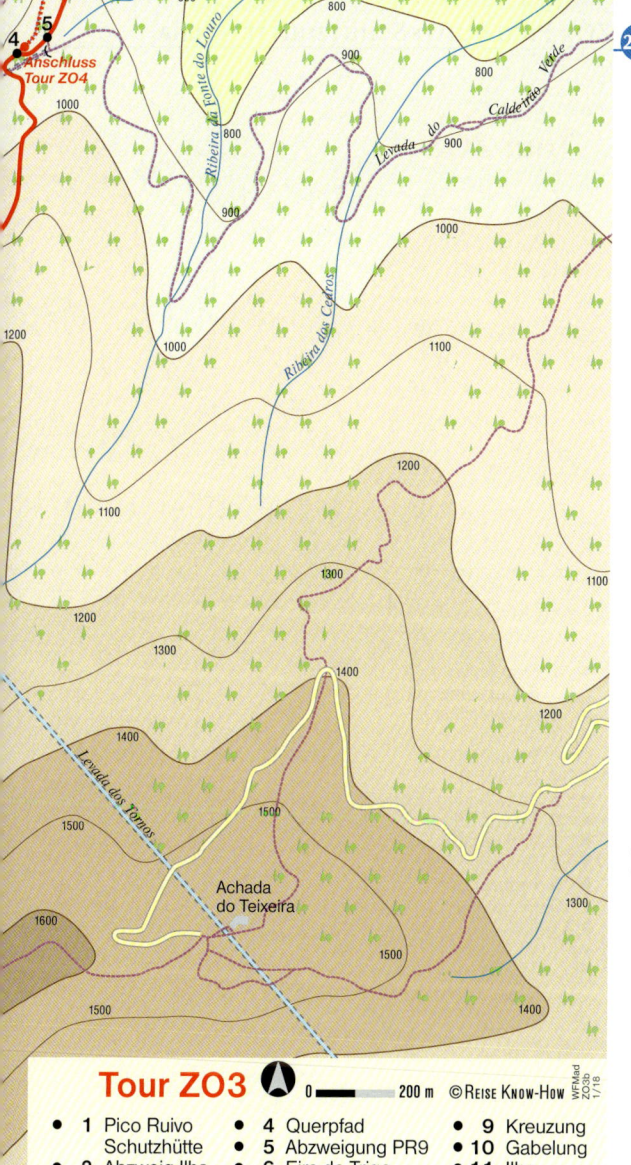

Im östlichen Inselinneren

Tour ZO3

0   200 m   © REISE KNOW-HOW

WFMad
ZO3b
1/18

- **1** Pico Ruivo Schutzhütte
- **2** Abzweig Ilha
- **3** Abzweig Semagral
- **4** Querpfad
- **5** Abzweigung PR9
- **6** Eira do Trigo
- **7** Wirtschaftsweg
- **8** Schmaler Pfad
- **9** Kreuzung
- **10** Gabelung
- **11** Ilha

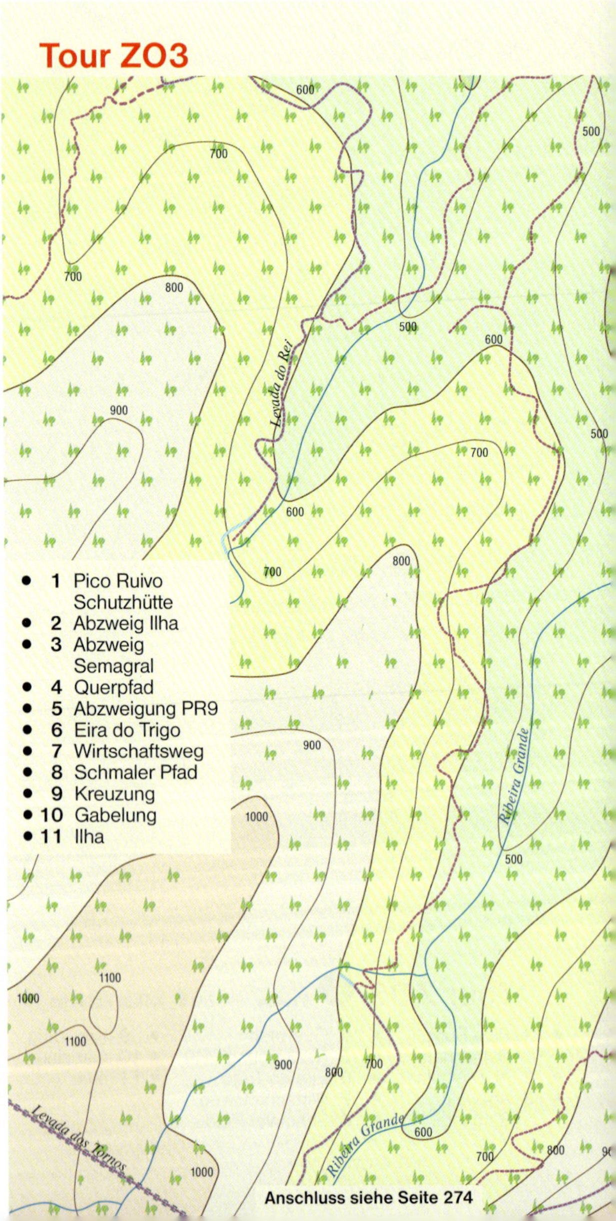
Tour ZO3
1 Pico Ruivo Schutzhütte
2 Abzweig Ilha
3 Abzweig Semagral
4 Querpfad
5 Abzweigung PR9
6 Eira do Trigo
7 Wirtschaftsweg
8 Schmaler Pfad
9 Kreuzung
10 Gabelung
11 Ilha
Levada do Rei
Ribeira Grande
Levada dos Tornos
Anschluss siehe Seite 274

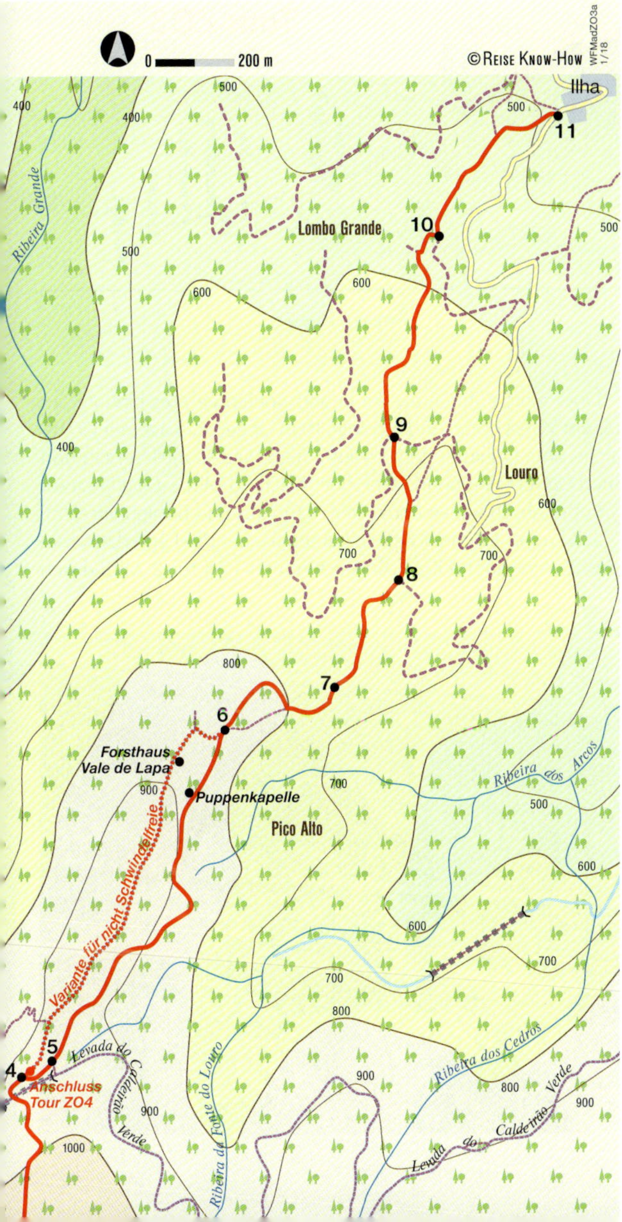

0 200 m

©Reise Know-How

WFMadZO3a
1/18

Ilha

11

500

400

400

500

Ribeira Grande

500

400

Lombo Grande

10

600

600

500

9

Louro

600

700

700

8

700

800

7

6

Forsthaus
Vale de Lapa

900

Puppenkapelle

Ribeira dos Arcos

500

700

Pico Alto

600

Variante für nicht Schwindelfreie

700

600

700

800

900

5

Levada do Caldeirão

4

Anschluss
Tour ZO4

1000

900

Ribeira da Fonte do Louro

Ribeira dos Cedros

800

Levada do Caldeirão Verde

900

Im östlichen Inselinneren

Tour ZO3

Über einige Stufen aus Stein und Bohlen geht es hinunter zu einem Wiesenpfad und zu einer 10 m langen Passage mit Drahtsicherung. Dahinter geht es auf gutem Pfad schnell bergab und man verliert zusehends an Höhe. Nach 10 Min. ist ein längerer Treppenabschnitt, erst aus Stein, dann aus und Bohlen, erreicht. Nach knapp 15 Min. folgt ein kurzer, flacher Pfad und dann wieder Stufen einen Hügelrücken hinunter und für 2 Min. durch mannshohen Busch die Höhe haltend weiter. 25 Min. hinter der Abzweigung geht es über einige Steinstufen runter, in 2 Min. über einen Hügelrücken und danach recht steil abwärts zu einem **Abzweig nach Semagral (3)** (ein verlassenes Gehöft in 1 km Entfernung ist auf dem überwucherten Pfad zu erreichen). Hier hält man sich rechts, gelangt nach 10 Min. in den Wald und steigt auf einem felsigen, mit feuchtem Laub bedeckten und immer wieder mit schlecht unterhaltenen Bohlen getreppten Pfad weiter ab.

Nach 25 Min. wird eine künstliche Höhle passiert, nach weiteren 10 Min, eine zweite Lagerhöhle/ein Unterstand. 2 Min. später wandelt sich der mit Bohlen recht und schlecht befestigte

Vom Hauptweg Richtung Achada da Teixeira ...

... biegt man auf einsamere Pfade ab

094wma sk

Waldpfad für knapp 10 Min. zum rauen, steilen und rutschigen Hohlweg ohne Bohlenstufen. Dann wird es wieder etwas flacher und der nun bessere Weg mündet gleich in einen **Querpfad (4)** ein. Ein Schild weist nach links und zum Posto Forestal Vale de Lapa, eins zurück zum Pico Ruivo. Man könnte hier die Wanderung auch variieren und den oberhalb und parallel verlaufenden Weg über die Forststation wählen. Nach gut einem Kilometer käme man bei Eira do Trigo wieder auf den Hauptweg nach Ilha. Diese Umgehung ist ratsam, wenn man nicht schwindelfrei ist, da nun einige ausgesetzte Passagen folgen.

Man biegt nach rechts ab. Nach 100 m steht man an der **Abzweigung zum PR9 (5)** und 20 m vom Wanderweg von Queimadas zur Caldeirão Verde/do Inferno (s. Tour ZO4), den man soeben überquert hatte (da er aber unterhalb in einem Tunnel verläuft war er nicht wahrzunehmen).

3,8 km sind es nun noch bis Ilha. Man hält sich geradeaus links und nach 5 Min. wird der Pfad ausgesetzt und verläuft auf 150 m in 50 cm Breite und drahtversichert entlang eine senkrechten Wand – er folgt hier dem unterirdischen Verlauf eines (nicht sichtbaren) 1938 gebauten Stichkanals, der die Levada do Caldeirão Verde mit einem Reservoir oberhalb von Ilha verbindet. Dann ist der Weg wieder breiter, aber immer noch etwas ausgesetzt. Weitere schmale Stellen folgen und sind jeweils mit Draht gesichert. Gut 10 Min. nach dem PR9 kann man linkerhand ein paar Stufen zu einer Kapelle in der Größe eines Puppenhauses hochsteigen und nach weiteren 5 Min. (300 m) ist die Lichtung **Eira do Trigo (6)** erreicht, wo der Weg über die Forststation wieder einmündet.

Man hält sich nun geradeaus Richtung Norden auf der Bohlentreppe abwärts und passiert nach 3 Min. ein Wasserhaus. 4 Min. hinter dem Wasserhaus endet die Bohlentreppe, der Pfad läuft kurz parallel zu einem breiten **Wirtschaftsweg (7)** und vereinigt sich dann mit ihm. 7 Min. nach dem Ende der Bohlentreppe achte man in einer Rechtskurve des Wirtschaftsweges auf einen links abgehenden **schmalen Pfad (8).**

Er wird schnell zu einem beeindruckenden Hohlweg. Im Halbdunkel zwischen hohen Erdwänden, unter einem Dach aus Pflanzen und in der feuchten Kühle der Bodenausdünstungen geht es gut 5 Min. bergab zur **Kreuzung (9)** mit einem Forstweg und direkt gegenüber (noch in der Kurve) über eine kurze Bohlentreppe zur Fortsetzung des Hohlweges.

　　　Nach gut 10 Min. ist er an einem Forstweg zu Ende, an dem man sich rechts hält. Nach 100 m kommt eine **Gabelung (10),** an der links leicht bergab eines Hügelrückens eingebogen wird (man könnte auch rechts gehen und in einer weiten Schleife auf dem Forstweg und ab dem Miradouro Lombo da Ilha auf Asphalt zum Endpunkt gelangen).

　　　Nach gut 5 Min. gabelt sich der Weg (links nach Granel), man hält sich geradeaus Richtung Lombada do Meio (einem Ortsteil Ilhas) und folgt dem Levadakanal auf Erdstufen abwärts – vorbei an einigen maroden Wellblechhütten und schließlich auf Steinstufen zum Endpunkt oberhalb von **Ilha (11).**

Pico Ruivo Schutzhütte (1) 32.760388, 16.941594	0 Min.	1770 m
Abzweig Ilha (2) 32.761281, 16.935736	10 Min.	1710 m
Abzweig Semagral (3) 32.771940, 16.930339	35 Min.	1400 m
Querpfad (4) 32.784555, 16.926037	100 Min.	940 m
Abzweigung PR9 (5) 32.784758, 16.925265	105 Min.	925 m
Eira do Trigo (6) 32.792289, 16.920501	120 Min.	870 m
Wirtschaftsweg (7) 32.793051, 16.917492	127 Min.	800 m
Schmaler Pfad (8) 32.795545, 16.915743	135 Min.	780 m
Kreuzung (9) 32.798697, 16.915796	140 Min.	720 m
Gabelung (10) 32.803247, 16.914718	155 Min.	600 m
Ilha (11) 32.805925, 16.911178	165 Min.	500 m

Im östlichen Inselinneren

Lorbeerwald

(laurisilva, port. laurissilva, engl. laurel forest)

Den für Madeira so typischen Wald bilden nicht nur die namengeben-
den Lorbeerbäume (s. Exkurs bei Tour ZW6). 20 Baumarten werden
Madeiras Urwald zugerechnet, der noch etwa 20 % der Insel bedeckt.
Damit ist er der weltgrößte noch existente Lorbeerwald und steht seit
1999 als Weltnaturerbe unter dem Schutz der UNESCO. An der Südseite kommt er in Höhen zwischen 700 und 1200 m, an der Nordseite
zwischen 300 und 1300 m vor. Er liebt warmes, feuchtes Klima (und
bedeckte vor 15 Mio. Jahren ganz Südeuropa). Die Protagonisten sind
neben den vier Lorbeerarten Maiblumenbaum, Gagelbaum, Schnee-
ball, Stechpalme, Holunder, Madeira-Zeder (Wacholder), Baum- und
Besenheide. Dagegen gehören Eichen, Walnussbäume und Kastanien
ebenso wie alle weiteren Pflanzenarten mit schweren Samenkapseln
nicht zum Urwald Madeiras, da der Wind sie nicht vom Festland auf
die Insel befördern konnte, sie kamen erst mit den Schiffen der Portugiesen.

029wma.sk

ZO4 Queimadas – Caldeirão Verde – Caldeirão do Inferno – Queimadas

| 5–6 Std. | 17,5 km |
| mittelschwer |
| ▲ 200 ▼ 200 m |

Abkürzung: Viele Wanderer kehren an der Caldeirão Verde um und verkürzen so die Wanderung auf 3–3½ Std. (13 km)

Alternativer Einstieg: 2,2 km misst die einfache Strecke zwischen Queimadas (1) und Pico das Pedras (9), 30 Min. sind zu veranschlagen, Steigungen keine zu bewältigen.

Die Tour der Gegensätze: Vom breiten schattigen Waldweg für den Familienspaziergang zum engen Schlund der Ribeira Grande, in dem das Wasser gurgelt und mit Allmacht zu Tale fegt. Durch grüne Tunnels voller Farne und Moos und durch schwarze in den Fels gehauene Gänge – abwechslungsreicher geht es fast nicht. Die an ausgesetzten Stellen gut gesicherte Levadawanderung ist eigentlich sehr gemütlich, gäbe es da nicht die Länge und einen 100-m-Anstieg auf einer Steintreppe. Man sollte die Tour nicht nur wegen der Länge früh beginnen. Die Parkplätze von Queimadas sind sehr limitiert und beizeiten voll. Dann heißt es wieder abwärts fahren und irgendwo am Wegesrand einen Platz suchen.

Die **Levada do Caldeirão Verde** geht auf das 18. Jh. zurück, als man erste Überlegungen zur Wasserableitung der Ribeira Grande anstellte. Die eigentliche Planung begann aber 1864. Zehn Jahre später bewilligten die Behörden den Bau, fertiggestellt war der Kanal mit seinen aufwendigen Tunnels aber erst 1904.

Zum Höllenschlund

Start/Ende: Queimadas (32.783382, 16.906575)
bzw. Pico das Pedras (32.779610, 16.896481)
Gesamtzeit: 5–6 Std.
Länge: 17,5 km
Anstieg: 200 m
Abstieg: 200 m
Trittsicherheit: gering
Orientierung: gering

Im östlichen Inselinneren

Tour ZO4

Schwindel: mittel
Kondition: hoch
Anfahrt/Abfahrt: Kein öffentlicher Personenverkehr
Ausrüstung: Wanderschuhe, Regenjacke, Taschenlampe
Anschluss: Tour ZO3 vom Pico Ruivo nach Ilhas und vom Pico Ruivo weiter nach Teixeira (ZO2), nach Encumeada (ZO5) oder Curral das Freiras (ZO6), ZO4 Fajã da Nogueira (Anschluss über den 2,4 km langen Pico Ruivo-Tunnel)

Wegbeschreibung

Das strohgedeckte Forsthaus von **Queimadas (1)** liegt pittoresk im Wald, umgeben von Picknicktischen und einem Ententeich. Auf breitem und gutem Weg geht es los, im Schatten uralter hoher und knorriger Eichen- und Bergahornbäume. Nach 10 Min. kommt ein holpriger Abschnitt, es geht eng an einer tropfenden, farnbewachsenen Wand vorbei, auf eine kurze Umgehung von der Levada weg nach unten, wo man über einen Bach springt. Nach weiteren 10 Min. geht es kurz auf der Levadamauer entlang und auf einer gemauerten Rundbogenbrücke über die hier im schmalen Tal verlaufende Ribeira dos Cedros. Weiter verläuft der Weg seilgesichert direkt an der Levada, ein Engpass an dem man bei Gegenverkehr warten muss.

Nach weiteren 15 Min. blickt man ins Tal hinein und auf einen 50 m hohen Wasserfall, vor dem man nach 5 Min. in einem bemoosten Halbrund auf einer weiteren **Brücke (2)** zu anderen

Seite der Ribeira da Fonte do Louro wechselt. Anschließend geht es an farnbewachsenen tropfenden Wänden entlang und 50 Min. nach Start ist der erste Tunnel erreicht, nur 20 m lang, dafür s-förmig gebogen.

Hinter ihm gelangt man in einen kurzen, feuchten Hohlweg. Hier passiert man kurz vor dem Eingang des zweiten Tunnels nach rechts und Norden den **Abzweig nach Ilha (3)** (Tour ZO3 vom Pico Ruivo nach Ilha verläuft über dem Tunnel). Der Tunnel ist 200 m lang und nach Regen wegen der Pfützen immer recht feucht. 2 Min. dahinter geht es dann schon wieder in die Unterwelt (und wieder durch Pfützen). Der Tunnel ist etwa 60 m lang, besitzt in der Mitte ein Fenster und wird in der zweiten Hälfte so niedrig, dass man sich besser bückt. Unmittelbar danach hintergeht man einen Wasserfall. An einem tropfenden Halbrund vorbei, durch ein 10 m langen Tunnel und an einer weiteren tropfenden, überhängenden Wand entlang gelangt man (das Rauschen kündigt es an) zum Talschluss mit einem Levadabecken. Auf einem felsigen Steig sind es 100 m zum **Caldeirão Verde (4),** dem grünen Kessel mit Wasserfall und einem kleinen See.

Taschenlampe ist Pflicht

095wma sk

Hier kehrt man entweder um, oder sucht das Abenteuer. Auf gutem Pfad parallel oder auf der Levada geht es weiter nach Süden, man steigt auf einer Holzbohlentreppe, die die Levada umgeht, kurz ab und wieder auf und kommt nach 20 Min. zu einer **Steintreppe (5),** die links hoch führt. Geht man hier 50 m geradeaus weiter wartet der Ursprung der Levada Caldeirão Verde Inferiore. Über 325 Stufen aufgestiegen steht man 100 m höher am **Treppenende (6)** in der nächste Levada-Etage: An diesem Punkt enden sowohl die Levada do Caldeirão Verde superiore, als auch die Levada do Caldeirão Inferno und speisen über den Wasserfall (den man gerade besucht hat) die untere Levada, die auf dem Herweg begleitet hat.

Tour ZO4

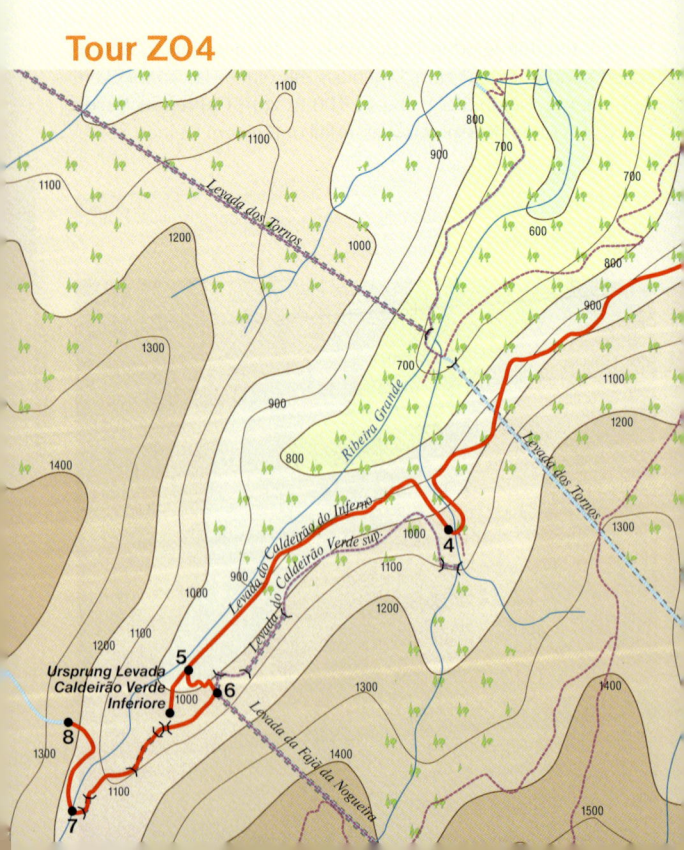

Hinter einem 5 m langen Tunnel wählt man den rechten Tunnel, orientiert sich aber in ihm nicht an den Lorenschienen (wer da hineinstolpert kommt vor 2,4 km nicht mehr heraus und befindet sich dann auf der anderen Seite des Pico Ruivo im Tal der Fajã da Nogueira, s. Wanderungen ZO7 und ZO8). Man biegt also besser gleich rechts ab und folgt der Levada, die nun durch mehrere Tunnels fließt. Es geht unter einem Wasserfall hindurch, durch einen 10 m langen Tunnel, gleich danach durch einen 100 m langen Tunnel, dem einen ebenso langer folgt (der sich aber durch drei in den Fels gehauene Fenster auszeichnet – sie geben eine Vorgeschmack auf das, was nun folgt). Herausgetreten steht man in einem engen **Felsschlund (7)** in dem das Was-

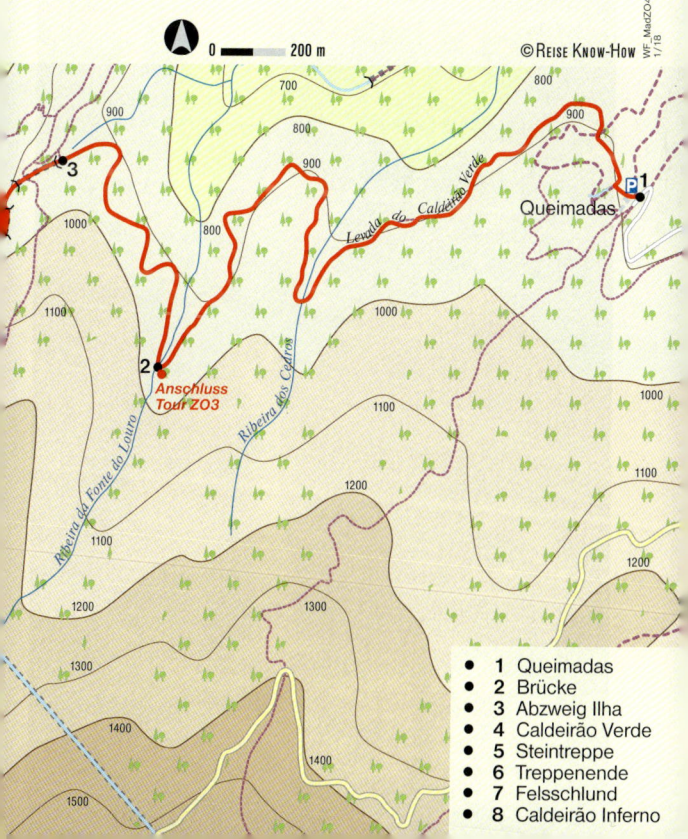

1 Queimadas
2 Brücke
3 Abzweig Ilha
4 Caldeirão Verde
5 Steintreppe
6 Treppenende
7 Felsschlund
8 Caldeirão Inferno

ser tobt. Höllenlärm, Inferno! Die Ribeira Grande stürzt in einer Klamm in die Tiefe. Über eine Eisenbrücke gelangt man durch einen schmalen Durchlass in den nächsten Tunnel, dem ein weiterer folgt (beide knapp 100 m). Die zwei Folgenden sind wesentlich kürzer und das war's dann mit den Tunneln. Ein paar Bohlenstufen führen hoch zu einer steilen, gewaltigen, bewachsenen Felswand, an der entlang ein schmales silbernes Band Wasser fällt, der Ursprung der **Levada do Caldeirão Inferno (8).**

Für den Rückweg nach **Queimadas (1)** kalkuliert man 145 Min.

096wma sk

Anschlussspaziergang

Vom Start der Wanderung, der Forststation Queimadas, erreicht man auf einem kurzen und leichten, ebenen Spaziergang den **Pico das Pedras (9),** der sich ebenso als Ausgangspunkt für die Wanderung zum Caldeirão do Inferno eignet. Insbesondere hat man hier – im Gegensatz zu Queimadas – keine Parkplatzsorgen. Auch die Auffahrtsstraße ist in wesentlich besserem Zustand und breiter. Gute 30 Min. benötigt man für die einfache, 2,2 km lange Strecke (die als *caminho para todos* – ein Weg für Alle – für Rollstuhlfahrer geeignet ist. Es geht entlang der Levada do Caldeirão Verde im Schatten von Lorbeer und Eichen, begleitet von Farnen und Moosen.

Queimadas (1) 32.783382, 16.906575	0 Min.	900 m
Brücke (2) 32.779171, 16.921732	40 Min.	915 m
Abzweig Ilha (3) 32.784548, 16.925257	50 Min.	920 m
Caldeirão Verde (4) 32.774771, 16.935709	90 Min.	930 m
Steintreppe (5) 32.771112, 16.944421	110 Min.	935 m
Treppenende (6) 32.770448, 16.943559	120 Min.	1050 m
Felsschlund (7) 32.767281, 16.948347	130 Min.	1055 m
Caldeirão Inferno (8) 32.770052, 16.947323	155 Min.	1060 m
Queimadas (1) 32.783382, 16.906575	300 Min.	900 m
Pico das Pedras (9) 32.779610, 16.896481	330 Min.	890 m

Im östlichen Inselinneren

Der Caldeirão Inferno, Endpunkt der Wanderung

Gagelbaum

(myrica faya, port. faia, engl. wax myrtle/fire tree)

Eigentlich eher Strauch denn Baum ist der Gagel sommergrün, etwa 1–
1,50 m hoch und Bestandteil des ursprünglichen Lorbeerwaldes der Insel. Er blüht April/Mai und zeigt bräunliche Blütenstände. Die Rinde
fand bei der Gerbung Verwendung, die Blüten wurden als Farbstoff
genutzt. Übrigens lässt sich aus Gagel ein schmackhaftes Bier brauen
(wobei die Gagelblätter den Hopfen ersetzen und mit unterschied-
lichen weiteren Gewürzen kombiniert sein können), im Mittelalter gar
nicht unüblich. Und mal andersrum: Der Gagel kam im 18. Jh. nach
Hawaii und hat dort eine ungewollte Karriere hingelegt. Er bedroht
heute mit seiner ungebremsten Verbreitung die heimischen Urwälder
der polynesischen Insel und ist dort als hochinvasiv klassifiziert.

ZO5 Boca da Encumeada – Pico Ruivo – Achada do Teixeira

5¼–6½ Std. | 13,5 km
schwer
▲ 1160 m ▼ 600 m

Sehr lange **Kammwanderung** teils mit Hochgebirgscharakter auf schmalen, relativ gut unterhaltenen Steigen und – von der Tageszeit abhängig – in den Südpassagen fast schattenlos; lange (wenngleich keine extrem steilen) Anstiege. Es gibt herrliche Ausblicke und Panoramen auf der gesamten Tour. Bei Problemen kann man an der Boca das Torrinhas nach Curral das Freiras absteigen (s. Wanderung ZO6), ebenso, wenn man die Wanderung abkürzen will.

Die **Wasserscheide Madeiras** verläuft entlang des Kamms, den man mal an seiner nördlichen, mal an seiner südlichen Seite und mal direkt auf ihm entlang wandert. Dass die Nordseite weit mehr vom Regen profitiert als die Südseite, zeigen die Passatwolken an, die sich häufig nördlich des Gebirgskammes auftürmen.

Bei schlechtem Wetter sollte man in so großer Höhe prinzipiell nicht wandern. Nicht nur die Erdwege und die bemoosten Felsstufen werden dann sehr rutschig, auch der Wind pfeift ungebremst und unangenehm über den lang gestreckten Gebirgszug und dichte Wolken machen das Gehen sowieso freundlos (auch wenn der Pfad immer gut erkennbar bleibt).

Entlang der Wasserscheide Madeiras

Start: Boca da Encumeada (32.754112, 17.019265)
Ende: Achada do Teixeira (32.764984, 16.920903)
Gesamtzeit: 5¼–6½ Std.
Länge: 13,5 km
Anstieg: 1160 m
Abstieg: 600 m
Trittsicherheit: mittel
Orientierung: mittel
Schwindel: hoch
Kondition: hoch
Einkehr: Snackbar-Restaurant Encumeada, Boca da Encumeada (von frühmorgens bis spät, auch Infos zur Begehbarkeit der Wege und Befahrbarkeit der Straßen)

Im östlichen Inselinneren

Tour ZO5
Höhe in Metern
2000
1800
1600
1400
1200
1000
Boca da Encumeada
Wiese
Unterschlupf
Felsauge
Abzweig
Plateau
Boca das Torrinhas
Lagerplatz
Gabelung
Abzweig Ruivo
Pico Ruivo
Abzweig Ruivo
Schutzhütte
Abzweig Ilha
Achada do Teixeira
1 2 3 4 5 6 7 8 9 10 11 12 13 14
Strecke in Kilometern

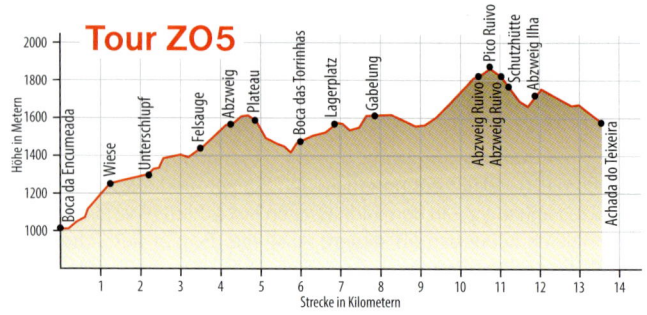

Anfahrt: Rodoeste Bus Nr. 6 ab Funchal nach Encumeada (wochentags morgens, mittags und abends, So nicht mittags, einfach 4 Euro). Mit dem Wagen in Ribeira Brava Richtung São Vicente und in Serra de Água auf die ER228 hoch zum Encumeada-Pass abbiegen.
Abfahrt: Kein öffentlicher Personenverkehr; am besten arrangiert man sich mit einer zweiten Wandergruppe mit Wagen und

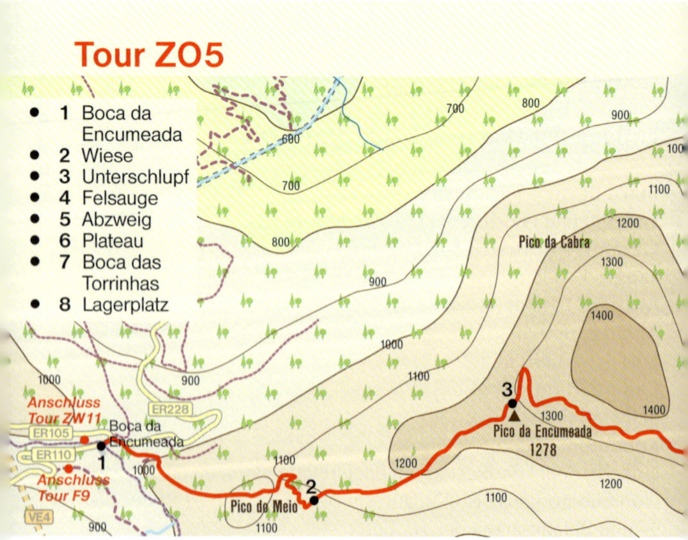
Tour ZO5
1 Boca da Encumeada
2 Wiese
3 Unterschlupf
4 Felsauge
5 Abzweig
6 Plateau
7 Boca das Torrinhas
8 Lagerplatz
Pico da Cabra
Pico da Encumeada
1278
Pico do Meio
Boca da Encumeada
Anschluss Tour ZW11
Anschluss Tour F9
ER228
ER105
ER110
VE4

stellt ein Fahrzeug vorher am Ziel auf der Achada do Teixeira ab (von dort Fahrt zum Startpunkt am schnellsten über Funchal, 75 km, 75 Min.)

Ausrüstung: Bergschuhe, Wind- und Regenjacke, Sonnenschutz

Anschluss: Tour ZO1 vom Pico Arieiro zum Pico Ruivo, ZO3 vom Pico Ruivo nach Ilha, ZO6 vom Pico Ruivo nach Curral das Freiras

Wegbeschreibung

Die Wanderung beginnt an der **Boca da Encumeada (1)** gegenüber des Abzweigs der ER110 hoch zum Paúl da Serra.

Auf breitem Geröllweg geht es leicht, nach 2 Min. auf Platten mäßig steil bergan zu einer Steintreppe und auf ihr hoch. 5 Min. nach Start wird es nur ganz kurz etwas flacher und der Weg führt auf den pyramidenförmigen Hügel voraus zu, an ihm links vorbei und auf Stufen hoch. Die Pyramide hat sich als Hügelkamm entpuppt (seine höchste Erhebung ist der Pico do Meio),

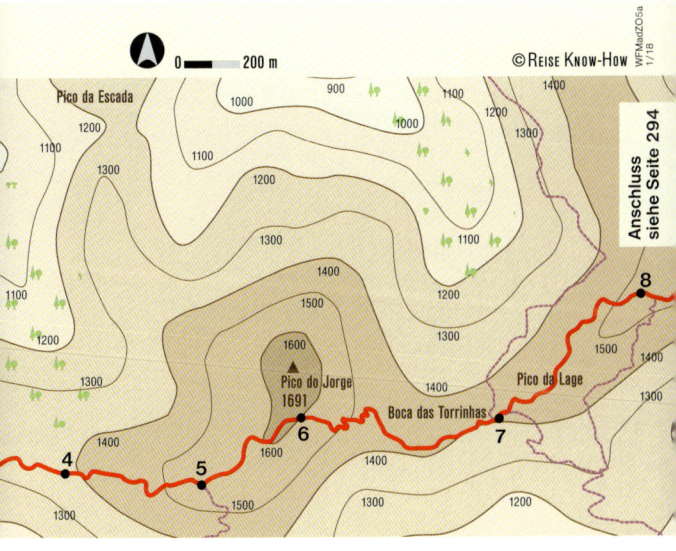

an dem der getreppte Weg seitlich ansteigt. Gut 20 Min. nach Start kann man an einer Drahtsicherung nochmal zurück auf den Encumeada-Pass blicken, der nun schon 100 m unterhalb liegt. Knapp 10 Min. später öffnet sich der Blick auf den Norden und São Vicente. Auf dem Kamm oben angelangt ist nun auch der Süden mit Ribeira Brava zu sehen. Man ist auf der Wasserscheide angekommen und im Osten ist auch schon das Ziel der Wanderung zu sehen, die Bergkette vom Arieiro mit seinem weißen Radarballon bis zum Ruivo. Eine **Wiese (2)** verführt zur ersten Rast.

Der Weg folgt nun dem Kamm an seiner Südseite, hält für 5 Min. die Höhe, führt dann hoch zum Kamm, senkt sich über eine Treppe und wendet sich nach einer Scharte dem Felsendom gegenüber zu. Über Stufen steigt man teils, von Drahtsicherungen begleitet, weiter hoch. 10 Min. nach der Wiese steht linker Hand ein Markierungsstein am Wegesrand. Nun geht es in 5 Min. links um den Felsendom herum und an seiner Ostflanke entlang zu einem aus dem Berg gehauenen **Unterschlupf (3)**, in dem sich schon einige Besucher mit Gravuren verewigt haben.

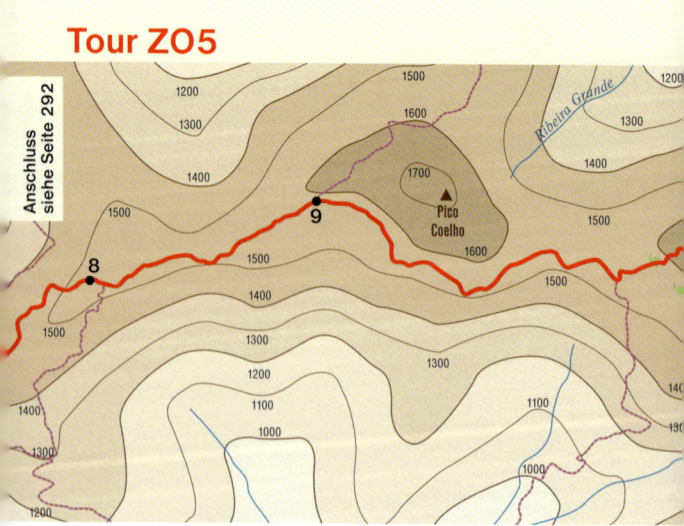

Tour ZO5

In knapp 15 Min. ist man um den schmalen Felsendom an den längeren Ost- und Westseiten herumgegangen, hält nun etwa die Höhe, wandert unterhalb einer Felswand entlang und schließlich für knapp 5 Min. wieder leicht bergan. Gut 30 Min. hinter dem Unterschlupf passiert man eine auffällige Landmarke – eine natürliche Felswand mit einem **Felsauge (4)** in der Mitte. Erst mäßig, dann etwas zügiger steigt der Weg anschließend an, eine etwas ausgesetzte Passage ist gesichert, es folgen Stufen und nach 15 Min. ist wieder ein Aussichtspunkt erreicht – mit Blick auf São Vicente und den Paúl da Serra. Bergan und auf einem Kamm entlang durch Ginsterbüsche hindurch geht es weiter, rechterhand versperrt inzwischen das Massiv des Pico Grande die Sicht in den Süden.

Man folgt dem Kamm an seiner Südseite und gelangt an einen **Abzweig (5).** Auf diesem käme man auf einem wenig begangenen und schwierigen Hochgebirgspfad (die Vereda dos Currais) hinüber zur Basis des Pico Grande und weiter zur Boca do Cerro (mit Anschluss an Curral das Freiras, Boca da Corrida und Encumeada (s. Touren F7 und F9).

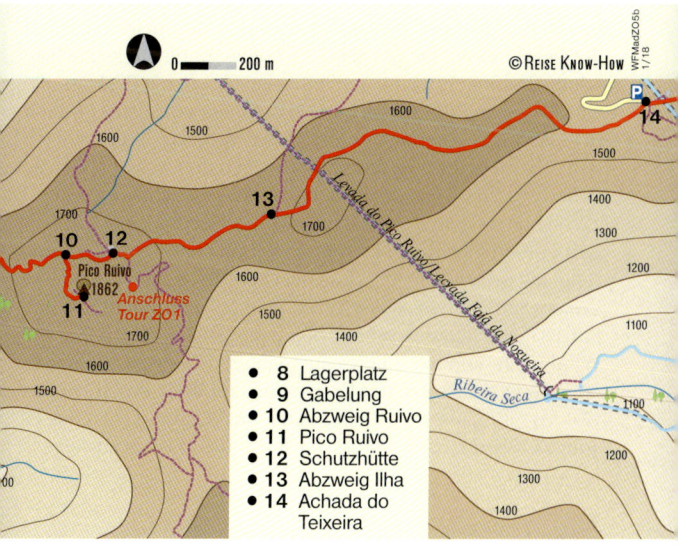

Man hält sich geradeaus und wechselt nach wenigen Minuten zur Nordseite des Kamms, wo es durch den ursprünglichen Buschwald weiter bergan geht. Nach einer Kurve ist der nächste Kammabschnitt erreicht, auf ihm gelangt man mit Blick auf die Nordküste und die Berge im Osten zu einem kleinen **Plateau (6)** mit Wiese – der nächste mögliche Rastplatz (20 Min. nach dem Abzweig). Hier ist unterhalb des Pico do Jorge der höchste Punkt zwischen Encumeada und Torrinhas erreicht.

Von nun an geht's erstmal bergab. Man wechselt nach kurzer Zeit auf die Nordseite, kommt an einem Unterschlupf vorbei, steigt auf getrepptem, teilweise mit Drahtsicherung versehenem Weg in Serpentinen weiter runter, geht auf eine Scharte zu und passiert eine kurze „Klamm", durch die ganz unangenehm der Wind pfeift. Von hier sind es auf mehreren Treppenabschnitten und etwas ausgesetzt 10 Min. hinunter zur **Boca das Torrinhas (7)**. Von ihr kann man nach Süden nach Curral das Freiras (s. Tour ZO6) oder nach Norden nach Lombo do Urzal absteigen.

Natürliche Steinformation: Wie eine gemauerte Wand

097wma sk

Zum Pico Ruivo sind es nun noch 3,9 km. Man folgt dem Pfad nach Osten bergan und wandert von einem Drahtgeländer gesichert durch einen Todwald. Weiß und wild überragen die Äste des ursprünglichen, vom Feuer zerstörten Waldes den niedrigen Busch. Nach gut 5 Min. wird die sonnige Südseite verlassen und auf die feuchten Pfade der Nordseite gewechselt, wo dunkler Busch, Farne und Moose gedeihen. Auf mehreren Treppenabschnitten steigt man erst ab, dann aber weiter bergan wieder in die Sonne, bis ein kurzer Stichpfad zu einem im Busch verborgenen, kreisrunden **Lagerplatz (8)** führt.

5 Min. danach zweigt nach rechts ein Pfad nach Curral das Freiras ab (er vereinigt sich weiter unten mit dem von der Boca das Torrinhas abgehenden Weg). Unmittelbar darauf ist eine Felsnase ein guter Aussichtspunkt. Durch Ginster hindurch geht es nun etwas bergan, dann hält man sich unterhalb der Südseite des Kamms die Höhe haltend und gelangt wieder an eine Scharte, von der aus Serpentinen zur nächsten Scharte hochführen. Nach 10 Min. steht man wieder oben und wechselt erneut zur Nordseite. 20 Min. nach dem Abzweig kann man an einer **Gabelung (9)** beim Pico do Coelho erneut pausieren. Allerdings ist

es hier meist etwas windig. Am Pico do Arieiro ist die Radaranlage deutlich zu erkennen.

Man wandert nun nach rechts und mehr oder weniger Höhe haltend über einige kurze Treppenabschnitte weiter, passiert eine etwas ausgesetzte Schotterstelle, genießt bei einer markanten Felsmauer den Blick auf Curral das Freiras (und sieht die Menschen hoch oben auf der Aussichtskanzel des Ruivo-Gipfels), geht um eine Felsnase herum und kurz leicht bergab. Auch hier haben Waldbrände gewütet und viele nackte Äste zurückgelassen. Der Weg, teils Pflaster, teils Naturpfad, steigt nun relativ zügig bergan. Auf den letzten Metern auf gutem Pflasterweg gehend erreicht man den **Abzweig Ruivo (10)** hoch zum Gipfel.

098wma sk

In 10 Min. sollte man oben bei den Plattformen des **Pico Ruivo (11)** angekommen sein.

Über die **Schutzhütte (12)** und vorbei am **Abzweig nach Ilha (13)** gelangt man schließlich zum Ziel, den Parkplatz auf der **Achada do Teixeira (14)** (Beschreibung s. Tour ZO2).

Boca da Encumeada (1)	0 Min.	1000 m
32.754112, 17.019265		
Wiese (2)	40 Min.	1250 m
32.752510, 17.011011		
Unterschlupf (3)	60 Min.	1300 m
32.755502, 17.003312		
Felsauge (4)	90 Min.	1420 m
32.753345, 16.992754		
Abzweig (5)	115 Min.	1570 m
32.753012, 16.987315		
Plateau (6)	135 Min.	1590 m
32.755001, 16.983570		
Boca das Torrinhas (7)	145 Min.	1460 m
32.755010, 16.975919		
Lagerplatz (8)	170 Min.	1550 m
32.758795, 16.970272		
Gabelung (9)	190 Min.	1620 m
32.761529, 16.961517		
Abzweig Ruivo (10)	245 Min.	1800 m
32.760171, 16.943316		
Pico Ruivo (11)	255 Min.	1862 m
32.758651, 16.942468		
Schutzhütte (12)	265 Min.	1770 m
32.760388, 16.941594		
Abzweig Ilha (13)	270 Min.	1710 m
32.761281, 16.935736		
Achada do Teixeira (14)	315 Min.	1590 m
32.764984, 16.920903		

Im östlichen Inselinneren

Was das Feuer übriglässt

Madeira-Heidelbeere

(vaccinium padifolium, port. uveira da serra,

engl. madeira blueberry)

Der endemische Strauch gehört zur Pflanzengemeinschaft des ursprünglichen Laurisilva der Insel. Die Beeren sind von Juli bis fast in den Oktober hinein verständlicherweise eine begehrte Wegzehrung den Wanderer (und bei stark frequentierten Wegen praktisch sofort weg). Chancen hat man zwischen Encumeada und Pico Jorge (aber auch von Encumeada hinunter zur Bica da Cana). In seltenen Fällen wird der zwischen 700 und 1700 m wachsende Strauch bis zu sechs Meter (meist aber bis zwei, drei Meter) hoch. Die Beeren sind übrigens extrem gesund. Neben reichlich Ballaststoffen und Mineralien enthalten sie nur wenig Zucker, und die besonders wertvollen Phytamine, chemische Verbindungen, die für die Pflanze an sich keinen Wert haben, für den Menschen aber schon. Neben der allgemein antioxidativen Wirkung wurden den Phytaminen bereits entzündungshemmende, blutdruck- und cholesterinsenkende und thrombosenverhindernde Eigenschaften nachgesagt.

ZO6 Achada do Teixeira – Pico Ruivo – Curral das Freiras

4½–5½ Std. | 11 km

schwer

▲ 380 m ▼ 1250 m

Lange **Hochgebirgswanderung** über den höchsten Inselgipfel mit überschaubaren Anstiegen und einem langen Abstieg ins Tal der Kastanien. Herrliche Aussichten auf die nördliche und südliche Inselseite, da man entlang der Wasserscheide wandert. Auch wenn die Wege teils gepflastert sind, ist an einigen Abschnitten Trittsicherheit und ein wenig Schwindelfreiheit verlangt. Wegen des Abstiegs sollte man keine Knieprobleme mitbringen.

Vom höchsten Berg ins tiefste Tal

Start: Achada do Teixeira (32.764984, 16.920903)
Ende: Fajã dos Cardos/Curral das Freiras (32.742708, 16.96589)
Gesamtzeit: 4½–5½ Std.
Länge: 11 km
Anstieg: 380 m
Abstieg: 1250 m
Trittsicherheit: mittel
Orientierung: gering
Schwindel: hoch
Kondition: hoch
Einkehr: Bar Riviera 100 m unterhalb des Ausstieg in Fajã dos Cardos oberhalb Curral das Freiras; Bars und Restaurants in Curral das Freiras
Anfahrt: Kein öffentlicher Personenverkehr
Abfahrt: Horários do Funchal Bus Nr. 81 nach Funchal (ein- bis zweistündlich, einfach 3,35 Euro); Taxi in Curral das Freiras: Martinha, Tel. 968686711, facebook.com/taxicurraldasfreiras
Ausrüstung: Bergschuhe, Sonnenschutz
Anschluss: Tour ZO1 vom Pico Arieiro zum Pico Ruivo, ZO3 vom Pico Ruivo nach Ilha, ZO5 von Boca da Encumeada über Pico Ruivo nach Achada do Teixeira

Wegbeschreibung

Die Wanderung beginnt an der **Achada do Teixeira (1)** und führt am **Abzweig nach Ilha (2)** und an der **Schutzhütte (3)**

Im östlichen Inselinneren

Tour ZO6
Höhe in Metern
2000
1800
1600
1400
1200
1000
800
Achada do Teixeira
Abzweig Ilha
Schutzhütte
Abzweig Ruivo
Pico Ruivo
Abzweig Ruivo
Gabelung
Rastplatz
Boca das Torrinhas
Lichtung
Fajã dos Cardos/Curraldas Freiras
1 2 3 4 5 6 7 8 9 10 11 12
Strecke in Kilometern

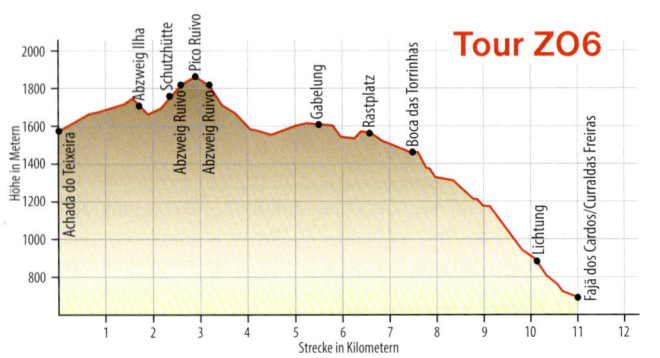

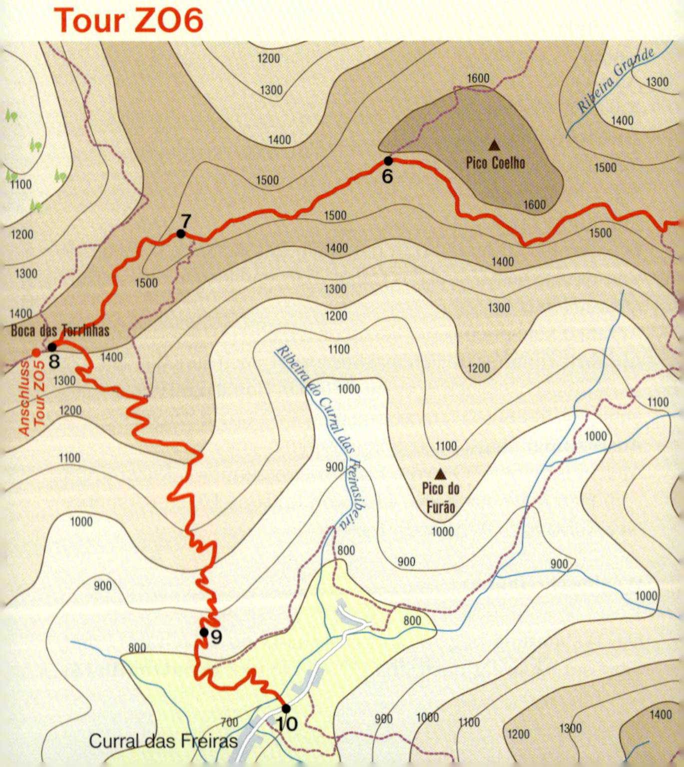
Tour ZO6
Pico Coelho
Ribeira Grande
Boca das Torrinhas
Anschluss Tour ZO5
Ribeira do Curral das Freiras
Pico do Furão
Curral das Freiras
6
7
8
9
10

vorbei zum **Abzweig Ruivo (4)** und von dort hoch zum **Pico Ruivo (5)** – und wieder runter zum **Abzweig (4).** Bis hierher ist die Wegesstrecke als Wanderung ZO2 beschrieben.

Auf gepflastertem Pfad geht es vom **Abzweig (4)** kurz leicht, dann getreppt zügig bergab. Nach 10 Min. senkt sich der Weg entlang der Südseite eines Kamms schräg runter. Hier sind die Spuren der Waldbrände zu Beginn der 2000er Jahre mit den nackten, inzwischen gebleichten Ästen und Stämmen noch deutlich sichtbar. Nach nochmal 10 Min. endet an einer Drahtsicherung der Pflasterweg und wird zum Naturpfad. In der Folge wechseln sich die Beläge immer wieder ab. Bald darauf erblickt man das erste Mal das Ziel. Im schattigen Tal tief unten stehen die Häuser von Curral das Freiras. Danach geht es erst Höhe hal-

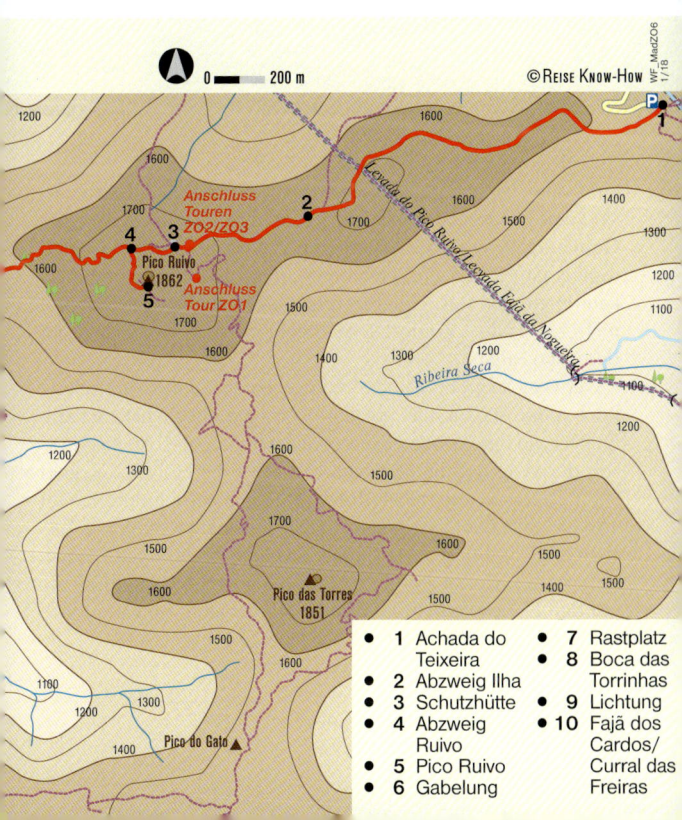

● 1	Achada do Teixeira	● 7	Rastplatz
● 2	Abzweig Ilha	● 8	Boca das Torrinhas
● 3	Schutzhütte	● 9	Lichtung
● 4	Abzweig Ruivo	● 10	Fajã dos Cardos/ Curral das Freiras
● 5	Pico Ruivo		
● 6	Gabelung		

tend, dann leicht bergauf um eine Felsnase herum und man passiert eine ausgesetzte Stelle mit Schotter auf dem Weg. An einer **Gabelung (6)** an einer Scharte am Westhang des Pico Coelho (rechts ginge es nach Boaventura an der Nordküste herunter) kann man eine Rast einlegen (wenngleich es hier des Öfteren recht zugig wird). Zurückblickend sieht man die Radaranlage auf dem Pico Arieiro.

Der Weg steigt nun an der Nordseite des Kamms kurz schräg hoch, oben schaut man auf Curral und hat die nächste Scharte im Blick, zu der der Weg in Serpentinen hinabführt. An ihr wechselt der Weg auf die Südseite, hält etwa die Höhe bzw. geht leicht bergab und führt durch Stechginster hindurch. Gut 15 Min. nach der Gabelung kann man an einer Felsnase die Aussicht genießen und 3 Min. später zweigt nach links ein Pfad hinunter nach Curral ab (eine wenig begangene Abkürzung, die auf den Hauptpfad von der Boca das Torrinhas abwärts trifft).

Das Tal Curral das Freiras ist fruchtbar

099wma sk

Nach weiteren 5 Min. führt ein kurzer Stichweg zu einem runden, von Büschen und Sträuchern umstandenen und windgeschützten **Rastplatz (7).**

Nun geht es wieder an der Nordseite auf feuchten Stufen hinunter, ein ausgesetzter Treppenabschnitt ist gesichert. Sattgrün ist der Busch unten, von den Ästen hängt malerischer Baumbart. Dann steigt der Weg wieder an. Über Stufen steigt man hoch, wandert schräg auf die nächste Scharte zu und absolviert erneut eine Treppe nach oben. Nach 50 Stufen steht man wieder in der Sonne und kommt entlang einer Drahtsicherung durch einen vom Feuer vernichteten Wald. 5 Min. danach und leicht bergab ist die **Boca das Torrinhas (8)** erreicht. Von ihr sind es knapp 4 km runter nach Curral im Süden, 6,4 km nach Lombo do Urzal im Norden und 7,3 km zur Boca da Encumeada im Westen (s. Tour ZO5).

Ab hier geht es nur noch abwärts – gut 700 Höhenmeter. Der breite und gute Naturpfad zieht schräg rüber nach Osten, hält kurz die Höhe, senkt sich dann aber sehr schnell ab. In Serpentinen gelangt man auf ihm zügig nach unten. Nach 15 Min. folgt eine kurze schräge Passage, nach 3 Min. ein paar Bohlenstufen

100wma sk

und gleich darauf wandert man im Schatten der Eukalyptusplantagen weiter. 20 Min. hinter der Boca windet sich der Weg für eine Viertelstunde in weiten Serpentinen den Hang hinunter. Hier im Wald ist die Wanderung ausgesprochen ereignisarm, nur die Beschaffenheit des Weges bietet Abwechslung. Kehren, Steinstufen, Bohlentreppen, mal recht gut, mal recht holprig. Auffällig ist auch (nach 50 Min. ab der Boca) mitten im Wald eine Gruppe Eukalyptusbäume, deren Stämme angekokelt zu sein scheinen. Der Bohlenweg führt mitten durch. 5 Min. später ist die Langeweile zu Ende. Man blickt an einer **Lichtung (9)** ins Tal und auf den Pico Ruivo.

Kurz geht es in Serpentinen am Waldrand entlang, dann wieder in ihn hinein und auf gutem Waldpfad und über Bohlenstufen in ausgezeichnetem Zustand für 15 Min. bergab, bis man den Wald endgültig verlässt und die berühmten Kastanien des Nonnentals am Wegrand stehen (s. Tour F8). An bewirtschafteten Feldern vorbei gelangt man in 10 Min. auf Resten des alten Pflasterweges, dann auf gutem Pflaster ein schmuckes Haus passierend und auf einer Treppe hinunter zur Brücke über die Ribeira dos Socorridos (die oben am Pico das Torrinhas ihren Ursprung hat) zur Hauptstraße im Ortsteil **Fajã dos Cardos (10).**

Achada do Teixeira (1)	0 Min.	1590 m
32.764984, 16.920903		
Abzweig Ilha (2)	27 Min.	1710 m
32.761281, 16.935736		
Schutzhütte (3)	50 Min.	1770 m
32.760388, 16.941594		
Abzweig Ruivo (4)	55 Min.	1800 m
32.760171, 16.943316		
Pico Ruivo (5)	60 Min.	1862 m
32.758651, 16.942468		
Abzweig Ruivo (4)	70 Min.	1800 m
32.760171, 16.943316		
Gabelung (6)	130 Min.	1620 m
32.761529, 16.961517		
Rastplatz (7)	155 Min.	1550 m
32.758795, 16.970272		
Boca das Torrinhas (8)	180 Min.	1460 m
32.755010, 16.975919		
Lichtung (9)	235 Min.	900 m
32.744936, 16.969247		
Fajã dos Cardos/		
Curral das Freiras (10)	270 Min.	720 m
32.742708, 16.965889		

Im östlichen Inselinneren

Fajã dos Cardos

Fleischige Wucherblume

(Argyranthemum pinnatifidum, port. pampilhos,

engl. mandon's chrysanthemum)

Der Name spricht eigentlich für die Überlebensfähigkeit des um 50 cm hohen Strauches mit seinen weißen, gelbherzigen, margaritenähnlichen Blüten. Tatsächlich sind die sonneliebenden Blumen der Gattung Argyranthemum – ursprünglich nur auf Madeira und den Kanaren beheimatet – inzwischen an vielen Küsten der Welt heimisch geworden. Dies gilt nicht für die fleischige Wucherblume, die – auf Madeira endemisch – auf der roten Liste der gefährdeten Pflanzen steht, nicht zuletzt von Touristen bedrängt, die sie pflücken.

030wma sk

ZO7 Fajã da Nogueira – Levada do Pico Ruivo – Fajã da Nogueira

3–3½ Std. | 9,7 km
leicht
▲ 370 m ▼ 370 m

Einfache Wanderung auf guten und breiten Wegen mit einem nicht steilen, aber zügigen Anstieg auf Forstwegen und gemütlichem Spazieren entlang der Levada do Pico Ruivo. Da mehrere, auch längere Tunnels bewältigt werden müssen, ist eine Taschenlampe unumgänglich.

Die **Levada do Pico Ruivo** fließt von der anderen Seite des höchsten Insel-Gipfels aus dem Caldeirão Verde (s. Tour ZO4) durch einen 2,4 km langen, begehbaren Tunnel. Damit hat es sich eigentlich schon mit der Levada. Denn ab dem Tunnelausgang auf der Nogueira-Seite im Tal der Ribeira Seca lautet der korrekte Name Levada da Serra do Faial, die aus dem Tal herauskommend sich nach Westen wendet, den Hängen eines Talkessels folgt und dann in einem Tunnel verschwindet (in dem eine Zuleitung nach unten zum Kraftwerk beginnt). Dennoch wird sie in Karten (und inzwischen auch von Einheimischen) als Levada da Fajã do Nogueira bezeichnet. Die Wanderung ZO8 folgt ihrem Lauf bis zum Tunnel als Anschluss an diese Wanderung.

Der **Tunnel** unter dem Pico Ruivo durch wurde 1971 zur Versorgung des Kraftwerkes Central Hidroeléctrica da Fajã da Nogueira gebaut. Aus dieser Zeit stammt auch die Umstrukturierung des Wassersystems im Tal, das alte Levadas verschwinden und neue entstehen ließ.

In grünem Tal und dunklen Tunnels

Start/Ende: Fajã da Nogueira (32.743501, 16.905931)
Gesamtzeit: 3–3½ Std.
Länge: 9,7 km
Anstieg: 370 m
Abstieg: 370 m
Trittsicherheit: gering
Orientierung: gering
Schwindel: gering
Kondition: mittel
An-/Abfahrt: 10,5 km von Ribeiro Frio: 6 km auf der ER103 Richtung Faial, dann links abbiegen auf die sehr schlechte Piste

Im östlichen Inselinneren

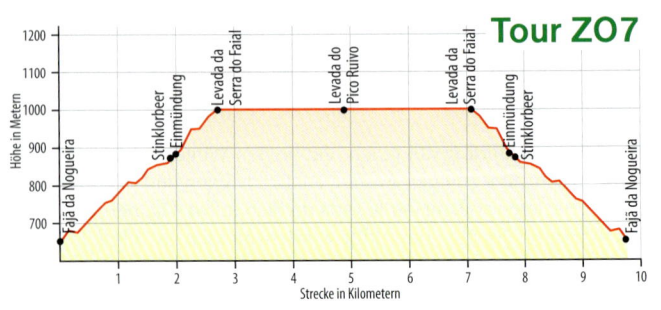

Tour ZO7

Tour ZO7

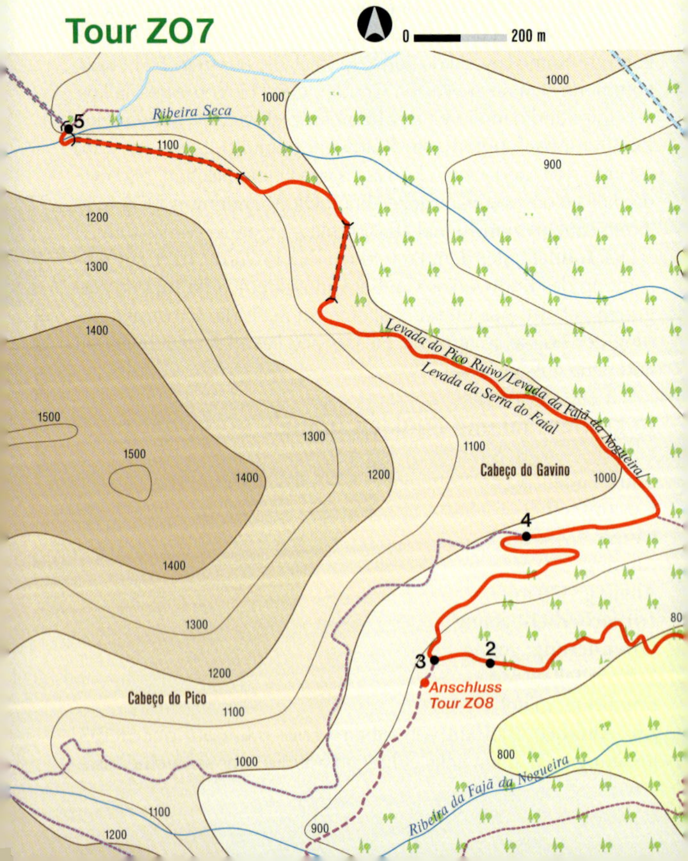

mit zahlreichen Schlaglöchern zum Wasserkraftwerk Fajã da Nogueira (4,4 km, bei umsichtiger Fahrweise auch für Pkw machbar). Kein öffentlicher Personenverkehr

Ausrüstung: Wanderschuhe, Taschenlampe

Anschluss: Tour ZO8 entlang der Levada da Serra do Faial als Anschlusswanderung, ZO4 von Queimadas zur Caldeirão do Inferno (Anschluss über den 2,4 km langen Pico-Ruivo-Tunnel)

Wegbeschreibung

Die Wanderung beginnt hinter und oberhalb des Wasserbeckens der Kraftwerksanlage von **Fajã da Nogueira (1).** Ein breiter Forstweg (nicht die Treppe hoch!) führt mäßig bergan und windet sich in langen Serpentinen im Wald den Hang hoch.

Nach etwa 20 Min. unangestrengter Wanderung auf dem guten Weg wendet er sich für 5 Min. ins Tal hinein auf eine bewachsene Felswand zu und geht dann wieder in Serpentinen über. Unten ist die Ribeira da Fajã da Nogueira zu sehen. 35 Min. nach Beginn passiert man eine Gruppe von drei enormen **Stinklorbeerbäumen (2).** Zwei davon sind sehr alt und können sich kaum noch „auf den Beinen" halten. Ihre von hunderten von Jahren verschlissenen, ausgehöhlten Stämme sind mit Steinen ausgestopft, um ihnen ein wenig Stabilität zu verleihen.

Gut 100 m darauf passiert man eine **Einmündung (3)** linkerhand, ein Weg von der Ribeira hoch und Anschluss der Tour ZO8. Man hält sich also rechts und wandert schräg und immer noch im Wald für

© Reise Know-How
WF_MadZO7
1/18

- 1   Fajã da Nogueira
- 2   Stinklorbeer
- 3   Einmündung
- 4   Levada da Serra do Faial
- 5   Levada do Pico Ruivo

Levada dos Tornos

Ribeira Seca

800

800

700

900

800

800

700

1

Fajã da Nogueira

Im östlichen Inselinneren

10 Min. die Bergflanke hoch. Es folgen zwei Kehren und nach weiteren 7 Min. ist man aus dem Wald raus und steht oben an der **Levada da Serra do Faial (4).** Nach links beginnt die schwere Tour ZO8.

Der mit Betonplatten und Erde abgedeckten Levada folgt man nun entgegen der Fließrichtung (die man nicht wahrnehmen kann) nach rechts auf breitem und gutem Weg und Höhe haltend (mehr Anstieg kommt nicht). Neben einigen „blinden" Tunnels, die nicht mehr genutzt werden, reihen sich nun kurz hintereinander mehrere (um 10 m lange) Tunnels auf, die man durchschreiten muss. Nach dem zweiten passiert man ein Gehöft und die Levada zeigt sich kurz offen. An einer Hausruine ist sie nochmals ohne Abdeckung. Auf drei weitere Tunnels folgt ein Felstor. Voraus ist das schwarze Loch eines der beiden län-

Einer der vielen Tunnels, für die man eine Taschenlampe braucht

geren Tunnels zu sehen. Zunächst geht es aber noch durch einen mit 30 m Länge. Der folgende Tunnel ist 100 m lang, die Levada mit Platten abgedeckt. Nach drei Minuten ist man wieder heraus – nur um nach 350 m in den nächsten Tunnel „einzufahren". Er ist fast 300 m lang und in ihm sind noch Eisenbahnschienen übriggeblieben aus der Zeit, als der Pico-Ruivo-Tunnel in den Berg geschlagen wurde (die Levada ist in ihm nicht abgedeckt). Gegen Ende fällt Licht durch mehrere Felsdurchbrüche, am ersten sprudelt ein Zufluss. Die Unterwelt verlassend steht man am Tunnelausgang, dem Ende der **Levada do Pico Ruivo (5)**, am Beginn der Levada da Serra do Faial und am Ursprung der Ribeira Seca. Ein Eisensteg führt über das Bächlein (nach starkem Regen eine reißende Urgewalt) hinüber zum Pico-Ruivo-Tunnel. Einige Meter nach hinten in die Klamm gegangen befindet man im immergrünen Kessel der Ribeira

Die Rückkehr zum Kraftwerk **Fajã da Nogueira (1)** erfolgt auf dem Aufstiegsweg.

101wma sk

Pico-Ruivo-Tunnel

Wer ohne Furcht und wagemutig ist (und Zeit hat), kann vom Endpunkt der Wanderung den Eisenbahnschienen im Pico-Ruivo-Tunnel unter den Pico Ruivo hindurch folgen und kommt nach 2,4 km kurz vor dem Caldeirão Verde – zum Erstaunen der dortigen Wanderer – aus der Unterwelt „gekrochen". Etwa 45 Min. sollte man dafür rechnen – und Ersatzbatterien dabeihaben. Da der Tunnel in der Mitte einen Knick hat sieht man erst einmal keinen Lichtpunkt. Auch muss man auf seinen Kopf achten, teilweise verengt sich der Querschnitt.

Fajã da Nogueira (1) 32.743501, 16.905931	0 Min.	630 m
Stinklorbeer (2) 32.745910, 16.914949	35 Min.	920 m
Einmündung (3) 32.745946, 16.916011	37 Min.	930 m
Levada da Serra do Faial (4) 32.748207, 16.913924	55 Min.	1000 m
Levada do Pico Ruivo (5) 32.755791, 16.924267	90 Min.	1000 m
Fajã da Nogueira (1) 32.743501, 16.905931	180 Min.	630 m

102wma sk

ZO8 Fajã da Nogueira – Levada da Serra do Faial – Fajã da Nogueira

3½–4 Std. | 10 km
schwer
▲ 420 m ▼ 420 m

Schwere Levadawanderung – nicht wegen der Anstiege, sondern weil die Mauern des Kanals sehr schmal und sehr ausgesetzt sind. In weiten Bereichen fehlt eine Sicherung. Absolute Trittsicherheit und Schwindelfreiheit ist Voraussetzung. Auch geht es durch mehrere Tunnels (Taschenlampe!), die teils sehr niedrig sind bzw. so eng, dass man sich seitlich gehend durchdrücken muss und dazu der Rucksack in der Hand zu tragen ist. Der Weg wird ab dem Abzweig von Tour ZO7 nur selten begangen.

Die **Levada da Serra do Faial** wird von der Levada do Pico Ruivo gespeist, die von der anderen Seite des höchsten Insel-Gipfels aus dem Caldeirão Verde (s. Wanderung ZO4) über einen 2,4 km langen, begehbaren Tunnel kommt. Gegen Ende der Wanderung verschwindet sie wieder in einem Tunnel. In diesem Tunnel vereinigt sich ihr Wasser mit dem der Levada do Juncal von der anderen Seite des Pico Nogueira und speist über ein Druckrohr das Kraftwerk im Tal. Bis 1971 der Tunnel unter dem Pico Ruivo fertiggestellt war, floss die Levada da Serra do Faial bis Camacha und bildete etwa ab Lamaceiros den Unterlauf (dem entlang man heute auf den Touren F2, F3 und F4 folgen kann).

1971 hatte man Ober- und Unterlauf getrennt und den Oberlauf zusammen mit der neu gebauten **Levada do Juncal** für die Stromerzeugung genutzt. Der Unterlauf erhält sein Wasser seitdem nicht mehr aus dem Nogueira-Kessel, sondern unter anderem von der Levada do Furado. In einigen Karten (und inzwischen auch von Einheimischen) wird der Oberlauf der Levada da Serra do Faial auch Levada da Fajã do Nogueira genannt.

Hinweis: In Kombination mit dem oberen Teil der Wanderung ZO7 rechne man 70–80 Min. länger.

Im östlichen Inselinneren

Tatsächlich bedeutet das Schild Wasserschutzgebiet

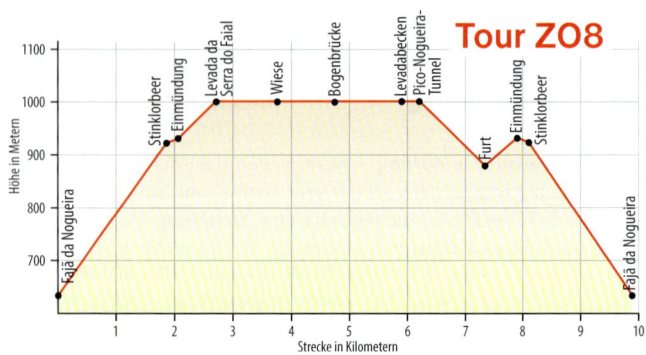

Tour ZO8
1100
1000
900
800
700
Höhe in Metern
Fajã da Nogueira
Stinklorbeer
Einmündung
Levada da Serra do Faial
Wiese
Bogenbrücke
Levadabecken
Pico-Nogueira-Tunnel
Furt
Einmündung
Stinklorbeer
Fajã da Nogueira
1
2
3
4
5
6
7
8
9
10
Strecke in Kilometern

Levada für Fortgeschrittene

Start/Ende: Fajã da Nogueira (32.743501, 16.905931)
Gesamtzeit: 3½–4 Std.
Länge: 10 km
Anstieg: 420 m
Abstieg: 420 m

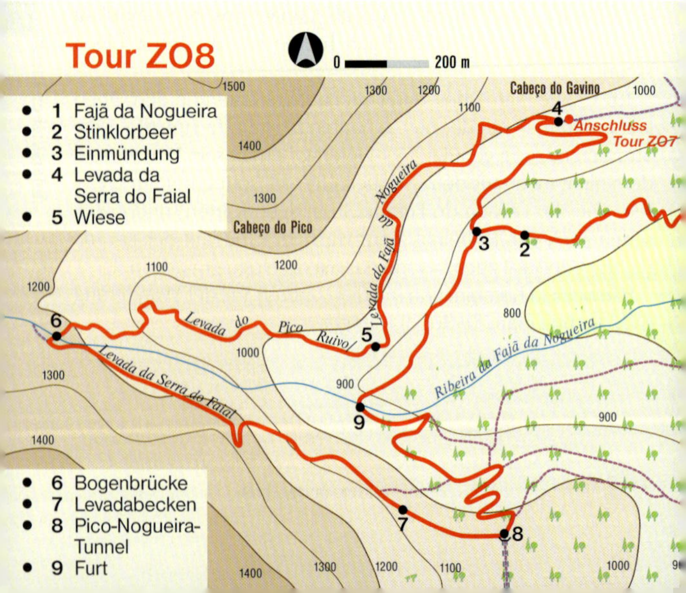
Tour ZO8
0
200 m
1 Fajã da Nogueira
2 Stinklorbeer
3 Einmündung
4 Levada da Serra do Faial
5 Wiese
6 Bogenbrücke
7 Levadabecken
8 Pico-Nogueira-Tunnel
9 Furt
Cabeço do Gavino
Anschluss Tour ZO7
Cabeço do Pico
Levada da Fajã da Nogueira
Levada do Pico Ruivo
Levada da Serra do Faial
Ribeira da Fajã da Nogueira
1500
1400
1300
1200
1100
1000
900
800

Trittsicherheit: extrem hoch
Orientierung: gering
Schwindel: hoch
Kondition: mittel
An/-Abfahrt: 10 km von Ribeiro Frio: 6 km auf der ER103 Richtung Faial, dann links abbiegen auf die sehr schlechte Piste mit zahlreichen Schlaglöchern zum Wasserkraftwerk Fajã da Nogueira (bei umsichtiger Fahrweise auch für Pkw machbar). Kein öffentlicher Personenverkehr
Ausrüstung: Wanderschuhe, Taschenlampe
Anschluss: Tour ZO7 (70–90-minütige Verlängerung der Tour), ZO4 von Queimadas zur Caldeirão do Inferno (ab Tour ZO7 Anschluss über den 2,4 km langen Pico Ruivo-Tunnel)

Wegbeschreibung

Die Wanderung beginnt hinter und oberhalb des Wasserbeckens der Kraftwerksanlage von **Fajã da Nogueira (1).** Ein breiter Forstweg (nicht die Treppe hoch!) führt mäßig bergan und windet sich in langen Serpentinen im Wald den Hang hoch. Nach etwa 20 Min. unangestrengter Wanderung auf dem guten

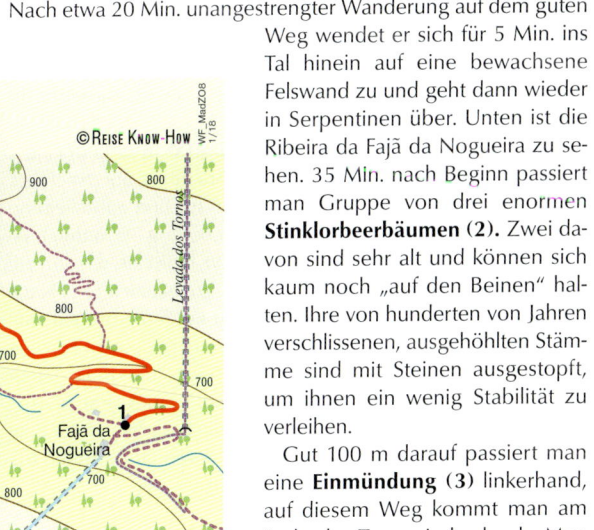

Weg wendet er sich für 5 Min. ins Tal hinein auf eine bewachsene Felswand zu und geht dann wieder in Serpentinen über. Unten ist die Ribeira da Fajã da Nogueira zu sehen. 35 Min. nach Beginn passiert man Gruppe von drei enormen **Stinklorbeerbäumen (2).** Zwei davon sind sehr alt und können sich kaum noch „auf den Beinen" halten. Ihre von hunderten von Jahren verschlissenen, ausgehöhlten Stämme sind mit Steinen ausgestopft, um ihnen ein wenig Stabilität zu verleihen.

Gut 100 m darauf passiert man eine **Einmündung (3)** linkerhand, auf diesem Weg kommt man am Ende der Tour wieder hoch. Man hält sich also rechts und wandert

schräg und immer noch im Wald für 10 Min. die Bergflanke hoch. Es folgen zwei Kehren und nach weiteren 7 Min. ist man aus dem Wald raus und steht oben an der **Levada da Serra do Faial (4)**.

Hier nimmt man den Pfad an der für 100 m abgedeckten, dann offen verlaufenden Levada in Fließrichtung auf. Nach gut 5 Min. geht es durch 2 Tunnel (5 und 10 m) und anschließend auf schmaler Levadamauer und ohne Sicherung 30 m durch einen Talschluss. Hinter einem Felsbogen heißt es wieder auf 40 cm breiter Levadamauer für 30 m zu balancieren. Nach 10 Min. entlang der Levada und einem kurzen Abschnitt mit Seilsicherung folgen ein 20 m langer Tunnel mit einem Fensterdurchbruch und eine gesicherte Passage unterhalb einer Felswand. 5 Min. darauf ist der nächste Tunnel sehr niedrig (bücken!). Gleich danach verschwindet die Levada und der Pfad quert eine sehr abschüssige **Wiese (5)**, deren Dornbüsche trügerische Breite und Sicherheit vorgaukeln.

Levadabecken gegen Ende der Wanderung

103wma sk

Nach gut 50 m ist die Passage bewältigt, und man wandert kurz darauf auf der nun abgedeckten Levada weiter, passiert die Überreste eines Erdrutsches und betritt neben dem gemauerten Kanal einen kurzen und niedrigen Tunnel (bücken!). Es folgt ein ausgesetztes Stück (mit einem 30 cm breiten Mauerweg), dann verlässt man den Mauerweg und läuft parallel zur brusthoch gemauerten Levada. Wenn der Weg sich absenkt wählt man die Variante durch den 20 m langen Tunnel. Wegen der Enge sollte man den Rucksack in die Hand nehmen (und sich bücken). Für den nächsten Tunnel (15 m) gilt dasselbe, der folgende Tunnel (40 m) ist dann wieder breit genug (aber niedrig – bücken!). Auf der Mauer, neben der Mauer, fast immer ausgesetzt und ungesichert geht es weiter und schließlich unter dem enormen Stamm eines umgestürzten Lorbeerbaums durch in einen kleinen Talschluss – ein guter Rastplatz. 5 Min. sind es von hier zum eigentlichen Talschluss mit der **Bogenbrücke (6)** über die Ribeira da Nogueira, über die auch die Levada verläuft.

Auf der Levadamauer und neben ihr im Wechsel geht es aus dem engen Tal langsam heraus, fast parallel dem Weg an der gegenüberliegenden Wand. 7 Min. später geht es durch einen malerisch-dunklen, sattgrünen Einschnitt/Felskessel mit tropfendem Moosbewuchs und einem Felstor. Nach 5 Min. und einem engen, relativ neuen Tunnel (30 m, Rucksack in die Hand nehmen!) folgt ein weiterer, kleinerer Talkessel. Der nächste Tunnel (20 m) ist dann wieder breiter, ebenso der darauffolgende mit Galeriefenstern ausgestattete (50 m). Gut 20 Min. nach der Bogenbrücke passiert man das 20 m lange **Levadabecken (7),** das der Reinigung dient, bevor das Wasser im Tunnel und von dort in die Druckröhre zu den Turbinen des Kraftwerks verschwindet.

Noch ein Tunnel (20 m) ist zu absolvieren dann zweigt am **Pico-Nogueira-Tunnel (8)** der Weg ab hinunter ins Tal.

In Serpentinen geht es abwärts, man ignoriert die beiden Abzweigungen rechterhand und hält sich jeweils links. Nach 10 Min. wählt man die betonierte **Furt (9)** oder die Brücke für die Querung der Ribeira.

10 Min. und 50 Höhenmeter sind es rauf zur **Einmündung (3)** in den Aufstiegsweg und von dort noch 35 Min. bis zum Ausgangspunkt beim Kraftwerk **Fajã da Nogueira (1).**

104wma sk

Fajã da Nogueira (1)	0 Min.	630 m
32.743501, 16.905931		
Stinklorbeer (2)	35 Min.	920 m
32.745910, 16.914949		
Einmündung (3)	37 Min.	930 m
32.745946, 16.916011		
Levada da Serra do Faial (4)	60 Min.	1000 m
32.748207, 16.913924		
Wiese (5)	75 Min.	1000 m
32.743433, 16.918581		
Bogenbrücke (6)	105 Min.	1000 m
32.743726, 16.926734		
Levadabecken (7)	125 Min.	1000 m
32.740130, 16.918044		
Pico-Nogueira-Tunnel (8)	130 Min.	1000 m
32.739661, 16.915233		
Furt (9)	160 Min.	880 m
32.742120, 16.919037		
Einmündung (3)	170 Min.	930 m
32.745946, 16.916011		
Fajã da Nogueira (1)	210 Min.	630 m
32.743501, 16.905931		

Zugabe: Ehre deine Ahnen

Wer mit dem Auto unterwegs ist und auf dem Rückweg zur Nordküste fährt, sollte keinesfalls die Besichtigung des „Familienmuseums" **Museu Fámilia Teixeira** versäumen (700 m auf der ER103 Richtung Faial, dann links abbiegen und nach 1,1 km rechts in die Nebenstraße zum Museum, Fajã da Murta, Di–So 10–18 Uhr, Eintritt frei). Die Familie ist nach Venezuela gezogen und hat ihr Glück gemacht. Das jetzige Familienoberhaupt ließ dort, wo seine Vorfahren ihren Lebensmittelladen hatten, ein Disneyland im Westentaschenformat hinstellen, mit Wohnhaus, sogar einer kleinen Kirche und natürlich der Familiengeschichte mit vielen Fotos und privaten Memorabilien.

Im Familienmuseum

Wanderungen im Osten

Wanderungen im Osten

Im Tal des kalten Flusses – Ribeiro Frio – wartet ein Klassiker der Levadawanderungen. Von unterhalb der Felswände des Hauptkamms mit dem Pico Ruivo geht es durch Lorbeerwald und üppiges Grün nach Portela. Und für den, der weiter will bis nach Machico, aus einer schmalen Schlucht in das breite Tal von Machico, ehemals die „Kornkammer" der Insel. Dort wo einst Felder lagen stehen inzwischen dicht an dicht die Häuser. Madeiras Südosten mag bei Machico auf den ersten Blick nicht zu den attraktivsten Ferienregionen der Insel gehören, doch liegt unweit mit Caniço de Baixo eines der bedeutendsten Badezentren. Weiter nach Osten wird es dann karger. Die Hochebene von Santo António da Serra hat sich abgesesenkt, nur der Pico do Facho bei Machico ist ihr letztes Aufbäumen. Ein langer Tunnel zur wilden Felsenlandschaft der Halbinsel Ponta de São Lourenço entführt in die wüstenhafte Öde der Landzunge, die wie verbrannt wirkt – und doch so attraktiv ist.

Kapitelstartseite:
Die Landzunge Ponta de São Lourenço

O1 Machico – Caniçal

> **2–2½ Std. | 5,7 km**
> **mittelschwer**
> ▲ 300 m ▼ 300 m

Auf dieser schönen, allerdings schattenlosen **Kurzwanderung** für vor- oder nachmittags geht es relativ steil hoch zum Aussichtpunkt mit herrschaftlichem Blick auf die Küste und die Landebahn des Flughafens. Nach Caniçal hin verläuft der Weg sich leicht absenkend durch die Ziegen- und Schafweiden. Caniçal ist auch für seine Fischrestaurants bekannt – ein Mittag- oder Abendessen kann also durchaus den Ausflug abrunden. Keinesfalls versäumen sollte man in Caniçal den Besuch des Walmuseums.

Anschlüsse: Am Pico do Facho endet die Tour O3 von Moroços kommend. Auf dieser erreicht man die Anschlüsse der Tour O2 über die Boca do Risco und der Tour O6 von Portela nach Maroços.

Zum Aussichtspunkt

Start: Machico Igreja Matriz (32.718682, 16.765927)
Ende: Caniçal Hafen (32.737204, 16.736865)
Gesamtzeit: 2–2½ Std.
Länge: 5,7 km
Anstieg: 300 m
Abstieg: 300 m
Trittsicherheit: mittel
Orientierung: gering
Schwindel: mittel
Kondition: mittel
Einkehr: Cafés und Restaurants in Machico und Caniçal; in der Saison steht ein fahrbarer Kiosk mit Getränken und Snacks am Pico do Facho
Anfahrt: Sam Bus Nr. 20, 23, 53, 113 etc. von Funchal (tgl. mindestens stündlich, einfach 3,35 Euro)
Abfahrt: Sam Bus Nr. 113 nach Funchal (Mo–Sa alle 1–2 Stunden, So eingeschränkt, einfach 4 Euro)
Ausrüstung: Wanderschuhe, Sonnenschutz
Anschluss: Tour O2 von Machico über den Bosco do Risco nach Porto da Cruz, O3 von Maroços zum Pico do Facho

Tour O1

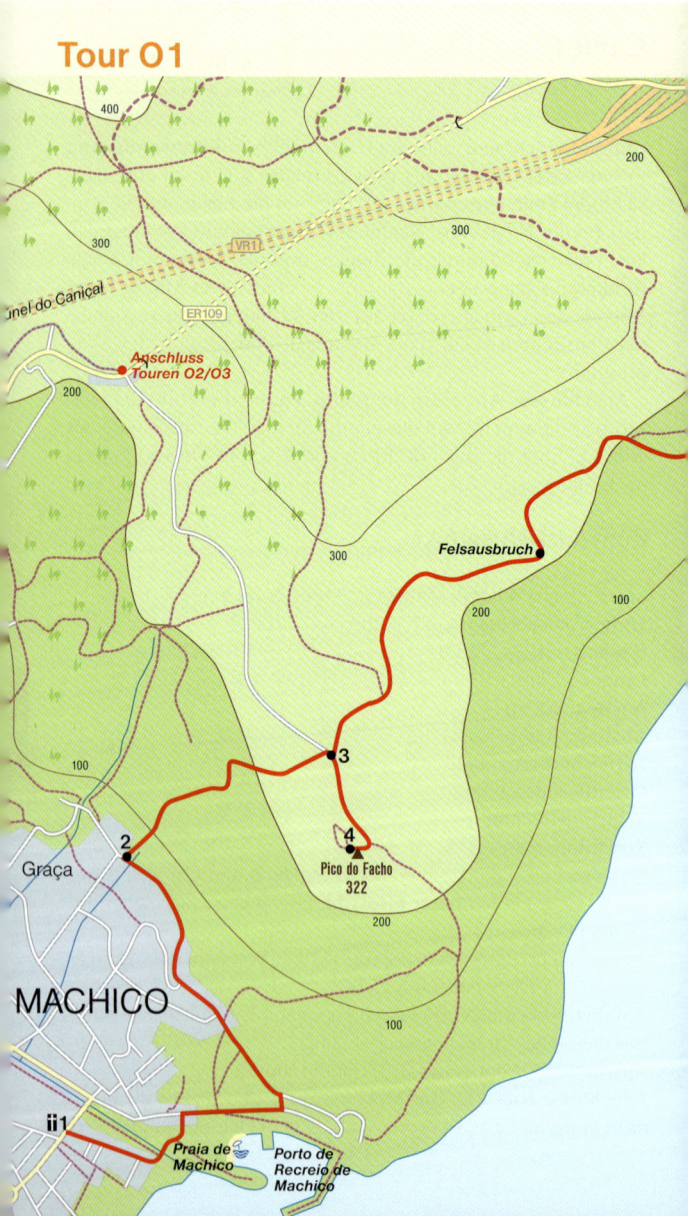

400

200

300

300

Túnel do Caniçal

VR1

ER109

Anschluss Touren O2/O3

200

300

Felsausbruch

100

200

300

100

3

100

2

4

Pico do Facho 322

Graça

200

MACHICO

100

ii1

Praia de Machico

Porto de Recreio de Machico

Caniçal

Ribeira de Natal

100

Brücke 5

Walmuseum/
Museu da Baleia Ⓜ

6

Passeio Marítimo do Caniçal

**Piscinas
do Caniçal**

*Praia da
Ribeira de
Natal*

Pedra da Eira

0   200 m

© Reise Know-How

WF_MadO1
1/18

- ⓘⓘ   1   Machico Igreja Matriz
- ●   2   Santa Casa da Misericórdia
- ●   3   Sattel
- ●   4   Pico do Facho
- ●   5   Brücke
- ●   6   Caniçal Hafen

Wegbeschreibung

Von der Pfarrkirche **Igreja Matriz (1) in Machico** nimmt man
die Rua do Conselheiro José Silvestre Ribeiro Richtung Strand
und Osten, hält sich am Meer links, geht auf Brücke über die Ribeira da Machico und an Strand entlang zu dessen Ende. Etwa
100 m die Rua do Leiria nach Osten führt eine Treppe hoch zur
Rua da Misericórdia, der man nach links und Westen 600 m bis
zum langestreckten und auffälligen Bau des **Santa Casa da Misericórdia (2)** – ein Altersheim und Sanatorium – folgt.

Direkt vor dem Gebäude führt linker Hand ein Pfad unter dem
Strommast aus Beton durch und bergauf. Der Weg ist bald
schmal, holprig und führt relativ steil den Hang hoch, vorbei an

weidenden Ziegen und Schafen. Als Markierungshilfe dient die Stromtrasse hoch zum Sattel am Pico do Facho, der hier mit seinem Antennenwald die Landschaft dominiert. Der Pfad läuft erst parallel zu ihr, dann mäandriert er ein wenig. Die letzten Meter verlaufen entlang einer Trockenmauer zum **Sattel (3).**

081wma sk

Direkt gegenüber beginnt der Weg hinüber nach Caniçal, doch erst stattet man dem Aussichtspunkt des **Pico do Facho (4)** eine Besuch ab (knapp 250 m bzw. 5 Min.).

Wieder am Sattel zurück geht es nun auf dem erst breiten Karrenweg nach Norden. Schnell wird der Weg zum holprigen Pfad über die Hangwiesen. Es geht zügig bergab. 15 Min. nach dem Sattel geht es etwa 25 m Höhenmeter hoch und oben weglos auf einem Felsausbruch einige Meter landeinwärts, um den Weg wieder aufzunehmen. Hier spendet ein kleines Wäldchen Schatten. Gute 30 Min. nach dem Sattel geht es um einen Hang herum und man erblickt Caniçal und seine ausgedehnten Industriehafenanlagen. Dahinter erstreckt sich die Landzunge von São Lourenço. 5 Min. wandert man an einem Felsabbruch entlang und nach weiteren 10 Min. über eine malerische gemauerte **Brücke (5)** zur Autostraße und zum Gebäudekomplex am Wasser. Die Uferpromenade begleitet den Wackersteinstrand zum Walmuseum (Museu da Baleia, www.madeirawhalemuseum. org, Di–So 10.30–18 Uhr, 10 Euro) mit kleinem Park und Badestelle und endet an den Becken des Complexo Balnear (im Sommer tgl. 10–19 Uhr, 1,50 Euro), ein Katzensprung zum **Hafen (6).**

Machico Igreja Matriz (1)	0 Min	10 m
32.718682, 16.765927		
Santa Casa da Misericórdia (2)	20 Min.	100 m
32.723710, 16.764083		
Sattel (3)	50 Min.	270 m
32.725671, 16.759411		
Pico do Facho (4)	55 Min.	280 m
32.723944, 16.758438		
Brücke (5)	100 Min.	50 m
32.736359, 16.746638		
Caniçal Hafen (6)	120 Min.	10 m
32.737204, 16.736865		

Im Osten

Der Strand in der Bucht von Machico ist künstlich aufgeschüttet

Tuna-Feigenkaktus

(opuntia tuna, port. tabaibeira, engl. prickley pear)

Die Opuntienart stammt von den karibischen Inseln, wo sie u.a. auf Jamaica und in der Dominikanischen Republik beheimatet ist. Die fleischigen, flachovalen Sprossen – die Platykladien – wachsen unregelmäßig und reihen sich mit starker Taillierung aneinander. Die roten, stacheligen Früchte sind essbar, wenngleich nicht so süß wie die der *opuntia fucus-indica*. Der 1 m Höhe erreichende Kaktus kam im 19. Jh. als Nutzpflanze nach Madeira. Man hatte ihn als Wirtspflanze für die Schildlaus importiert, um aus dieser den Farbstoff Cochenille zu gewinnen – das wertvolle Scharlachrot.

031wma sk

O2 Machico – Porto da Cruz

> **3–4 Std. | 12,5 km**
> **leicht**
> ▲ 150 m ▼ 260 m

Leichte bis mittelschwere Wanderung ohne große Anstiege und ohne technische Ansprüche; einige Abschnitte bergen eine leichte bis mittlere Schwindelgefahr. Bis zur Boca schattenlos, dann gibt es immer wieder längere, schattige Abschnitte.

Die Wanderung kann man entweder in Machico beginnen, indem man der Tour O1 zum Pico do Facho und von dort der Tour O3 von Maroços zum Pico do Facho in Gegenrichtung bis zum Abzweig zur Boca do Risco folgt. Ansonsten startet man am westlichen Ausgang des alten Tunnels von Caniçal so wie hier beschrieben.

Der Weg folgt erst der **Levada do Caniçal** und biegt dann ab hoch zur **Boca do Risco,** seit der Besiedlung der Insel einer der Hauptübergänge von den großen und fruchtbaren Flächen bei Machico zum Hafen von Porto da Cruz, der auch verwaltungstechnisch an Machico angebunden war und ist.

Über die gefährliche Scharte

Start: Túnel do Cançal (32.732773, 16.764121)
Ende: Porto da Cruz Kirche (32.772183, 16.828077)
Gesamtzeit: 3–4 Std.
Länge: 12,5 km
Anstieg: 150 m
Abstieg: 260 m
Trittsicherheit: gering
Orientierung: gering
Schwindel: mittel
Kondition: gering
Einkehr: Cafés und Restaurants in Machico und Porto da Cruz, Café/Bar Isilda oberhalb von Porto da Cruz
An-/Abfahrt: Sam Bus Nr. 113 nach Funchal (Mo–Sa alle 1–2 Stunden, So eingeschränkt, 3,35 Euro)
Ausrüstung: Wanderschuhe, Sonnenschutz; Badesachen
Anschluss: Tour O1 von Machico nach Caniçal, O3 von Maroços zum Pico do Facho

Im Osten

Tour O2

Wegbeschreibung

Beim **Túnel do Caniçal (1)** nimmt man den Weg an der Levada entlang entgegen der Fließrichtung und vorbei an den Häusern auf.

Der Weg ist relativ breit und auf den ersten Metern betoniert, wird aber schnell zu einem sehr guten Naturpfad, auf dem man entlang des Westhangs des sich weit ins Inselinnere ziehenden Machico-Tals nach Norden wandert. Dicht bebaut ist das Tal, das einmal die „Kornkammer" Madeiras war. Nach 10 Min. ist links unten eine Asphaltstraße zu sehen, die hochzieht. 5 Min. später hat man sie überquert und die Levada direkt gegenüber wieder aufgenommen. Das Tal verengt sich nun zusehends und nach guten 5 Min. ist auch die Bebauung zu Ende. Man wandert in ein kleines Nebental, in dem eine einsame Hütte steht, kommt wieder heraus und wandert im Haupttal auf den oben sichtbaren Sattel zu. 45 Min. nach dem Start weist am **Vereda da Boca do Risco (2)** ein Schild nach rechts und bergan.

0 ——— 400 m

© Reise Know-How

WF_MadO2
1/18

- 1 Túnel do Caniçal
- 2 Vereda da Boca do Risco
- 3 Boca do Risco
- 4 Felsnase Espigão Amarelo
- 5 Café/Bar Isilda
- 6 Brücke
- 7 Kirche von Porto da Cruz

Bachbett

Pico da Coroa
738

Pico do Furado

Anschluss Tour O3

Pico Castanho
587

Hütte

Noia

Pastel

Ribeira
Seca

Levada do Caniçal

MACHICO

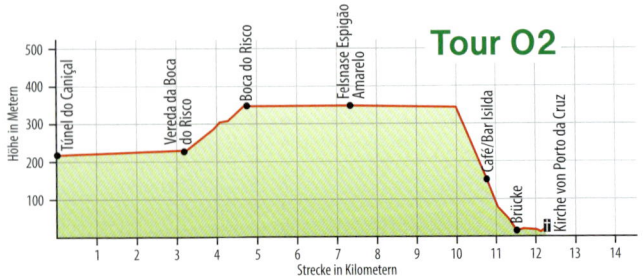

Etwa 10 Min. steigt der felsige, relativ gute, aber schmale Pfad bergan, flacht dann ab und führt über bewirtschaftete Felder. 5 Min. hinter den Feldern passiert man weiter Höhe haltend eine Felsnase und hält durch Farn wandernd auf die Boca zu. Der Steig ist erdig und ab und an von einem Felsband durchsetzt. Etwa 30 Min. nach der Levada ist man an der **Boca do Risco (3)** angelangt.

082wma sk

Die Aussicht auf die Nordküste verdient eine Pause. Auf breitem und gutem Weg geht es nun nach Westen hoch über dem Ozean und mehr oder weniger auf gleicher Höhe weiter. Nach 2 Min. wird eine kurze Stelle passiert, die etwas erdrutschgefährdet ist. Unter Umständen muss man hier den Ausweichpfad nehmen. 5 Min. danach blickt man aus einem kleinen Wäldchen heraus nach unten auf ein Feld am Meer und ein Häuschen. Was für eine Mühe macht es, da hinunter zu steigen, um zu pflügen, zu säen und zu ernten! Nach weiteren 5 Min. gilt es – weiter Höhe haltend – eine schmalere, ausgesetzte Stelle zu bewältigen. Da ihr Rand mit Sträuchern bewachsen ist suggeriert sie Sicherheit. Gleich danach geht es um eine Felsnase herum, an der ein altes Holzgeländer sichert. 15 Min. darauf geht es auf

... und das Meer ist so weit

Roccella
(roccella maderensis, port. roccella, engl. roccella)

Die genügsamen Flechten (Lichen) leben auf Felsen und bestehen eigentlich aus zwei Partnern, die eine symbiotische Lebensgemeinschaft bilden: Pilze und Algen. Sie können an den entlegensten und extremsten Orten vorkommen, in Wüsten und in Eiseskälte – und auch im rauen Klima der Nordküste Madeiras. Besonders Roccella maderensis – eine Küstenflechte – liebt die salzhaltige, feuchte Luft, die der Wind vom Ozean auf die Felsen peitscht. Ohne das Salz können sie nicht überleben, weshalb sie nur bis zu einer Höhe von 400 m existieren. Wegen ihres Farbstoffs wurden sie gesammelt und zum Färben purpurner Gewänder verwendet. Und da sie ihre Farbe beim Wechsel von sauren zu basischen Medien reversibel ändern waren sie auch zur Messung des ph-Wertes hilfreich.

gutem, mit Drahtgeländer gesichertem Weg unter einer Felswand vorbei. Vor ein paar Jahren musste man sich hier noch auf fußbreitem Sims an einem Drahtseil entlanghangeln (weswegen der Name „Übergang des Risikos" schon seine Berechtigung hatte). Wenn die Sicherung für eine kurze Passage endet, blickt man östlich auf den fernen Felsbogen der São-Lourenço-Landzunge. 5 Min. später markiert ein Meilenstein an einer **Felsnase (4)** das untenliegende Kap von **Ponte Espigão Amarelo.**

5 Min. hinter der Felsnase ist zwischen den Bäumen voraus bereits Porto da Cruz zu sehen, nach weiteren 5 Min. geht es auf zehn feuchten Felstritten runter zu einem querenden Bachbett, hindurch und wieder hoch. Knapp 15 Min später muss man noch einmal auf etwas rutschigen Steinen durch ein Bachbett. Unterhalb sprudelt ein Wasserfall. Bald darauf wandert man auf breitem Forstweg weiter und der Adlerfelsen und das unter ihm liegende Porto da Cruz geraten ins Bild. Oberhalb sind ein paar Häuser und eine Betonbrücke zu sehen. Schließlich ist die Asphaltstraße Caminho do Cabo de Larano erreicht. Auf ihm geht es nach 2 Min. an einer Seilbahnstation vorbei (welche die Felder unten mit der Welt verbindet) und in Serpentinen die Straße

hinunter bis zur **Café/Bar Isilda (5)** in Larano. Hier kann man etwas trinken, sich ein Taxi rufen oder man wandert weiter.

50 m unterhalb des Cafés verlässt man den Asphalt geradeaus abwärts auf einem steilen Betonweg, umwandert die Hügelkuppe in einem Halbkreis vorbei an Höhlen (die als Tierunterstand dienen) und verlässt den Pfad auf einem Treppenweg in Serpentinen nach unten. An der Asphaltstraße hält man sich 15 m nach rechts, nimmt die Betonstufen zum Wackerstein-Strand Praia da Maiata herunter und dort die betonierte **Brücke (6)** über die Ribeira. Am Strand entlang und durch Schilf wandert man nun in den Ort hinein, biegt von der Rua da Praia links zur **Kirche von Porto da Cruz (7)** ab und gelangt über ein kurze Treppe an deren Vorplatz mit Taxistand.

Túnel do Caniçal (1)	0 Min.	230 m
32.732773, 16.764121		
Vereda da Boca do Risco (2)	45 Min.	235 m
32.746191, 16.773349		
Boca do Risco (3)	77 Min.	360 m
32.755624, 16.772320		
Felsnase Espigão Amarelo (4)	110 Min.	350 m
32.763469, 16.790017		
Café/Bar Isilda (5)	165 Min.	150 m
32.765693, 16.817579		
Brücke (6)	172 Min.	10 m
32.767664, 16.822659		
Kirche von Porto da Cruz (7)	180 Min.	20 m
32.772183, 16.828077		

Im Osten

O3 Maroços – Pico do Facho (– Machico/Caniçal)

> 3–3½ Std. | 13 km
> leicht
> ▲ 50 m ▼ 10 m

Die meist sonnige **Levadawanderung** durch das ländliche Madeira verläuft fast eben entlang der Levada do Caniçal (auch Levada do Maroços) an den Südhängen über und mit Blick auf die Ebene der Ribeira do Machico. Jedes Gehöft hat seine Felder auf denen Obst und Gemüse gedeihen, die am Wegesrand „stumme Verkäufer" anbieten. Kein Landstrich Madeiras weist so viel Nutzfläche auf wie das weite Tal von Machico. Wohl deshalb hatten die Portugiesen diese Gegend zuerst besiedelt, die dann auch als erste (durch den Anbau von Zuckerrohr) zu Reichtum kam.

Erst 1949 wurde die **Levada do Caniçal** gebaut und war und ist die einzige, die Caniçal mit Wasser versorgt. Ursprünglich war sie durchgängig offen und verlief durch einen eigens für sie gebohrten 750 m langen Tunnel. In den 1960er Jahren hat man dann den Tunnel zum Straßentunnel erweitert, durch den das Wasser nun verrohrt nach Osten fließt.

Anschluss: Wer über die Boca do Risco nach Ponto da Cruz wandern will, startet entweder in Machico (Tour O1 zum Pico do Facho und weiter zum Túnel do Caniçal) und folgt der Tour O3 bis zum Abzweig, oder beginnt die Wanderung direkt am Túnel do Caniçal.

Ländliches Madeira

Start: Maroços (32.735030, 16.804095). Mit dem Wagen nimmt man von Machico aus die Schnellstraße nach Porto da Cruz und biegt nach 5 km ab dem Zentrum nach Maroços/Portela ab.
Ende: Pico do Facho (32.723944, 16.758438)
Gesamtzeit: 3–3½ Std.
Länge: 13 km
Anstieg: 50 m
Abstieg: 10 m
Trittsicherheit: gering
Orientierung: gering
Schwindel: gering

Kondition: gering
Einkehr: Bar Fonte Vermelha in Maroços, Bar O Jacaré, Snack Bar Levada Nova
Anfahrt: Sam Bus Nr. 156, 208 von Machico (Mo–Fr mindestens stündlich, Sa/So alle 1–2 Stunden, einfach 1,30 Euro)
Abfahrt: Pico do Facho kein öffentlicher Personenverkehr, ab Machico Sam Bus 20, 23, 53 etc. nach Funchal (tgl. mindestens stündlich, einfach 3,35 Euro)
Ausrüstung: Wanderschuhe, Sonnenschutz, Taschenlampe
Anschluss: Tour O1 vom Pico do Facho nach Machico oder Caniçal, Tour O2 von Machico über die Boca da Risco nach Porto da Cruz, Tour O6 von Portela nach Maroços.

Öffentliche Brunnen am Wegesrand gibt es häufiger

083wma sk

Wegbeschreibung

Startpunkt ist der Levadaeinstieg direkt gegenüber der **Bar Fonte Vermelha (1) in Maroços.**

Auf zubetonierter Levada verlässt man das Dorf. Nach gut 10 Min. (die Levada ist nun offen) kreuzt man nach einer Häusergruppe eine Fahrstraße und der Levadaweg wird zum Natur-

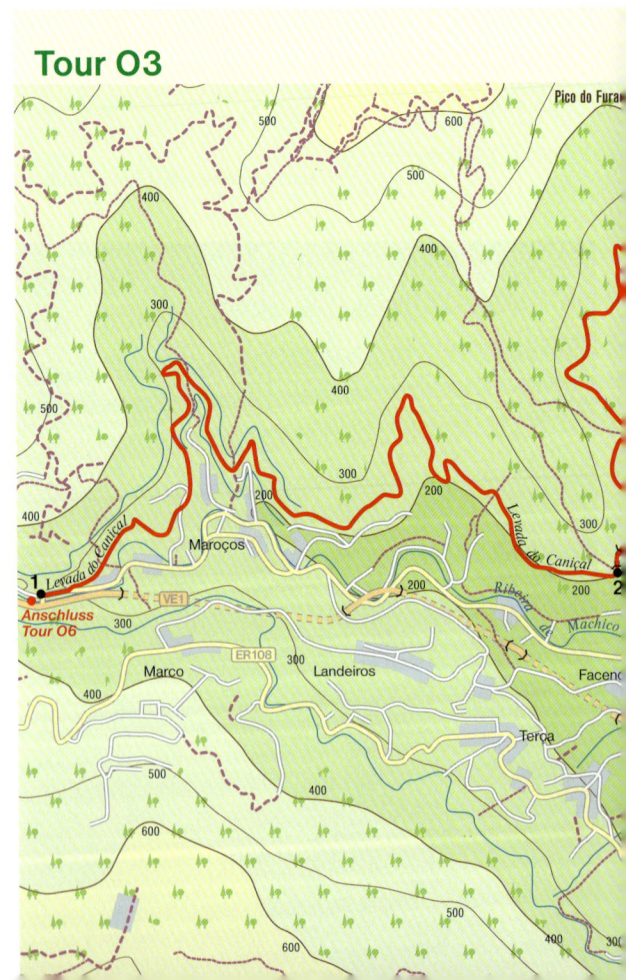

Tour O3

pfad, der in weitem Bogen in das Tal der Ribeira das Cales führt. 10 Min. weiter geht es auf Trittsteinen über einen Bach. Wieder heraus und an Häusern vorbei geht es gleich ins nächste Tal und an dessen Schluss, wo ein Wasserfall im Halbrund sprudelt, über eine Brücke (30. Min nach Start) – die Ribeira Grande. In der Folge passiert man mehrere kleine bedachte Stände, in denen Obst ausgelegt ist: Bananen, Maracuja, Anonas, Feigen und

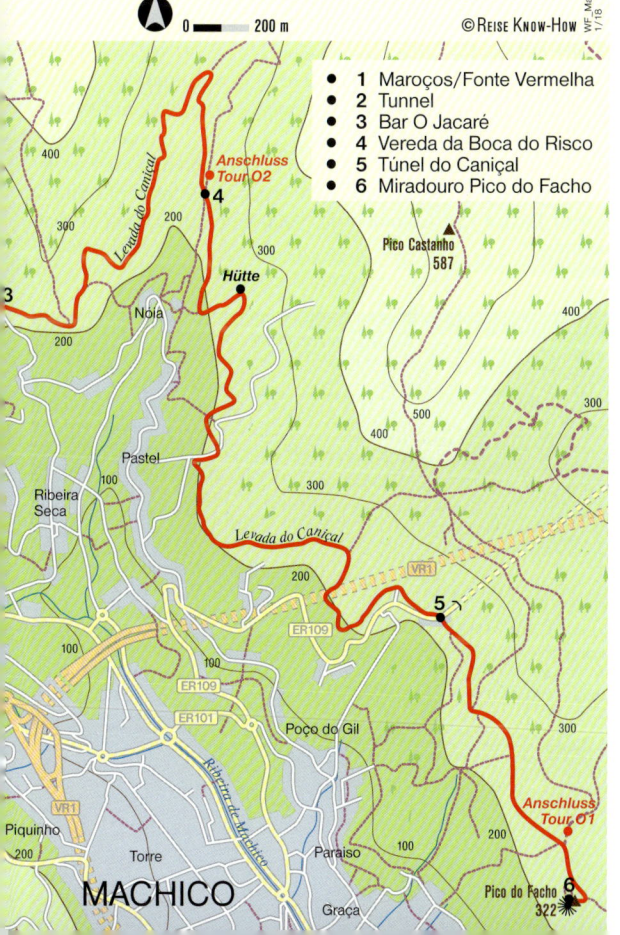

0 ▬▬▬ 200 m   © Reise Know-How   WF_Mad03 1/18

- **1** Maroços/Fonte Vermelha
- **2** Tunnel
- **3** Bar O Jacaré
- **4** Vereda da Boca do Risco
- **5** Túnel do Caniçal
- **6** Miradouro Pico do Facho

Anschluss Tour O2

Hütte

Noia

Pico Castanho 587

Pastel

Ribeira Seca

Levada do Caniçal

VR1

ER109

ER101

Poço do Gil

Ribeira de Machico

VR1

Piquinho

Torre

Paraíso

MACHICO

Graça

Anschluss Tour O1

Pico do Facho 322

Levada do Caniçal

Im Osten

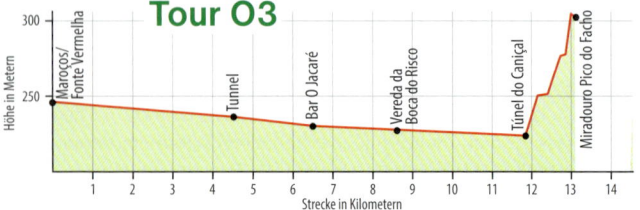

natürlich Zuckerrohr. Auf einer Tafel stehen die Preise, man nimmt sich und legt das Geld in eine Schale. 30 Min. nach dem Wasserfall geht es durch einen 30 m langen **Tunnel (2).**

Herausgetreten hat man nun immer wieder Blick auf Machico. 25 Min. später geht es auf Trittsteinen bei einigen Hütten wieder über einen Bach und 10 Min. danach kann man an einem Brunnen seine Wasservorräte ergänzen oder in der **Snack Bar O Jacaré (3)** (Caminho da Noía) eine Erfrischung zu sich nehmen.

Das nächste Tal – Ribeira Seca – ist mit seinem kleinen ins Grün gesprenkelten Schafställen richtig idyllisch. 40 Min. nach der Bar, auf halbem Weg aus dem Tal raus kreuzt die **Vereda da Boca do Risco (4),** Anschluss der Tour O2, hoch über den Sattel und wieder runter nach Porto da Cruz. Man folgt der Levada weiter (hier sind zwei kurze Abschnitte betoniert) und passiert das Siedlujngsgebiet Ribeira Seca/Pastel/Nóia. Nach 15 Min. tangiert die Levada kurz eine unterhalb verlaufende, nicht in den Karten verzeichnete Fahrstraße, 5 Min. später wird sie gekreuzt. Nach weiteren 5 Min. passiert man – nun auf betoniertem Weg – wieder einige Häuser (unter ihnen im Berg verläuft die Schnell-straße nach Caniçal), und nach nochmals 5 Min. ist man bei der Häuserzeile am Eingang des alten Tunnels nach Caniçal ange-kommen – dem **Túnel do Caniçal (5).** Hier kann man in der Snack Bar Levada Nova (ER109 197, Tel. 291617505) 300 m un-terhalb nochmals pausieren.

Man nimmt nun die asphaltierte Fahrstraße am Tunneleingang leicht bergan dem Schild „Pico do Facho" folgend. 10 Min. nach dem Tunneleingang kreuzt man den Weg der Tour O1 von Machico nach Caniçal und weitere 5 Min. später steht man am **Miradouro Pico do Facho (6)** mit Blick auf die Küste und den Flughafen.

Maroços/Fonte Vermelha (1)	0 Min.	240 m
32.735030, 16.804095		
Tunnel (2)	60 Min.	240 m
32.735557, 16.782735		
Bar O Jacaré (3)	95 Min.	235 m
32.742728, 16.781530		
Vereda da Boca do Risco (4)	135 Min.	235 m
32.746191, 16.773349		
Túnel do Caniçal (5)	165 Min.	230 m
32.732773, 16.764121		
Miradouro Pico do Facho (6)	180 Min.	280 m
32.723944, 16.758438		

Im Osten

Die terrassierten Felder werden immer seltener genutzt

Cherimoya

(annona cherimola, port. anoneira, engl. custard apple)

Das auch Zuckerapfelbaum genannte Annonengewächs stammt ursprünglich aus dem subtropischen Südamerika (Anden, Kolumbien, Bolivien) und kam im 19. Jh. nach Madeira. Die grüne Frucht ähnelt einem Schuppentier, ihr weißes Fleisch ist saftig süß. Geerntet wird im März und der Erfolg auf den Märkten Europas lässt die Plantagenzahl Madeiras stetig wachsen. Die Frucht wird längs halbiert und ausgelöffelt. Die Kerne sollte man nicht verzehren, sie enthalten Alkaloide, die zu Erbrechen und Vergiftung führen können. Und man sollte beim Essen aufpassen: Der Saft hinterlässt hässliche Flecken auf der Kleidung.

032wma sk

O4 Ponta de São Lourenço

2½–3 Std. | 7,2 km
mittelschwer
▲ 410 m ▼ 410 m

Noch so ein **Klassiker!** Die baum- und strauchlos ins Meer ragende Landzunge wirkt wie eine Wüstenei. Doch war dies nicht immer so. Früher wuchsen auch hier Bäume, aber Abholzung und die schneidenden Winterwinde haben dafür gesorgt, dass heute die Erdkrume mager ist, und gerade für ein bisschen Wiese, Frühlingsblumen und Disteln reicht.

Dennoch, die Landschaft hat ihren ganz eigenen Reiz und die Verlängerung der Landzunge draußen im Meer – die Ilhas Desertas – geben ein fantastisches Panorama ab. Da es hier im Osten der Insel häufiger regnet als im Westen kommen natürlich bei Sonne alle hierher. Deswegen: der frühe Vogel fängt den Wurm der ruhigen Welt.

Ziel der vollständig schattenlosen Wanderung ist das **Casa Sardinha,** ein kleines **Naturmuseum** (mit unregelmäßigen Öffnungszeiten) und der dahinter aufragende Pico do Furado mit Miradouro. Auf dem Rückweg, 2 km vom Parkplatz, kann man am beliebten Strand von Prainha ins Wasser springen.

In die Wüste

Start/Ende: Caniçal Báia d'Abra (32.743252, 16.701006)
Gesamtzeit: 2½–3 Std.
Länge: 7,2 km
Anstieg: 410 m
Abstieg: 410 m
Trittsicherheit: gering
Orientierung: gering
Schwindel: gering
Kondition: mittel
Einkehr: In der Saison fahrbarer Kiosk mit Snacks und Getränken am Parkplatz
Anfahrt/Abfahrt: Sam Bus Nr. 113 von Funchal (9–17 Uhr etwa stündlich, einfach 1,30 Euro)
Ausrüstung: Wanderschuhe, Sonnenschutz

Im Osten

Wegbeschreibung

Der Parkplatz **Báia d'Abra (1)** befindet sich am Ende der Straße ER109/ER214. Hier hält auch der Bus aus Funchal, der die Strecke von Caniçal nur der Wanderer wegen fährt. Auf gutem und breitem Weg und teilweise auf Holzplafond geht es 30 Höhenmeter in ein breites Tal runter, über eine Holzbrücke und auf der anderen Seite wieder hoch. Nach etwa 10 Min. gelangt man an einen kurzen versicherten Abschnitt und zu einem Miradouro an der Nordseite der Zunge. Im Süden sieht man unten den Kiesstrand. Jetzt geht es auf Pflasterstufen wieder etwas bergab und auf getrepptem Weg 60 Höhenmeter hinauf. Dann auf felsigem Weg in etwa die Höhe haltend mit Aussicht auf die bizarren Felsformationen an der Nordseite weiter – die Ponta do Castelo mit dem vorlagerten Inselchen Ilhéu do Guincho. 30 Min. ab Start kommt man an einen Picknickplatz.

10 Min. später beginnt der schmale, etwas holprige Übergang zum „Kopf" der Ponta de São Lourenço, die **Engstelle (2).** Obwohl mehrere Meter breit ist sie mit Drahtseilen gut gesichert, um auch Nichtschwindelfreien die Wanderung zu ermöglichen. 10 Min. danach erklärt ein Schild die „Infrastruktur des Kopfes". Dahinter steht das Casa Sardinha mit seinen zahlreichen Bänken und Tischen palmenumstanden vor dem Pico do Furado. Der Weg führt nun leicht bergab zu einer Brücke und einem kleinen **Strand (3)** und dann auf Pflaster hinüber und leicht bergan zum **Casa Sardinha (4).**

Tour O4

Pedra Furada

Aussichtspunkt

100

Aussichtspunkt

Praia d
Porta d
Abr

100

Ponta de São

100

ER 109

Ponta
do Buraco

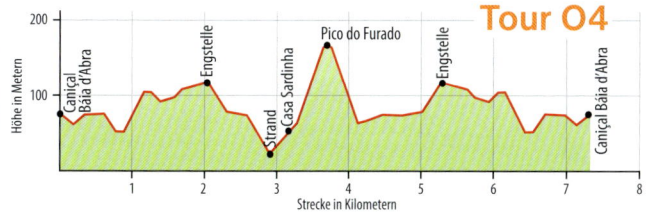

Tour O4
200
100
Höhe in Metern
Caniçal
Báia d'Abra
Engstelle
Strand
Casa Sardinha
Pico do Furado
Engstelle
Caniçal Báia d'Abra
1
2
3
4
5
6
7
8
Strecke in Kilometern

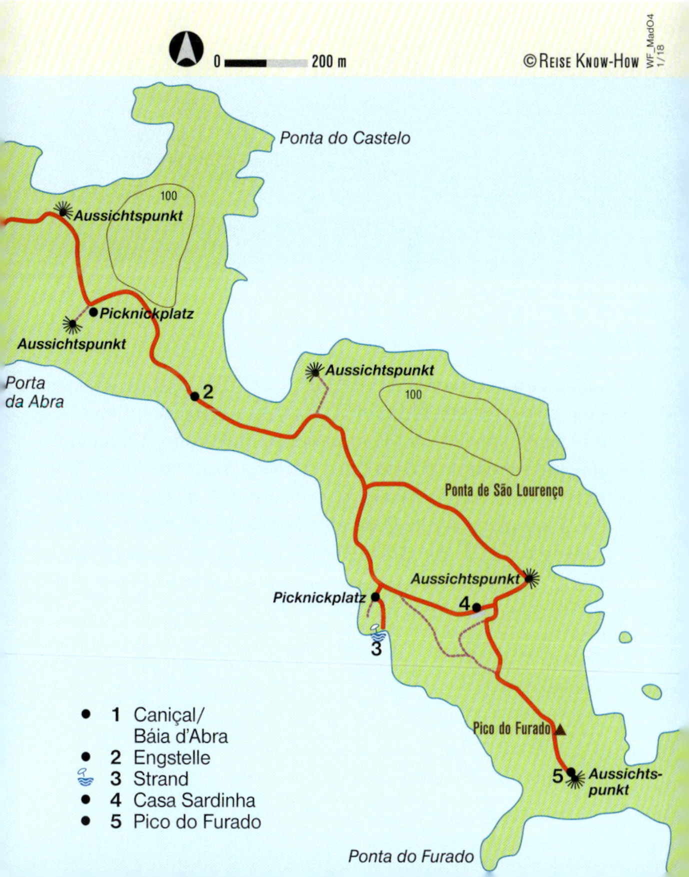

0
200 m
©Reise Know-How
WF_MadO4
1/18
Ponta do Castelo
100
Aussichtspunkt
Picknickplatz
Aussichtspunkt
Porta
da Abra
2
Aussichtspunkt
100
Ponta de São Lourenço
Aussichtspunkt
Picknickplatz
4
3
Pico do Furado
5
Aussichts-
punkt
Ponta do Furado
1 Caniçal/
Báia d'Abra
2 Engstelle
3 Strand
4 Casa Sardinha
5 Pico do Furado

Jetzt geht es relativ steil, erst auf einer Bohlentreppe, dann auf – aus dem porösen Gestein gekratzten und mit Beton befestigten – Stufen hoch zum Miradouro **Pico do Furado (5).** Beim Abstieg nimmt man vor dem Casa Sardinha nicht den linken Weg, den man heraufgekommen ist, sondern den rechts abzweigenden Saumpfad, der kurz vor der **Engstelle (2)** wieder auf den Hinweg trifft. 70 Min. sollte der Rückweg zum Parkplatz an der **Báia d'Abra (1)** dauern.

Die Landzunge Ponta de São Lourenço ist karg

085wma sk

Caniçal/Báia d'Abra (1)	0 Min.	80 m
32.743252, 16.701006		
Engstelle (2)	40 Min.	125 m
32.746539, 16.690639		
Strand (3)	55 Min.	25 m
32.742260, 16.683353		
Casa Sardinha (4)	60 Min.	50 m
32.742260, 16.683353		
Pico do Furado (5)	80 Min	170 m
32.738993, 16.681001		
Engstelle (2)	110 Min.	125 m
32.746539, 16.690639		
Caniçal/Báia d'Abra (1)	150 Min.	80 m
32.743252, 16.701006		

Milchfleckdistel

(galactites tomentosa, port. cardo, engl. downey thistle)

Die intensiv-blauen, Weihnachtssternen gleichenden Blüten der Distel-
art blühen schon früh im Jahr (Februar bis Mai) und sorgen auf der ansonsten recht kahlen Landzunge von São Lourenço für Farbtupfer.
Nachgesagt wird der Pflanze auch beträchtliche Heilkraft bei Problemen mit der Leber – sie soll deren Regeneration unterstützen und ihre
Zellen abschirmen.

127wma fo © Tamara Kulíkova

O5 Ribeiro Frio – Portela

3–4 Std. | 10,8 km
leicht
▲ 0 m ▼ 260 m

Einer der Klassiker von Madeiras **Levadawanderungen,** auf meist breiterem, schattigem Pfad, zwischendurch aber auch spektakulär auf schmalem Steig, ausgesetzt zwar, aber mit Drahtseilgeländer gut versichert. Da keine Anstiege zu bewältigen sind auch für Konditionsschwächere und Familien mit kleineren Kindern geeignet.

Lorbeerwald, Heidebusch, schöne Ausblicke ins Tal, ein aufwendig in eine Felswand gehauener und mit kurzen Tunnels (keine Taschenlampe nötig) versehener Abschnitt und ein langer Felsspalt führen die Schönheit der ursprünglichen Wälder vor Augen, aber auch die Mühsal, welche die Inselbewohner auf sich nehmen mussten, um die Felder mit ausreichend Wasser zu versehen.

Ihren Ursprung hat die **Levada do Furado** am Ribeiro Frio, dessen Wasser sie fasst und zu ihrem Ende nach Lamaceiros transportiert, wo es das Wasserhaus *(caixa divisoria)* oberhalb der Forststation auf die Levada da Serra do Faial und die Levada da Portela verteilt. Bereits seit 1822 ist die Levada do Furado aktenkundig, per Hand mit Meißel und Hammer haben die Arbeiter sich durch den Fels gehauen und mit Hacke und Schaufel den Kanal in die Hänge gegraben – eine Meisterleistung der Ingenieure, da das Gefälle so gering wie möglich gehalten werden musste. Die Levada war einer der ersten staatlich finanzierten Wasserkanäle der Insel, entstanden unter der Junta da Real Fazenda (der königlichen Landverwaltung).

Im Urwald

Start: Ribeiro Frio (32.735171, 16.886362)
Ende: Portela (32.746614, 16.826184)
Gesamtzeit: 3–4 Std.
Länge: 10,8 km
Anstieg: 0 m
Abstieg: 260 m
Trittsicherheit: niedrig
Orientierung: niedrig

Im Osten

Schwindel: mittel
Kondition: niedrig
Einkehr: Am Wegesrand keine, Restaurants in Ribeiro Frio und Portela
Anfahrt: Horários do Funchal ab Funchal (und weiter nach Santana) Busse Nr. 56/103/138 (Mo–Sa 4 mal, So 3 mal, einfach 3,35 Euro)
Abfahrt: Sam (von Faial) ab Portela über Machico nach Funchal (Mo–Fr 7 mal, Sa 3 mal, So 1 mal, einfach 4 Euro) bzw. Taxi (Taxistand in Portela)
Ausrüstung: Wanderschuhe

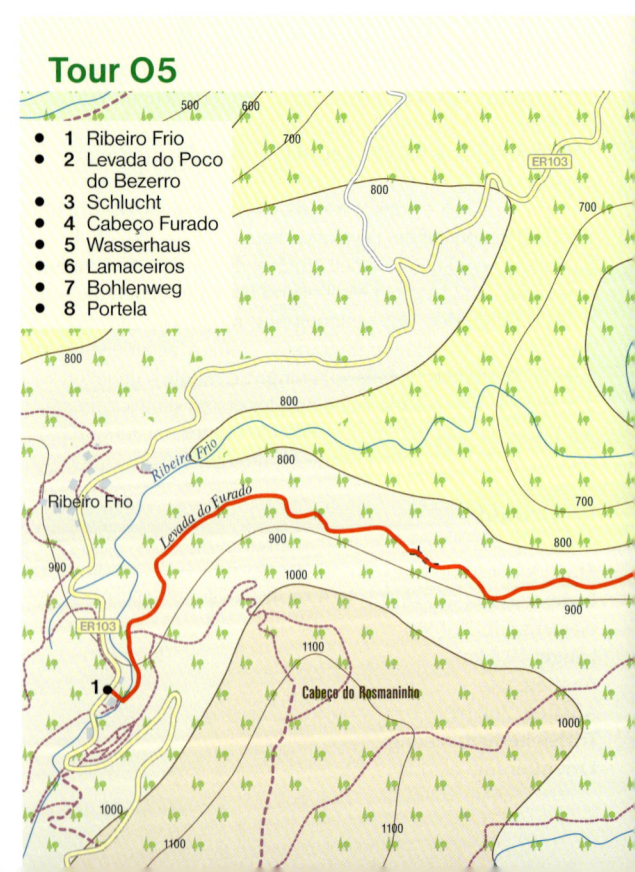

Tour O5

- 1 Ribeiro Frio
- 2 Levada do Poco do Bezerro
- 3 Schlucht
- 4 Cabeço Furado
- 5 Wasserhaus
- 6 Lamaceiros
- 7 Bohlenweg
- 8 Portela

Anschluss: Tour O6 Portela – Maroços (und weiter auf Tour O3 nach Machico oder Caniçal), F2 Camacha – Sítio Quatros Estradas – Portela (und auf F1 weiter nach Monte), Tour O7 Spaziergang nach Balcões und zurück

Wegbeschreibung

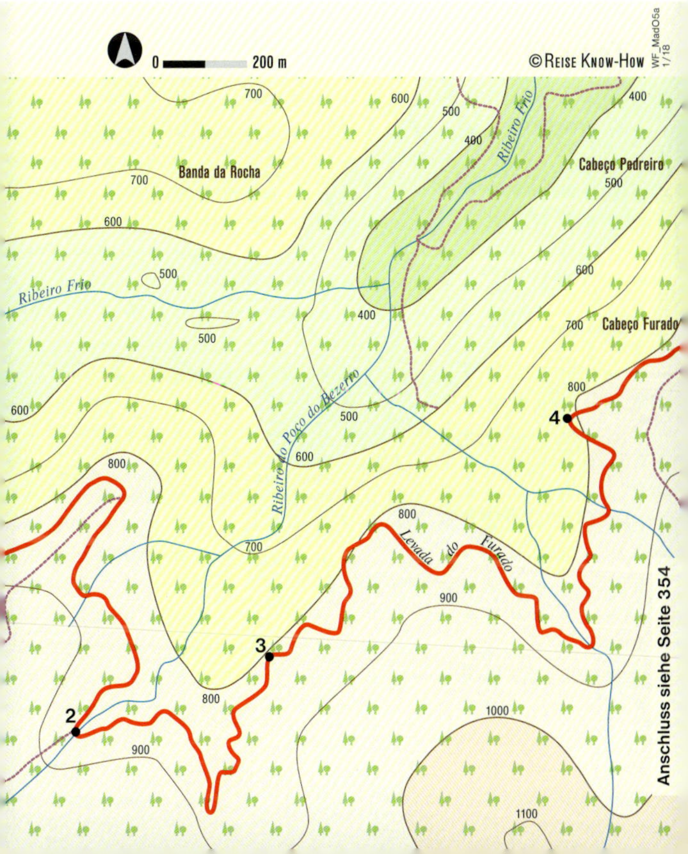

Der „kalte Fluss" – **Ribeiro Frio (1)** – mit der gleichnamigen Ortschaft unterhalb des Pico do Arieiro liegt an der Hauptverbindung von Funchal nach Santana und ist bei den Madeirensern für seine Forellenzuchtstation und das angeschlossene Restau-

rant berühmt. Am Wochenende ist hier bei schönem Wetter fast kein Platz zu finden.

Der Wanderweg beginnt hinter dem Forellenrestaurant auf einem breiten Betonweg, der alsbald als Waldpfad dem Lauf des Ribeiro Frio folgt (wobei der Bach sich schnell nach unten verabschiedet). Nach gut 10 Min., der Weg ist nun schmaler, kann man den Bach kaum noch hören. Ab und an ist es nun schon eng und ausgesetzter, immer aber ist der Steig mit einem verlässlich intakten Seilgeländer versehen. 20 Min. nach Start kommt hinter einer Kehre in einem Talschluss eine weitere recht enge, ausgesetzte Stelle an einem Felsen, eine bewachsene trop-

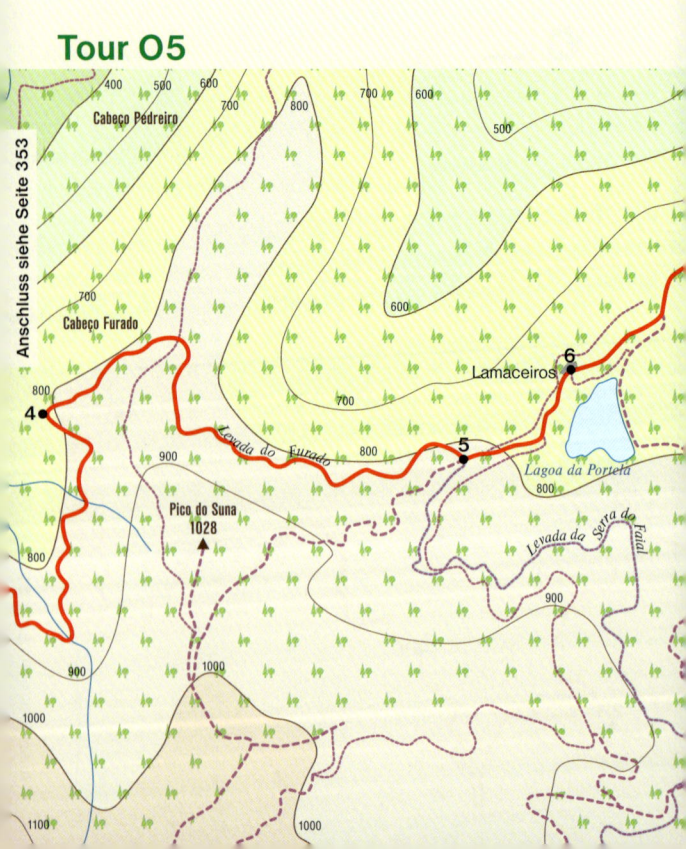

Tour O5

fende Wand und nach gutem Regen ein kleiner Wasserfall, den man hintergeht. Auch danach ist es noch einmal sehr ausgesetzt und schmal. 10 Min. nach der Kehre wird der Weg wieder breiter und nach einer Viertelstunde mündet an einem weiteren Talschluss ein Kanal ein. Die nur 1,2 km lange **Levada do Poco do Bezerro (2)** hat hier ihr Ende und speist die Levada do Furado mit zusätzlichem Wasser.

Anschließend folgen wieder mehrere ausgesetzte Stellen und 10 Min. nach der Levadaeinmündung ein Talschluss mit kleinem Wasserfall und Tümpel, den man auf einer Treppe umgeht, während die Levada den Bachlauf auf einer Brücke quert. Nach

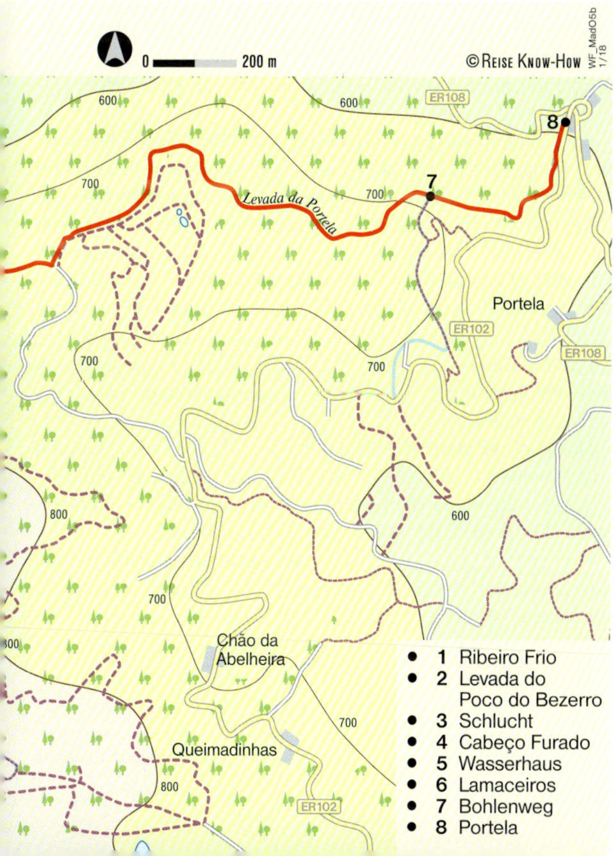

Im Osten

- 1 Ribeiro Frio
- 2 Levada do Poco do Bezerro
- 3 Schlucht
- 4 Cabeço Furado
- 5 Wasserhaus
- 6 Lamaceiros
- 7 Bohlenweg
- 8 Portela

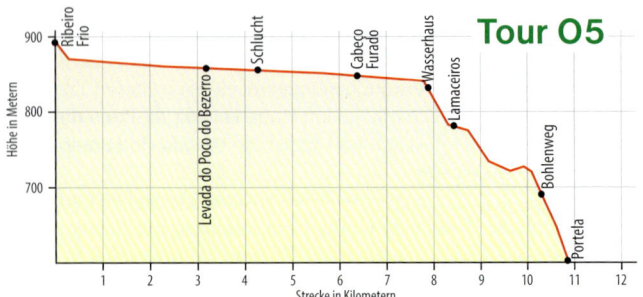

gut 5 Min. das gleiche Spiel, dann wird es wieder ausgesetzter und nach weiteren 10 Min. durchschreitet man eine erste klammartige, nicht einmal 1 m breite **Schlucht (3)** auf den Betonplatten der Levadaabdeckung und sich an Felswürfeln vorbeidrängend.

Kurz darauf kann man – bei klarem Wetter – die weiße Kugel der Radarabdeckung auf dem Pico Arieiro erblicken und 10 Min. später die Küste mit Porto da Cruz. Es folgen mehrere Kehren in Talschlüssen mit Umgehungen und bemoosten Felsen und schließlich beginnt mit der aus dem Fels des Berges **Cabeço Furado (4)** gemeißelten Schlucht der attraktivste Teil der Wanderung. Auch hier ist die Levada abgedeckt und auf ihr geht es durch das enge Halbdunkel der 20 m hohen Felsen und am Ende durch ein Felstor – das erste einer ganzen Reihe an Toren bzw. kurzen Tunnels, die für den Wasserkanal in den Stein geschlagen wurden.

Natürlich ist der Begleitweg der Levada hier sehr aussetzt (doch weiterhin gut versichert), der Blick reicht weit über die Küste. 5 Min. hinter dem letzten Felstor steht man am **Wasserhaus (5)** oberhalb der Forststation von Lamaceiros.

Hier geht es hoch zum 1028 m hohen Pico de Suna (mit meist geschlossenem Aussichtsturm), entlang der Levada da Serra do Faial nach Camacha (s. Tour F2) und entlang der Levada da Portela nach Lamaceiros runter.

086wirra sk.

Madeira-Baumwacholder/Zedernwacholder

(juniperus cedrus, port. cedro/zimbro da madeira, engl. madeira juniper)

Die Zypressenart ist (meist in höheren Regionen) auf Madeira und den Kanarischen Inseln (und nur dort) heimisch, kann bis zu 25 m hoch wachsen und ist als stark gefährdet eingestuft. Ihr schönes gelb bis rot gemasertes und aromatisches Holz galt als so wertvoll, dass der portugiesische König das Schlagen der Stämme bereits im Jahr 1493 reglementiert hatte. Es fand besonders für die geschnitzten Decken in hochherrschaftlichen Häusern und in Kirchen Verwendung. Bis ins 19. Jh. kam der Baum noch relativ häufig vor, übermäßige Abholzung hat aber für sein Verschwinden gesorgt (nur noch 40 Bäume stehen auf Madeira).

128wma fo © Tamara Kulikova

In 8 Min. erreicht man auf breitem Forstweg die Forststation von **Lamaceiros (6)** mit einem riesigen Wasserbecken unterhalb und einem ausnehmend schmucken Picknickplatz im Schatten alter Bäume und mit zahlreichen gepflegten Blumenbeeten.

Nun nimmt man den Forstweg bergab (wer möchte kann ein Stück weit auch parallel auf einen Treppenpfad ausweichen), hält sich an der vom Staubecken hoch einmündenden Asphaltstraße nach links bergab und achtet nach 3 Min. hinter der Einmündung auf einen gelben Pfeil rechterhand. Dort nimmt man den schmalen Pfad nach rechts entlang einer Levada. Nach weiteren 3 Min. steigt man am Schild „Portela" von der Levada weg weiter runter, folgt dem unteren Kanal zu einem **Bohlenweg (7)** (25 Min. hinter Lamaceiros) und steigt in knapp 10 Min. zur Asphaltstraße hinunter; auf ihr sind es 100 m nach **Portela (8)**.

Ribeiro Frio (1)	0 Min.	880 m
32.735171, 16.886362		
Levada do Poco do Bezerro (2)	45 Min.	870 m
32.733993, 16.870564		
Schlucht (3)	70 Min.	860 m
32.735478, 16.865559		
Cabeço Furado (4)	115 Min.	850 m
32.740536, 16.857963		
Wasserhaus (5)	135 Min.	840 m
32.739535, 16.846901		
Lamaceiros (6)	145 Min	780 m
32.741329, 16.844117		
Bohlenweg (7)	170 Min.	680 m
32.745102, 16.829738		
Portela (8)	180 Min.	620 m
32.746614, 16.826184		

Im Osten

O6 Portela – Maroços

3½ Std. | 10 km
leicht
▲ 30 m ▼ 410 m

Schattige Wanderung durch Lorbeerwald und unter hohen Farnbäumen hindurch, deren Wedel in geometrischer Gleichmäßigkeit die Sonnenstrahlen in schmale Streifen schneiden. Auch wenn die Wanderung an sich nicht konditionsraubend ist und bis zum Ende auf Waldpfaden fast ohne Steigungen verläuft, ist der Abstieg von der Forststation Funduras nach Maroços über relative steile Forstwege, Bohlentreppen und Betonstufen ein bisschen anstrengend.

Die **Forststation Casa das Funduras** ist mit ihrem schönen und gepflegten Picknickplatz ein guter Platz für eine Pause, bevor es hinuntergeht nach Maroços.

087wma sk

Die Welt der Farne

Start/Ende: Portela (32.746614, 16.826184)
Gesamtzeit: 3½ Std.
Länge: 10 km
Anstieg: 30 m
Abstieg: 410 m
Trittsicherheit: niedrig
Orientierung: niedrig
Schwindel: niedrig
Kondition: niedrig
Einkehr: Restaurants in Portela, Bar Fonte Vermelha in Maroços
Anfahrt: Sam (von Faial) von Funchal über Machico nach Portela (Mo–Fr 7 mal, Sa 3 mal, So 1 mal, einfach 4 Euro)
Abfahrt: Sam Bus Nr. 156, 208 von Maroços nach Machico (Mo–Fr mindestens stündlich, Sa/So alle 1–2 Stunden, einfach 1,30 Euro)
Ausrüstung: Wanderschuhe
Anschluss: Tour O2 Maroços – Pico do Facho (und weiter auf O3 nach Machico oder Caniçal), F2 Camacha – Sítio Quatros Estradas – Portela (und auf F1 weiter nach Monte), O5 Ribeiro Frio – Portela

Wegbeschreibung

Man nimmt den breiten Weg in **Portela (1)** hinter dem oberen Restaurant beim Schild „Maroços 8 km" auf und passiert auf breiter Kiesforststraße eine mächtige alte Kiefer.

Nach 2 Min. biegt man in eine abgehende Forststraße links ein (die Estrada Florestal da Serra das Funduras) und spaziert dem Lauf der Levada da Portela folgend – deren Wasser aus dem Ribeiro Frio kommt – unmerklich leicht bergab und ereignisarm weiter bis zu einem **Miradouro (2)** mit Blick auf den mächtigen, bewaldeten Block des Adlerfelsens (Tour N6) zwischen Faial und Porto da Cruz (25 Min. nach Start).

2 Min. danach passiert man den Zugang zu einem hohen, schmalen Levadatunnel mit verrohrtem Kanal, 100 m weiter verschwindet die Levada in einem 50 m langen Tunnel, man um-

Im Osten

Picknickplatz der Forststation Casa das Funduras

Tour O6

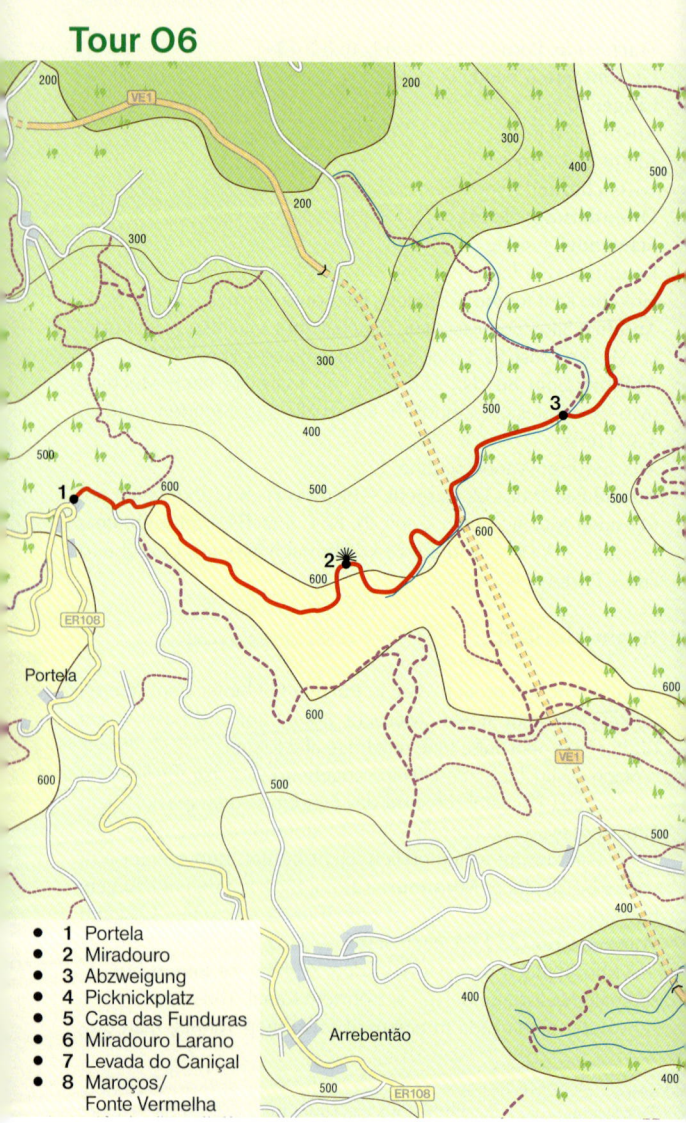

1 Portela
2 Miradouro
3 Abzweigung
4 Picknickplatz
5 Casa das Funduras
6 Miradouro Larano
7 Levada do Caniçal
8 Maroços/
  Fonte Vermelha

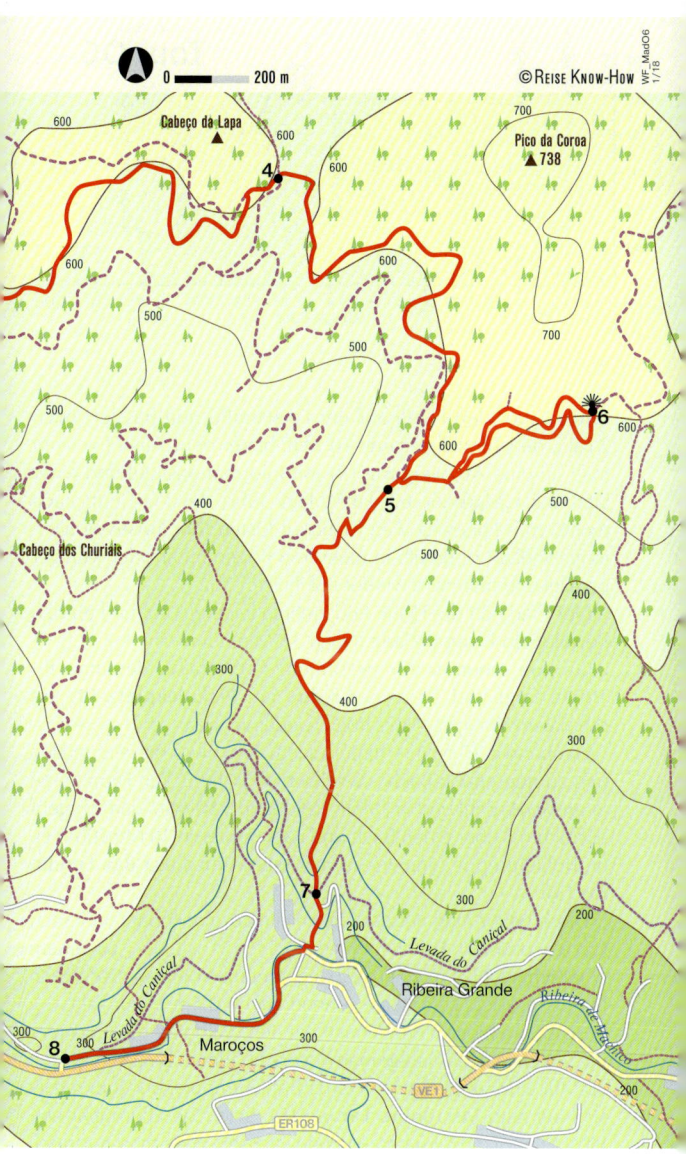

0 ▬▬ 200 m

© Reise Know-How

WF_MadO6
1/18

600
Cabeço da Lapa ▲
600
4
600
700
Pico da Coroa
▲ 738

600
600
600
500
600
500
500
6
600
600
5
600

500
500
500
400
Cabeço dos Churiais
500
400

300
300
400
300

400
300
200

7
200
Levada do Caniçal
300
Ribeira Grande
300
Ribeira de Machico
200

300
Levada do Caniçal
300
8
Maroços
300
200
VE1
ER108

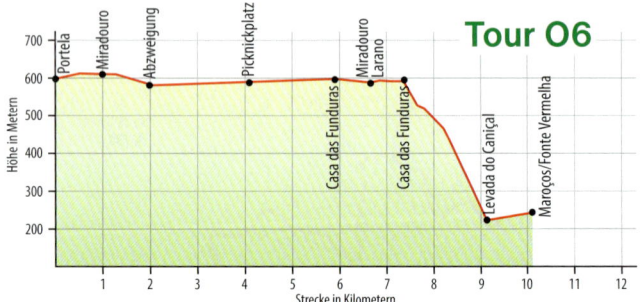

Tour O6

rundet aber den Hang auf der Forststraße und passiert nach 3 Min. den Tunnelausgang. 10 Min. hinter dem Tunnel gelangt man an eine **Abzweigung (3)** mit Informationstafel und einer Sitzbank („Maroços 6,2 km"). Hier führt der Pfad nun nach rechts vom Forstweg weg Richtung Osten (der Forstweg allerdings verläuft oberhalb in mehreren Bögen mehr oder weniger parallel und man wird wieder auf ihn stoßen).

Der Pfad hält die Höhe und zieht in leichtem auf und ab den bewaldeten Hang entlang. Nach 35 Min. führt eine kurze Bohlentreppe hinunter zur (besagten) Forststraße, der man für 100 m folgt und sie in der Kehre am **Picknickplatz (4)** auf schmalem Waldpfad links hoch wieder verlässt.

Nach etwa 20 Min. – hinter einem Talschluss mit einem kleinen zu querenden Bach – wachsen die schmucken Farnbäume in größerer Zahl und in „freier Wildbahn". 10 Min. danach geht es nochmal über einen Bach und nach weiteren 10 Min. über eine Bohlentreppe hinunter zum **Forststation Casa das Funduras (5).**

Doch bevor man auf dem Picknickplatz im schön angelegten Garten pausiert kann man noch einen Abstecher zu einem „Aussichtspunkt" machen. Dazu nimmt man den Forstweg nach hinten, passiert geradeaus gehend nach 100 m einen Fahrweg bergab und biegt 25 m danach auf den Waldpfad mit Geländer nach rechts ab. Ihm folgt man von Farnbäumen begleitet für gut 10 Min. und steigt dann auf einer Bohlentreppe kurz aber relativ steil auf zum **Miradouro Larano (6)**. Seien Sie aber nicht enttäuscht, er ist inzwischen so zugewachsen, dass man nur noch einen kleinen Ausschnitt der Küste mit dem Ilhas Desertas im Hintergrund sieht – und die Spitze des Pico do Facho mit seinen Antennen.

Nach der verdienten Pause am **Casa das Funduras (5)** nimmt man die Bohlentreppe unterhalb des Forsthauses auf. An ihrem Ende hält man sich rechts und nimmt die Forststraße bergab. Nach 2 Min. an einer Einmündung wählt man den linken Weg, geht nach 4 Min. erneut links, nach 6 Min. und nach weiteren 2 Min. geradeaus (jeweils Hinweisschilder). Dann geht es auf einer Forststraße steil bergab zu einem kleinen Wasserbecken, an ihm rechts vorbei und kurz (und weglos) steil bergab. 5 Min. hinter dem Wasserbecken und knapp 30 Min. hinter der Forststation markiert eine Hinweisbake den Beginn der Steintreppe hinunter nach Maroços. An den Häusern des oberen Maroços vorbei geht es schnell abwärts zur **Levada do Caniçal (7).**

An ihr hält man sich entweder nach rechts und folgt ihrem Lauf in einem weiten Bogen (Höhe haltend) für 25 Min. oder geht weiter bergab zur Straße und auf dieser dann leicht bergan in 15 Min. zur Bar **Fonte de Vermelha (8),** wo Tour O3 über den Pico do Facho nach Machico oder Caniçal beginnt.

Portela (1) 32.746614, 16.826184	0 Min.	620 m
Miradouro (2) 32.745797, 16.817874	25 Min.	590 m
Abzweigung (3) 32.749371, 16.811292	40 Min.	580 m
Picknickplatz (4) 32.755609, 16.798965	75 Min.	580 m
Casa das Funduras (5) 32.748405, 16.795633	115 Min.	570 m
Miradouro Larano (6) 32.750052, 16.789657	130 Min.	600 m
Casa das Funduras (5) 32.748405, 16.795633	145 Min.	570 m
Levada do Caniçal (7) 32.738695, 16.797709	185 Min.	220 m
Maroços/Fonte Vermelha (8) 32.735030, 16.804095	210 Min.	240 m

Im Osten

Baumfarn

(sphaeropteris cooperi, port. feto arbóreo, engl. australian tree fern)

Diese dekorative Farnart stammt aus Australien, wird auf Madeira bis zu 8 m hoch und der Stamm bis 15 cm dick. Als Parkpflanze ist sie ausgesprochen beliebt, da sie schnell wächst und auch sehr pflegeleicht und robust ist. Sie findet sich in fast allen botanischen Gärten und öffentlichen Parks auf Madeira. In Europa wurde der Farn erstmals in Sintra eingeführt, als reiner Schmuckbaum und relativ spät. Er fand im Zuge der Romantik und der Landschaftsgärtnerei seinen Weg Mitte des 19. Jh. in die Parks der Herrenhäuser des unweit Lissabons gelegenen Ortes – und gelangte von dort auf die Insel.

034wma sk

O7 Balcões

> ¾ Std. | 2,8 km
> **leicht**
> ▲ 0 m ▼ 0 m

Schattiger Spaziergang durch den ursprünglichen Lorbeerwald in der Inselmitte – hervorragend für eine kurze Nachmittagsabwechslung oder als Verdauungsbewegung nach einem Lunch mit Forelle vom Grill mit Salat. An Wochenenden bei schönem Wetter und auch wochentags, wenn Kreuzfahrtschiffe in Funchal liegen, kann es schon mal eng werden.

Die mindestens 200 Jahre alte **Levada do Furado,** der man ein kurzes Stück folgt, hat im Tal des „kalten Flusses" ihren Ursprung, fließt weiter nach Lamaceiros, speist dort die Levada da Portela, die wiederum das Wasser nach Porto da Cruz bringt.

An der Forststation von Ribeiro Frio werden im klaren Gebirgswasser die **Forellen** gehegt und gepflegt, die für die Bäche der Insel und die Levadas vorgesehen sind – auf die Teller der Gaststätten kommen sie nicht (diese stammen aus der Forellenstation im Tal oberhalb von Seixal).

Kaffeespaziergang zum Aussichtspunkt

Start/Ende: Ribeiro Frio (32.735297, 16.886308)
Gesamtzeit: ¾ Std.
Länge: 2,8 km
Anstieg: 0 m
Abstieg: 0 m
Trittsicherheit: niedrig
Orientierung: niedrig
Schwindel: niedrig
Kondition: niedrig
Einkehr: Restaurants in Ribeiro Frio, Bar Flor da Selva auf halber Wegstrecke hin
An-/Abfahrt: Horários do Funchal von und nach Funchal (und weiter nach Santana) Busse Nr. 56/103/138 (Mo–Sa 4 mal, So 3 mal, einfach 3,35 Euro)
Ausrüstung: Wanderschuhe
Anschluss: Tour O6 Portela – Maroços (und weiter auf O3 nach Machico oder Caniçal), F2 Camacha – Sítio Quatros Estradas – Portela (und auf F1 weiter nach Monte)

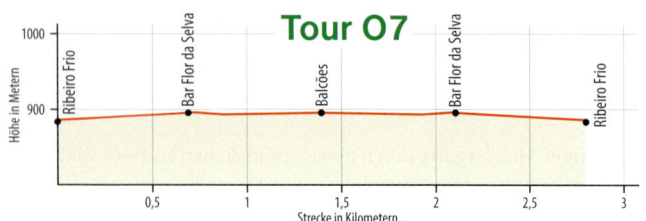

Wegbeschreibung

Von der Gartengaststätte in **Ribeiro Frio (1)** geht man 50 m die Asphaltstraße leicht bergab und biegt an der großen Tafel und den Hinweisschildern nach links weg.

Der sehr breite und feine Waldweg folgt der Levada do Furado und verläuft einige Minuten direkt parallel zur Straße, die sich dann aber absenkt. Nach sieben Minuten passiert man einen 20 m langen Hohlweg, kurz hinter ihm begleiten die Dächer der Wohnhäuser rechts unten an der Straße den Spaziergänger eine Weile. Linkerhand sind einige Farnbäume zu sehen. 12 Min. nach Beginn geht es an der **Bar Flor da Selva (2)** vorbei, die ihre Tische an den Weg gestellt und auch Souvenirs im Angebot hat.

3 Min. hinter der Bar kommt man an einer Hütte nochmals durch einen 20 m langen Hohlweg. Hier wendet sich der Waldweg von der Straße weg. Nach einem weiteren Hohlweg (5 m) ist eine Verzweigung erreicht. Die Levada fließt nach links, nach rechts gehend gelangt man in 2 Min. zum **Miradouro dos Balcões (3)**. Das Felsgetürm am geländergesicherten Aussichtspunkt ist ein beliebter Sitz- und Rastplatz, um das Panorama zu genießen und Mitge-

brachtes zu verzehren. Zu sehen sind die Gipfel des Hauptmassives (von links nach rechts) mit Pico Arieiro, Pico Galo, Pico Torres und Pico Ruivo.

Auf demselben Weg spaziert man nach **Ribeiro Frio (1)** zurück.

Café-Bar Flor da Selva am Wegesrand

088wma sk

Ribeiro Frio (1)	0 Min.	880 m
32.735297, 16.886308		
Bar Flor da Selva (2)	12 Min.	880 m
32.739156, 16.888251		
Miradouro dos Balcões (3)	22 Min.	880 m
32.741529, 16.890239		
Bar Flor da Selva (2)	34 Min.	880 m
32.739156, 16.888251		
Ribeiro Frio (1)	45 Min.	880 m
32.735297, 16.886308		

Kurzer Weg mit großer Wirkung: am Miradouro dos Balcões

Kap-Belladonna

(brunsvigia rosea, port. açucenas da serra, engl. belladonna lily)

Einmal mehr ist es eine Pflanze, die aus dem südlichen Afrika – genauer aus der Kap-Provinz – stammt. Das Amaryllisgewächs heißt nicht umsonst „schöne Frau". Ihr trompetenförmiger Blütenkelch zeigt sich in zartem Rosa, ist eine der Zierpflanzen und animierte die Fantasie der Menschen von jeher – so heißen sie auf den Azoren *meninas para escola* (in Anspielung auf die rosa Farbe der Schuluniformen für Mädchen), bei den Engländern sogar *naked lady* (da die Stengel noch vor dem Erblühen die Blätter verlieren). Da sie sehr giftig ist, scheuen sie alle Tiere, sodass sie keinerlei Verbiss zu erleiden braucht.

089wma sk

Wanderungen
im Norden

Wanderungen im Norden

Die Bergwände entlang der Nordküste erheben sich nahezu senkrecht aus dem Meer. Die Steilküste ist nur an wenigen Stellen unterbrochen, wo sich dann rauschende Ribeiras in den Atlantik ergießen. An den Mündungen und in den Flusstälern liegen vereinzelte Siedlungen. Noch bis zur Mitte des 20. Jahrhunderts waren sie nur per Schiff erreichbar. Dann wurde die Küstenstraße in den Fels geschlagen. Klimatisch unterscheidet sich der Norden deutlich vom Süden: Die von den Passatwinden herangetriebenen Wolken bleiben meist an den hohen Bergbarrieren hängen, sodass der Besucher hier häufiger mit Wolken und Regen rechnen muss. Die See ist deutlich unruhiger, und an Baden ist nur in den natürlichen oder künstlich geschaffenen Meeresschwimmbecken zu denken. Rau und unzugänglich, besitzt Madeiras Nordwestküste einen ganz besonderen, herben Charme. Trotz der steilen Flanken bietet die Nordküste einige schöne Wanderungen, darunter die anstrengende Exkursion auf den Penha da Água, den Adlerfelsen, aber auch kurze Ausflüge wie zum Ribeiro Bonito, dem schönen Fluss, entlang der Levada do Rei.

Kapitelstartseite:
Die Landzunge Ponta do São Jorge

N1 Rundwanderung
Chão da Ribeira da Seixal
– Paúl da Serra
– Chão da Ribeira

> 5–6 Std. | 11,8 km
> schwer
> ▲ 950 m ▼ 950 m

Lange und anstrengende Wanderung oberhalb von Seixal mit einem steilen fast direkten Anstieg auf dem Vereda das Voltas und einem ebenso langen, teilweise steilen Abstieg auf dem Vereda da Cavaca über Bohlentreppen. Man sollte also Stufen schon mögen. Die Belohnung ist die Entdeckung eines kaum begangenen Weges durch den dichten Urwald der Nordhänge Madeiras unter Lorbeer und zwischen Farn.

Während es beim An- und Abstieg fast keine Aussichten gibt, bekommt man diese zur Genüge oben, wenn man auf den Ausläufer der Hochebene Paúl da Serra von Miradouro zu Miradouro gelangt.

Und auch das Ausgangstal hat durchaus romantischen Charakter. Kleine Felder, wenige Häuschen, einige Levadas, ein wilder Gebirgsbach und die naturgeschützten Wälder an den Hängen sind immer ein Grund auf schmaler Serpentinenstraße die Küste bei Seixal zu verlassen.

Wenn das **Waldrestaurant Laurisilva** offen haben sollte, darf man dort eine Mahlzeit keinesfalls versäumen: Hier gibt es beste authentische Küche in lockerer Atmosphäre. Gegen Ende der Tour kann man alternativ auf einem Fußweg nach Seixal absteigen.

Urwald pur

Start/Ende: Chão da Ribeira da Seixal/Restaurant Laurisilva (32.800821, 17.115685)
Gesamtzeit: 5–6 Std.
Länge: 11,8 km
Anstieg: 950 m
Abstieg: 950 m
Trittsicherheit: hoch
Orientierung: hoch
Schwindel: mittel
Kondition: hoch

Im Norden

Einkehr: Am Wegesrand keine, Restaurant Laurisilva am Start-/
Endpunkt (Sítio do Chão da Ribeira, Tel. 291854007, im Sommer
geöffnet)
Anfahrt/Abfahrt: Keine öffentlichen Verkehrsmittel
Ausrüstung: Bergschuhe, Sonnenschutz
Anschluss: Tour ZW4 vom Forsthaus Fanal zum Paúl da Serra
(und weiter auf ZW3 nach Rabaçal oder auf ZW5 nach Ribeira
da Janela)

Wegbeschreibung

Vom Parkplatz des **Restaurant Laurisilva (1)** geht man zum Lo-
kal und direkt vor diesem auf dem schmalem Wiesenpfad nach
links. Sofort gelangt man in den dichten Wald und wird nun für
längere Zeit darin verbleiben. Am Anfang mäandriert der Weg
etwas undurchsichtig und mit mehreren Armen durch den Wald,
schnell wird er aber eindeutig. Nach 10 Min. ist ein altes Bachbett zu durchqueren und dahinter geht es auf einem getreppten
Pfad steil hoch.

   Gute 15 Min. hinter dem Bachbett achte man auf eine kleine
Steinpyramide I (2) links des Weges. Hier muss man nach links
abbiegen, auch wenn der Pfad geradeaus verlockender aussieht.
Es geht ein Stück weit etwas flacher dahin, nach einer Kehre wird
es aber gleich wieder sehr steil. Nach weiteren 25 Min. passiert
man einen markanten Felsblock und geht kurz Höhe haltend unterhalb einer Felswand entlang, es folgen eine Kehre und der
nächste Anstieg.

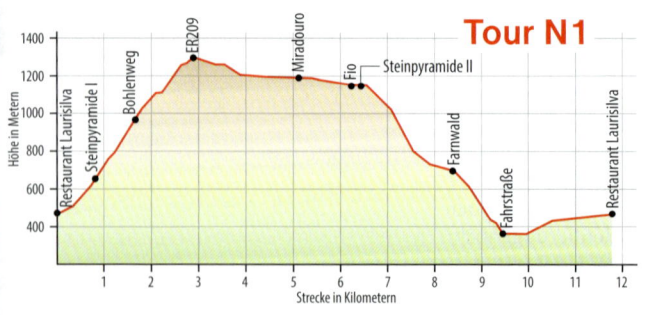

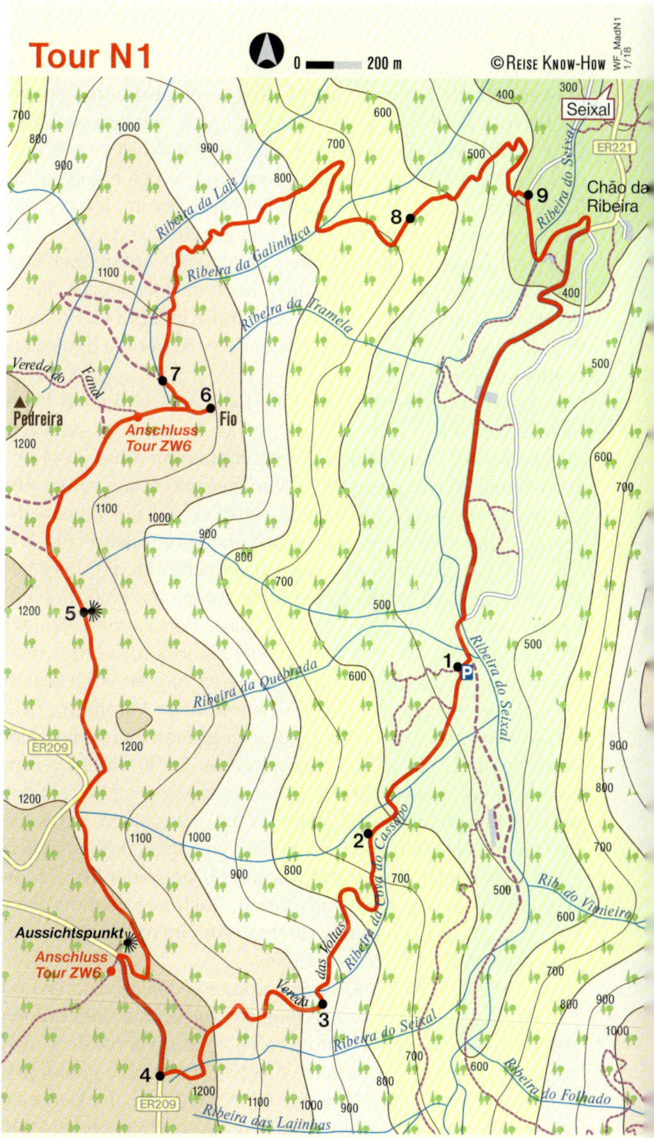

Tour N1

0 ———— 200 m

©Reise Know-How

WF_MadN1
1/18

Seixal

ER221

Chão da Ribeira

700
800
900
1000
900
600
400
300
400
500
700
800
900

Ribeira da Lage

Ribeira da Galinhaca

Ribeira da Framela

Vereda do Fanal

Pedreira
1200

7

6 Fio

Anschluss
Tour ZW6

1100
1000
900
800
700
600
500

8

9

Ribeira do Seixal

5

1200

Ribeira da Quebrada

Ribeira do Seixal

1

400
500

ER209

1200

1100
1000
900
800
700
600
500

Ribeira do Cassapo

2

Ribeira do Vinheiro

Aussichtspunkt

Anschluss
Tour ZW6

Vereda das Voltas

Vereda do Seixal

3

Ribeira do Seixal

4

ER209

1200
1100
1000
900
800
700
600
500

Ribeira das Lajinhas

Ribeira do Folhado

900
1000

- 1 Restaurant Laurisilva
- 2 Steinpyramide I
- 3 Bohlenweg
- 4 ER209
- 5 Miradouro
- 6 Fio
- 7 Steinpyramide II
- 8 Farnwald
- 9 Fahrstraße

Nach 5 Min. blickt man erstmals ins Tal auf die Brücke und den Parkplatz. 7 Min. später quert man einen kleinen Bachlauf, steigt auf einigen Stufen hoch und gelangt nach 5 Min. an einen **Bohlenweg (3)**, in den man nach rechts einbiegt und die Stufen hochsteigt. Nach gut 5 Min. wird es etwas weniger steil, der Weg führt nun in Serpentinen weiter. Der Wald ist jetzt lichter und der Pfad folgt einem Grat, bewältigt einige mäßig steile Bohlenstufen und führt um einen Felsblock herum. Jetzt ist der anstrengende Anstieg mehr oder weniger absolviert.

Es geht flacher weiter, an einer Quelle (mit Auffangbehälter aus Plastik) über einige Steinstufen hoch und schließlich durch den Heidebusch flach in 5 Min. zur **Straße ER209 (4)**. Ein Stein trägt als Inschrift „2013", das Jahr, in dem die Vereda das Voltas eröffnet wurde.

Man folgt nun der Asphaltstraße für 5 Min. und biegt dann beim Schild „PR13 Fanal" wieder rechts auf den Pfad weg von der Straße ab. Man befindet sich nun auf dem unter ZW4 beschriebenen Wanderweg PR13. Von hier sind es auf einem Abstecher 100 m zum Miradouro mit Blick auf die Ribeira do Seixal. Man kehrt zur Straße zurück und nimmt den Pfad nach links auf, der unterhalb des Aussichtspunktes um den Berg herumführt. Erst auf gepflasterten Stufen, dann auf einer Bohlentreppe geht es hinunter in den Laurisilva, den Zauberwald und die Baumheide. 20 Min. hinter dem Miradouro berührt man noch einmal kurz die Straße ohne sie zu queren, folgt einem breiten Karrenweg und erreicht einen weiteren **Miradouro (5)**.

Den Schildern „Fanal" folgend gelangt man in 15 Min. zum Abzweig nach Fio (geradeaus wären es 1,6 km bergab zum Forsthaus von Fanal). **Fio (6)**, 300 m vom Abzweig, besteht aus ein paar Blechhütten zur Lagerung von Gerätschaften, früher haben hier wohl Hirten und Forstarbeiter gewohnt und sind mittels eines Lastenaufzugs versorgt worden (Reste seiner Installation sind am Miradouro noch vorhanden). Auch hier geht der Blick hinunter auf Seixal und das Hochtal. An einem Brunnen kann man seine Wasserflaschen auffüllen.

Man orientiere sich nun an der Kuppe mit den Fahrspuren und passiere sie auf der linken Seite nach Norden an einer grünen Hütte vorbei. Die letzte nördliche Hütte von Fio passiere man rechterhand in einem Abstand von etwa 50 m und befindet sich dann auf einem breiten Wiesenweg. Nach 2 Min. markiert eine **Steinpyramide II (7)** einen schmalen, rechts abgehenden Pfad,

008wma sk

den man nimmt. Am nächsten Fahrweg geht es nach rechts und 1 Min. später am betagten Schild „Seixal" wieder nach rechts.

Nun hat es sich mit der Orientierung, es geht mal auf mit Bohlen oder Steinen getrepptem Weg, dann wieder steil und direkt bergab. 10 Min. hinter dem Schild marschiert man durch die Reste eines Tores mit Metallzaun und dann weiter steil hinunter. 20 Min. hinter dem Tor lichtet sich der Wald etwas und der Weg führt weniger steil und schräg am Hang entlang ins Tal hinein, etwas ausgesetzt, aber immer wieder mit Holzgeländern gesichert. Nach gut 10 Min. sprudelt in einer farnbewachsenen Kehre die Ribeira da Galinhaça zu Tal. Und nach nochmals 10 Min. durchwandert man einen gigantischen **Farnwald (8),** eine der beeindruckendsten Stellen der Wanderung.

Im Norden

Im Farndschungel Madeiras

Anschließend wird es wieder steil, ab und an hat man Ausblicke aufs Tal und 35 Min. hinter dem Farnwald, die letzten Meter auf einer Treppe und von einer Levada begleitet, ist die **Fahrstraße (9)** erreicht. Auf ihr nach rechts und bergan und nach gut 10 Min. auf der Hauptstraße erneut rechts und bergan erreicht man den Ausgangspunkt der Wanderung, das **Restaurant Laurisilva (1)**.

Abstieg nach Seixal

An der **Fahrstraße (9)** geht man nicht rechts, sondern links, 300 m bergab und dann rechts auf der Brücke über die Ribeira da Seixal, über die Felder, die Treppe hoch die Fahrstraße querend und auf der anderen Seite wieder auf den Fußweg für 100 m leicht bergan. Dann muss man links abbiegen und gelangt schnell Höhe abbauend (und noch einmal die Fahrstraße querend) nach Seixal hinein (25–30 Min. insgesamt).

Seixal in der Abendsonne

007wma sk

Restaurant Laurisilva (1)	0 Min.	480 m
32.800821, 17.115685		
Steinpyramide I (2)	25 Min.	650 m
32.795446, 17.119333		
Bohlenweg (3)	90 Min.	950 m
32.790278, 17.120905		
Straße ER209 (4)	140 Min.	1300 m
32.788032, 17.127128		
Miradouro (5)	180 Min.	1200 m
32.802625, 17.130132		
Fio (6)	195 Min.	1150 m
32.808991, 17.125572		
Steinpyramide II (7)	200 Min.	1150 m
32.809807, 17.127364		
Farnwald (8)	260 Min.	680 m
32.814915, 17.117670		
Fahrstraße (9)	295 Min.	350 m
32.815619, 17.113212		
Restaurant Laurisilva (1)	310 Min.	480 m
32.800821, 17.115685		

Baumbart/Gewöhnliche Bartflechte

(usnea filipendula, port. urzela,

engl. fishbone beard lichen)

Ohne diese Flechte wäre der Urwald Madeiras nur halb so schön. Sie umrankt Stämme, hängt von den Ästen knorriger uralter Bäume und verleiht diesen die nötige Weisheit, die die Bewohner eines Feenwaldes benötigen. Die Flechte ist übrigens ein ganz eigenartiges Doppelwesen, dessen Protagonisten ohne den anderen nicht überleben könnten. Pilze und Grünalgen bilden als Lichen eine symbiotische Partnerschaft. Sie werden nicht den Pflanzen zugerechnet, sondern gelten strenggenommen als Pilz. Und sie können mehrere Tausend Jahre alt werden. Die Verbreitung durch Sporen, die mit Winden die ganze Erdkugel umrunden können, hat dafür gesorgt, dass praktisch keine endemischen Arten existieren. Im 15. Jh. begannen die Stoffhersteller Flanderns u.a. aus Madeira bestimmte Flechtenarten zu importieren (*roccella tinctoria*) und aus ihnen (mit Hilfe von Urin) Farbstoffe für ihre Tücher zu extrahieren. Erst 1850 rentierte sich dieser Handel nicht mehr (das künstliche Anilin trat seinen Siegeszug an).

035wma sk

N2 Levada da Fajã do Rodrigues (São Vicente)

> 1½–2 Std. | 5,2 km
> mittelschwer
> ▲ 0 m ▼ 0 m

Eigentlich einfache Wanderung ohne An- oder Abstiege oder besonders ausgesetzte Stellen – eigentlich, wenn denn die **Tunnels** nicht wären. Und die sind hier richtig vertrackt. Dabei sind sie noch nicht mal besonders niedrig, dafür aber ist der Begleitpfad sehr schmal – und zwar richtig schmal!

Am Ende der Wanderung an der Ribeira do Passo ginge es noch durch einen 1100 m langen Tunnel (20–25 Min. sind zu kalkulieren) und danach 5 Min. auf dem abgedeckten Kanal zum Ursprung der Levada an der Ribeira do Inferno. Da auch dieser Tunnel in Abschnitten sehr eng ist und zusätzlich noch mit niedrigen Passagen aufwartet, begeht man ihn besser nicht (der Aufwand von fast einer Stunde Tunnelwanderung für einen Rastplatz steht dazu nicht im Verhältnis). Da es aber am Tunneleingang keine Möglichkeit zur Pause gibt, muss man einige Meter zurückkehren und sich einen Platz dafür suchen.

Die **Levada da Fajã do Rodrigues** gehört zu den jüngeren Kanälen. Sie geht auf das Jahr 1952 zurück und dient ursprünglich nur zur Bewässerung der lokalen Felder rund um Ginjas und Lanços. 1994 verlängerte man sie bis zum Kraftwerk von Serra de Água, seitdem ist sie an der Stromerzeugung beteiligt. Um den Wasserdurchsatz zu erhöhen bohrte man 2002 den Stollen Galería da Fajã da Ama, der kurz oberhalb der Levada endet und sein Wasser über mehrere Betonstufen in die Levada abgibt.

Wasser, Wald und schmaler Weg

Start/Ende: Parkplatz Levada da Fajã do Rodrigues (32.779120, 17.049301)
Gesamtzeit: 1½–2 Std.
Länge: 5,2 km
Anstieg: 0 m
Abstieg: 0 m
Trittsicherheit: mittel
Orientierung: leicht
Schwindel: mittel
Kondition: leicht

Im Norden

Anfahrt/Abfahrt: Vom Encumeada-Tunnel kommend auf der alten ER104 nach São Vicente fahren, kurz vor dem rechts stehenden Centro de Saúde nach links auf die ER208 abbiegen und Richtung Ginjas, Lanços, Parque Empresarial auf der Asphaltstraße 3,5 km hochfahren, dann 400 m Schotterstraße bis zum Einstieg (auch für Pkw bei umsichtiger Fahrweise). Keine öffentlichen Verkehrsmittel.

Ausrüstung: Wanderschuhe, Taschenlampe

Wegbeschreibung

Die Informationstafel für den offiziellen Wanderweg PR16 markiert den Einstieg am **Parkplatz (1).** Auf gutem, etwas schmalem Weg geht es Höhe haltend an einem Zaun entlang von der Schotterpiste weg.

Schnell ist ein Rauschen zu hören. Nach wenigen Minuten passiert man eine riesige **Betontreppe (2),** auf der Wasser in die Levada rauscht. Es schießt ein Stück weiter oben aus dem Boden. Die Galería da Fajã da Ama – ein 500 m langer Stollen – bringt Wasser aus dem Berg herunter, Thermalwasser übrigens, zwar nur wenige Grad wärmer als das normale Wasser, aber ausreichend temperiert, dass es bei Kälte dampft.

Unter Eukalyptus durch und im Schatten gelangt man nach 8 Min. ab Start an eine Stelle, an der sich der V-förmige Ausschnitt des Tales von São Vicente zeigt. Hier wachsen auch – wie zur Parade aufgestellt – eine gerade Linie Japanischer Si-

009wma sk

cheltannen. 5 Min. darauf ist die Levada für 50 m erdrutsch-
sicher abgedeckt. Ein Wildbach ist zu queren (der nur nach gutem Regen abkommt), in der Levada blitzen Fischlein auf und
sind mit dem Auge kaum zu verfolgen, der Eukalyptus wird nach
und nach ersetzt. Kastanien tauchen auf und immer wieder Vertreter des ursprünglichen Laurisilva. Unterhalb einer Felswand ist
die Levada wieder abgedeckt und am **Talschluss (3)** fasst eine
massive Betonstruktur das Wasser der Ribeira dos Pombos.

Erholung vor und nach dem Tunnel – ein „breiter" Pfad

Gleich anschließend ist der Weg etwas ausgesetzt, aber ausreichend breit und gesichert. Unterhalb einer tropfenden Felswand entlang ist die Levada teilweise abgedeckt, sodass man sie
als Tritt nutzen kann. Nochmals ist ein Wildbach auf einer Betonstruktur zu queren, danach wird es kurz wieder etwas ausgesetzter und São Vicente sichtbar. Dann steht man vor dem ersten **Tunnel (4):** Rucksack abnehmen, Stirnlampe an- und Krebs-
gang einlegen. Er ist zwar nur 40 m lang, doch man muss sich
mit dem Rücken an den Fels gedrückt auf dem schmalen Begleitpfad – der die Bezeichnung Sims viel mehr verdiente – vor-
wärtstasten. Am Ausgang hat man kaum Zeit den Schweiß ab-
zuwischen: 20 m sind es auf der abgedeckten Levada zum
nächsten Tunnel. Der ist 150 m lang und hat eine Komplikation
eingebaut: der Querschnitt ist teilweise nur 1,60 m hoch. Dafür
ist er in der Mitte auf etwa 40 m abgedeckt, sodass man dort bequem laufen kann. Am Anfang und am Ende heißt es aber seitlich schieben, und das auch noch gebeugt (was bekannter-
maßen den Schwerpunkt verändert). Ist man dem zweiten Tunnel entkommen geht es bequem auf abgedeckter und mit Draht
gesicherter Levada zum Talschluss hinter. Nach 5 Min. und einem 8 m langen bequem zu durchschreitendem Tunnel ist das
Ende der Wanderung erreicht, die **Ribeira do Passo (5)** mit
Schlucht und Wasserfall (aber ohne Rastmöglichkeit). Freunde
der Unterwelt können in dem Tunnel unter den Flanken des Pico

Gebändigter Levadazufluss

019wma sk

Ruivo do Paúl da Serra hindurch in 20–25 Min. auf die andere Seite wandern (als winziger Lichtpunkt ist sie zu sehen) und nach nochmal 100 m auf abgedeckter Levada den eigentlichen Ursprung des Kanals in der Ribeira do Inferno entdecken.

Die Rückkehr erfolgt auf demselben Weg und dauert 45 Min. bis zum **Parkplatz (1).**

Parkplatz (1)	0 Min.	600 m
32.779120, 17.049301		
Betontreppe (2)	5 Min.	600 m
32.780013, 17.050792		
Talschluss (3)	20 Min.	600 m
32.779319, 17.058731		
Tunnel (4)	35 Min.	600 m
32.782512, 17.060266		
Ribeira do Passo (5)	45 Min.	600 m
32.784722, 17.064112		
Parkplatz (1)	90 Min.	600 m
32.779120, 17.049301		

Im Norden

Japanische Sicheltanne

**(cryptomeria japonica, port. criptoméria,
engl. japanese cedar)**

Gut geraten – das Ursprungsland ist Japan. Und dort stellt der Baum fast 50 % des Waldbestandes. Er wächst schnell (bis zu 80 cm im Jahr) und wird bis 20 m hoch (in Japan bis 40 m). Er liebt feuchtes, sonniges Klima und viel Niederschlag, die Nordküste Madeiras ist da ideal. Trotzdem kommt er auf der Insel nur vereinzelt vor (im Gegensatz zu den Azoren, wo er – erst im 20. Jh. großflächig als Plantagenbaum gepflanzt – sogar fast zwei Drittel der Forste ausmacht). Nach Madeira und Europa kamen die ersten Exemplare im 19. Jh., da ihre Kronen bei Einzel- und Gruppenwuchs in den Parklandschaften ein pittoreskes Bild abgeben.

036wma sk

N3 Rundwanderung São Jorge (Calhau)

> 2–2½ Std. | 4,8 km
> leicht
> ▲ 290 m ▼ 290 m

In früheren Zeiten waren die **Pflasterwege** die „Autobahnen" der Insel, die Bauern und Handwerker waren auf Schusters Rappen unterwegs, auf dem Rücken das Werkzeug oder die Ernte. Nur wer vermögend war konnte sich einen Esel leisten. Und wer sich in einer Sänfte von Ort zu Ort tragen ließ war unermesslich reich.

Fast durchweg genießt man auf der Wanderung herrliche Blicke über die Küste und die hoch aufragenden Felswände der Nordseite Madeiras rund um die eindrucksvoll ins Meer ragende Basaltzunge der Ponta de São Jorge. Der Weg auf sie herauf ist höchst abenteuerlich und ab und an auch durch ein Schild verboten (was aber weder einheimische Angler noch Touristen aufzuhalten vermag). Auf eigenes Risiko also!

Der Küstenpflasterweg, der Weg vom Leuchtturm hinunter und der Weg nach Santana hoch gehörten zum System der Königswege, die gegen Ende des 19. Jh. auf Veranlassung des portugiesischen Königs entstanden, um die Handels- und damit die Lebensumstände auf der Insel zu verbessern.

Hinweis: Wegen der steilen Felswände und der damit verbundenen Steinschlaggefahr sollte man die Wanderung bei starkem Regen nicht unternehmen. Wer mit dem Bus anreist kann die Wanderung direkt am Miradouro des Cabo Aéreo beginnen und enden lassen. Auch von der Quinta do Furão lässt sich die Rundwanderung beginnen (dann sind allerdings je 180 Höhenmeter in An- und Abstieg hinzuzurechnen).

Ein Bad in Sonne und Meer

Start/Ende: Farol de São Jorge (32.834376, 16.905996), alternativ Cabo Aéreo oder Quinta do Furão
Gesamtzeit: 2–2½ Std.
Länge: 4,8 km
Anstieg: 290 m
Abstieg: 290 m
Trittsicherheit: leicht
Orientierung: leicht

Im Norden

Schwindel: leicht
Kondition: mittel
Einkehr: Café Cabo Aéreo (Tel. 291575209), Restaurant des Complexo Balnear Calhau (nur im Sommer, Tel. 291576008, www.facebook.com/calhaudesaojorge)
Anfahrt/Abfahrt: Horários do Funchal Busse Nr. 103 und 138 von Funchal über Santana (werktags 6 mal, Sa/So 2–3 mal, einfach 4,70 Euro)
Ausrüstung: Wanderschuhe, Sonnenschutz, Badesachen

Wegbeschreibung

Alternativer Einstieg: Vom Parkplatz der Quinta do Furão nimmt man die Estrada da Achada do Gramacho für 700 m nach Westen und zweigt dann nach links und bergab in den Caminho Real ab. Nach 5 Min. wird der betonierte Fahrweg zwischen zwei Häusern zum (guten, wenngleich anfangs etwas

überwucherten) Pflasterweg der sogleich in Serpentinen ins Tal hinunterschwingt. Einen guten schattenlosen (aber auch aussichtsreichen) Kilometer (15–20 Min., ab der Quinta ca. 35–40 Min.) ist es hinunter. Die Nachmittagssonne kann im Hochsommer an dem Westhang recht unerbittlich sein, schön dass es dann unten den Complexo Balnear (Sítio do Barranco, São Jorge, Tel. 291576008, 1 Euro) gibt.

Die Wanderung beginnt am unspektakulären 14 m hohen **Farol de São Jorge (1),** der im Jahr 1959 260 m über dem Meer errichtet wurde. Man geht 50 m die Asphaltstraße herunter und zwischen zwei Häusern durch auf einem kurzen betonierten Weg zu einer langen Betontreppe, die zwischen Weinreben und Feldern in die Senke führt.

Der Infinity Pool auf der Ponta do São Jorge

021wma sk

Tour N3
Höhe in Metern
300
200
100
Farol de São Jorge
Pflasterweg
Küstenweg
Wasserbecken
Küstenweg
Complexo Balnear
Café Cabo Aéreo
Pflasterweg
Farol de São Jorge
0,5
1
1,5
2
2,5
3
3,5
4
4,5
5
Strecke in Kilometern

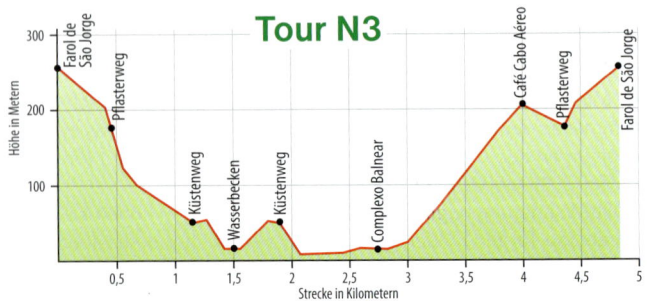

Am Ende der Treppe muss man sich einen Pfad linker Hand suchen (etwa 10 m), dann auf einer Betonrinne zwischen den Weinstöcken herunter, kurz an einer Betonmauer entlang zur Straße und an dieser links bergab. Nach 2 Min. hat man in einer Kehre den **Pflasterweg (2)** erreicht, ein Abschnitt des Caminho Real Nr. 23, der einst rund um die Insel verlief.

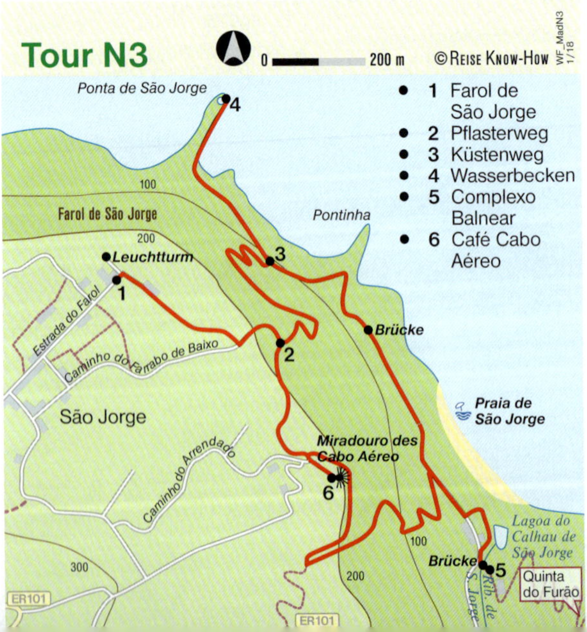
Tour N3
0
200 m
© Reise Know-How
WF_MadN3 1/18
1 Farol de São Jorge
2 Pflasterweg
3 Küstenweg
4 Wasserbecken
5 Complexo Balnear
6 Café Cabo Aéreo
Ponta de São Jorge
Farol de São Jorge
Leuchtturm
Pontinha
Brücke
Estrada do Farol
Caminho do Farrabo de Baixo
São Jorge
Praia de São Jorge
Miradouro des Cabo Aéreo
Caminho do Arrendado
Lagoa do Calhau de São Jorge
Brücke
Quinta do Furão
Rib. de S. Jorge
ER101
100
200
300

Nach 7 Min. wird der Weg kurz etwas schmaler und ein wenig ausgesetzt, nach 2 Min. geht es danach auf gutem Basaltpflaster und in Serpentinen weiter bergab. Kurz darauf ist unten der alte Küstenpfad entlang des Strandes von Calhau sichtbar. Gegenüber am Ende von Calhau steigt der Weg gut sichtbar wieder in Serpentinen hoch Richtung Santana.

Nach 15 Min. zügigem Abwärtssteigen auf dem Pflasterpfad ist man unten am **Küstenweg (3)** angelangt und wendet sich nach links auf die felsige Landzunge der Ponta do São Jorge zu. Nach gut 5 Min. steht man an ihrer Basis. Ein erst hölzerner, dann betonierter Planken- und Plattenweg ist recht und schlecht mit Schrägstützen und Trägern am Fels verankert und in sehr marodem Zustand. Immer wieder stellt die Gemeinde ein Schild auf, das die Nutzung des Stegs wegen Gefahr für Leib und Leben untersagt – und immer wieder wird es entfernt. Angler und Touristen gleichermaßen wollen schließlich zum nördlichsten Punkt der Osthälfte der Insel. Wer also meint, es wagen zu müssen: auf eigene Gefahr! Holzplanken sind durchgebrochen, Steinschläge haben die Betonplatten durchschlagen, der Eisenarmierung tut das Salz in Wasser und Luft nicht gut. Sollte man den etwa 50 m langen, gefährlichen Abschnitt überwunden haben, muss man auf dem aus dem Fels geschlagenen Weg den hölzernen Ausleger überklettern, mit dem die hochgefierten Boote zu Wasser gelassen werden können und gelangt schließlich ans äußerste flache Ende, wo die Angler ihre Ruten in die Brandung peitschen. Und wo es ein wunderschön anzuschauendes natürliches **Wasserbecken (4)** gibt – ein Infinity Pool in Perfektion, 10x10 m und etwa 6 m tief.

Zum Abzweig am **Küstenweg (3)** zurückgegangen hält man sich nun geradeaus und folgt in leichtem Auf und Ab der Küstenlinie, wandert über eine Brücke und gelangt schließlich zu den ersten Häuschen am Anfang der Bucht von Calhau. Nach wenigen Metern geht gegenüber den recht großen Ruinen rechts der Weg ab und hoch zum Miradouro Cabo Aéreo, den man aber zunächst ignoriert. Man geht weiter an der Bananenplantage entlang bis zu einem kurzen Stichweg links, der durch ein richtiges Stadttor auf den Strand hinaus führt. Im Sommer hat auch jenseits der Mündung der Ribeira da São Jorge der **Complexo Balnear (5)** mit Pools und Restaurant geöffnet, den man über die Brücke erreicht. Dahinter geht es auf einem Serpentinenweg hoch Richtung Santana.

Im Norden

Der Königsweg von Calhau, hoch nach Santana im Osten und São Jorge im Westen, spielte in der Siedlungsgeschichte der Nordküste eine bedeutende Rolle. Vor den Westwinden relativ geschützt bot Calhau den Schiffen einen sichereren Ankerplatz als die westlichen Küstenabschnitte und so siedelten in Calhau die ersten Portugiesen bereits 1475 und begannen von hier aus die Hochebenen der Umgebung erst zu bewirtschaften, dann zu besiedeln. Sie legten die Grundlage für die Wege, die heute eine Touristenattraktion darstellen.

027wma sk

Dann heißt es den Anstieg zum Aussichtspunkt in Angriff zu nehmen. Gegenüber den Ruinen beginnt der zügig ansteigende, gepflasterte Serpentinenweg. Er folgt bis fast oben einer Levada, die munter hinunter zur Bucht und zu den Bananenbäumen sprudelt. In einer Kehre und unterhalb einer Felswand verlässt man die Levada, es steigt nochmal gut an und schließlich ist man nach 30 Min. am **Café Cabo Aéreo (6)** angelangt. Und lässt sich an den Steintischen und -bänken für die mitgebrachte Jause oder an den Tischen des Cafés nieder. Am Wochenende kann es voll werden.

Nun nimmt man die Straße Caminho Farrobo de Baixo nach rechts leicht bergab, passiert den Pflasterweg, der hinuntergeführt hat nach Calhau, geht auf die sichtbare Treppe hoch zum Leuchtturm zu und auf ihr zum Ausgangspunkt, dem **Farol de São Jorge (1).**

Farol de São Jorge (1)	0 Min.	260 m
32.834376, 16.905996		
Pflasterweg (2)	15 Min.	180 m
32.833009, 16.902182		
Küstenweg (3)	30 Min.	50 m
32.834619, 16.902632		
Wasserbecken (4)	40 Min.	10 m
32.837378, 16.903614		
Küstenweg (3)	50 Min.	50 m
32.834619, 16.902632		
Complexo Balnear (5)	65 Min.	10 m
32.828759, 16.897461		
Café Cabo Aéreo (6)	100 Min.	200 m
32.830513, 16.900948		
Farol de São Jorge (1)	120 Min.	260 m
32.834376, 16.905996		

Im Norden

Die Nordküste ist steil und sattgrün

Banane

**(musa x paradisiaca l., port. bananeira de prata,
engl. silver banana)**

Ursprünglich in Südostasien beheimatet fand die wohlschmeckende Frucht auf den Handelsschiffen der Portugiesen bald ihren Weg in die ganze Welt. Siedler aus Portugal legten bereits zu Beginn des 16. Jh. in Mittelamerika in großem Stil Plantagen an. Dieser Siegeszug steht in krassem Gegensatz zur Unansehlichkeit des Bananenbaums, der – egal von welcher Seite und in welchem Licht fotografiert – wie ein zerfleddertes Blätterbündel wirkt.

Auf Madeira wurde die Banane erstmals 1552 aktenkundig. Eingeführt wurde sie auf dem Umweg über die Kanaren. Die Bauern auf Madeira hatten aber bald eine eigene Subspezies gezüchtet, die Madeira-Banane – kleiner, geschmacksintensiver und süßer als ihr Vorläufer. Da die Pflanze unter 15 °C das Wachstum einstellt, sind die Bananenfelder in niedrigeren Höhen und in Küstennähe zu finden – und in Calhau direkt am Meer. 2016 ernteten die Bauern 20.000 Tonnen, damit ist die Banane das wichtigste landwirtschaftliche Exportgut der Insel. Und als Beilage zum Degenfisch bildet sie einen der Küchenstandards Madeiras: *peixe espada com banana*.

037wma sk

N4 Rundwanderung Boaventura

| 3–3½ Std. | 7,6 km |
| mittelschwer |
| ▲ 390 m ▼ 390 m |

Hoch über die Nordküste geht es erst durch bebaute Zonen, dann über landwirtschaftliche Nutzflächen und schließlich in die grünen Labyrinthe des ursprünglichen Waldes der Insel, wo die Ingenieure schon vor Jahrhunderten begonnen haben, das Wasser anzuzapfen und in Kanälen zur Versorgung von Feld und Mensch zu den Dörfern zu leiten.

Zwei Levadas lernt man auf der Wanderung kennen, die beide derselbe Fluss – die Ribeira dos Moinhos – speist, und deren Ursprünge gar nicht so weit auseinander liegen, wie man nach Verlauf der Wanderung eigentlich erwartet. Die **Levada da Achada Grande** (auch Levada Nova da Boaventura genannt) misst 5,4 km und bewässert nach einem tiefen Bogen die Felder gleich östlich des Ursprungs, die **Levada de Cima** (auch Levada Grande), der man auf dem zweiten Teil der Wanderung folgt, ist sogar nur 3,8 km lang und versorgt u.a. die Felder oberhalb von Ponta Delgada. Beide Levadas gehen auf das 19. Jh. zurück.

Die Wanderung ist in größeren Abschnitten schattenlos, sodass Sonnenschutz angeraten ist. An der Levada da Cima ist eine Stelle recht ausgesetzt und ungesichert. Hier muss man ein kürzeres Stück auf der 35 cm breiten Levadamauer balancieren (und der überhängende Fels zwingt zu gebeugter Haltung). Diese Stelle ist der einzige Grund für die Schwindel-Klassifizierung „hoch". Der letzte Abschnitt des Weges verläuft entlang der ER101 (auf der sich der Verkehr aber in Grenzen hält).

Vom Dorf in die Wildnis

Start/Ende: Igreja Matriz Boaventura (32.819311, 16.973056)
Gesamtzeit: 3–3½ Std.
Länge: 7,6 km
Anstieg: 390 m
Abstieg: 390 m
Trittsicherheit: leicht
Orientierung: mittel
Schwindel: mittel/hoch
Kondition: leicht

Im Norden

Tour N4

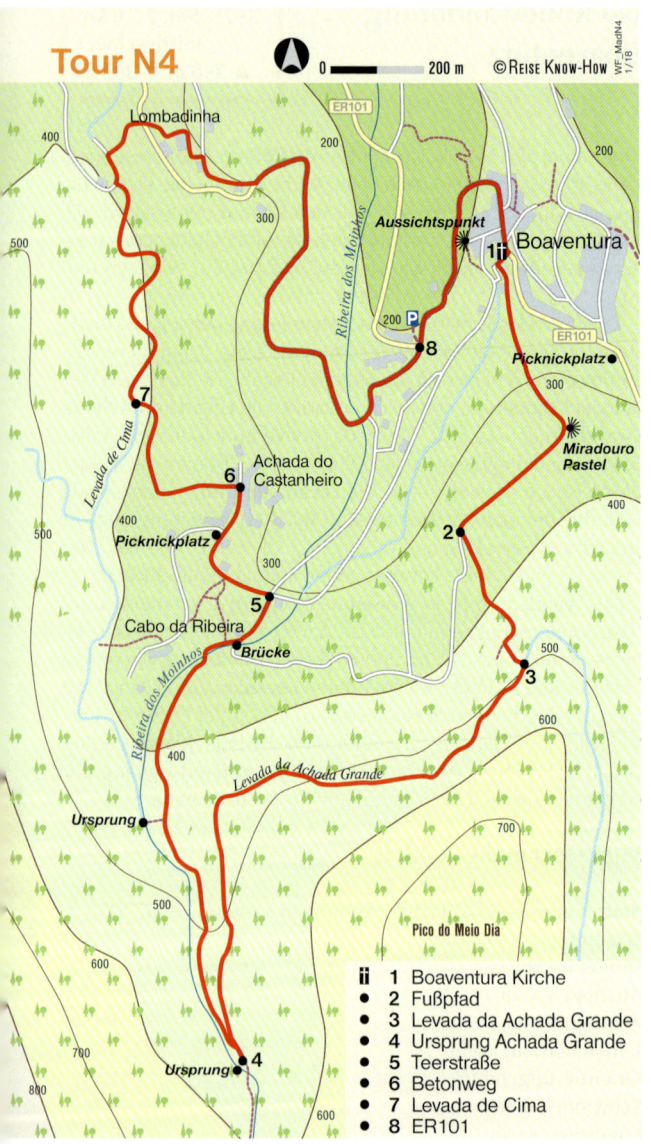

0   200 m

© REISE KNOW-HOW

WF_MadN4
1/18

Lombadinha

ER101

Ribeira dos Moinhos

Aussichtspunkt

1 ii   Boaventura

ER101

P

8

Picknickplatz

Miradouro Pastel

7

Levada de Cima

6

Achada do Castanheiro

Picknickplatz

2

5

Cabo da Ribeira

Brücke

3

Ribeira dos Moinhos

Levada da Achada Grande

Ursprung

Pico do Meio Dia

Ursprung **4**

ii   **1**   Boaventura Kirche
   ● **2**   Fußpfad
   ● **3**   Levada da Achada Grande
   ● **4**   Ursprung Achada Grande
   ● **5**   Teerstraße
   ● **6**   Betonweg
   ● **7**   Levada de Cima
   ● **8**   ER101

Einkehr: Am Weg keine, Tijolo Snackbar in Boaventura (ER101 bei der Kirche, Tel. 291863064)
Anfahrt/Abfahrt: Rodoeste Bus Nr. 6 von São Vicente und von Arco de São Jorge (werktags 10–20 Uhr 6–8 mal, Sa/So stark eingeschränkt, einfach 2,20 Euro)
Ausrüstung: Wanderschuhe, Regenjacke

Wegbeschreibung

Die Wanderung beginnt südlich der **Pfarrkirche (1) von Boaventura**. Direkt von der Durchgangsstraße zweigt ein Treppenweg ab mit dem Schild „Origem da Levada". Nach 2 Min. wendet sich der Weg an einem Brunnen bergab, hier nimmt man die Treppe links weg und steigt zwischen den Häusern hoch. Im oberen Ortsteil geht sie in einen Betonweg über, der durch Weinberge hindurch an einem Aussichtpunkt mit Grillstelle endet (15 Min. ab Start).

Von hier folgt man der Teerstraße nach rechts und Südwest und achtet nach guten 5 Min. auf den **Fußpfad (2)** auf der linken Seite. Er folgt der mehr oder weniger gefassten Levada an einer Trockenmauer entlang, bergan durch Farn und Heidebusch. Wenn die Levada nach 10 Min. auf einen Wald zuführt achte man linkerhand auf eine Natursteintreppe mit einem blauen Pfeil. Ginge man geradeaus, käme man nach 200 m nicht weiter. Man steigt also die Treppe steil und über Felder mit Ziegen hoch und kommt in Wald.

Nach 5 Min. ist man an einem aufgelassenen Levadaarm angelangt, wo ein blauer Pfeil nach rechts zeigt. Nach weiteren 2 Min. verlässt man den Arm wieder nach links und nach weiteren guten 5 Min. hat man die **Levada da Achada Grande (3)** erreicht, der man entgegen der Fließrichtung folgt.

2 Min. später durchschreitet man ein Felstor und wandert danach auf breitem, gutem und wenig ausgesetzten Weg weiter. 8 Min. nach dem Felstor läuft nach guten Regenfällen die Levada immer mal wieder über und wasserfeste Schuhe sind dann von Vorteil, 2 Min. danach kommt eine relativ ausgesetzte Stelle. Nach 5 Min. geht es an einer Levadaableitung vorbei, der Wald lichtet sich kurz und die Küste ist zu sehen. Jetzt kündigt sich der Ursprung auch schon mit Rauschen an. Nach weiteren 3 Min. steht man am **Ursprung der Levada da Achada Grande (4)**. Aus zwei Quellen gespeist sammelt sich das Wasser in einem

Tour N4

600
500
400
300
Höhe in Metern
Boaventura Kirche
Fußpfad
Levada da Achada Grande
Ursprung Achada Grande
Teerstraße
Betonweg
Levada de Cima
ER101
Boaventura Kirche
1
2
3
4
5
6
7
8
Strecke in Kilometern

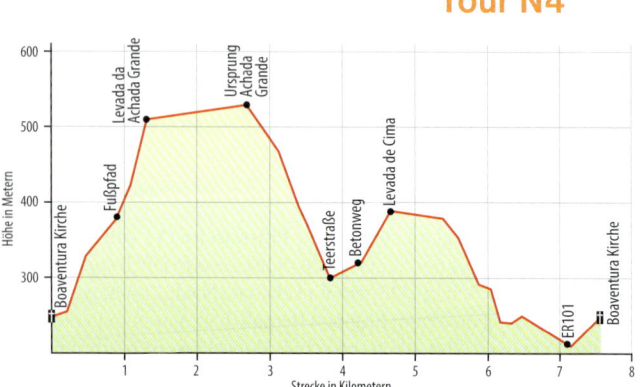

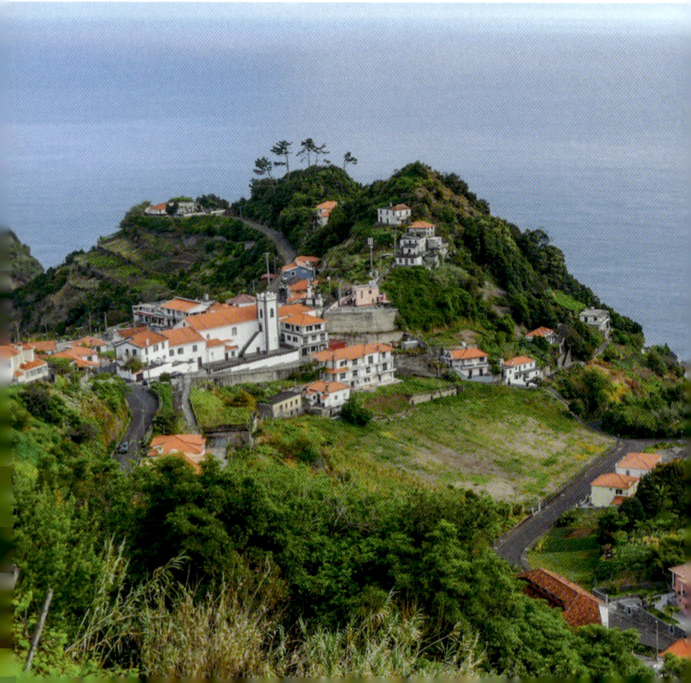

Betonbecken und was nicht in den Kanal gelangt, läuft in ein natürliches Becken und als Bach ins Tal. Moos bedeckt im grünen Halbdunkel die Baumstämme, Farnwedel fächern sich auf, das Wasser gurgelt und rauscht – ein romantischer Ort!

Man kehrt nun um und verlässt die Levada nach 2 Min. auf dem Forstweg nach links unten zum Bachbett, gelangt auf Felsen balancierend durch einen Seitenarm und steigt parallel zur Ribeira dos Moinhos weiter bergab. Gleich darauf muss man den Seitenarm ein zweites Mal überspringen (was nach starkem Regen schwierig sein kann – dann heißt es umkehren). Nun geht es auf gutem Pfad, der alsbald auch noch gepflastert ist, schat-

Blick zurück auf Boaventura

033wma sk

tenlos bergab. Trockensteinmauern zeigen, dass diese Zone einst landwirtschaftlich genutzt wurde (was aber wohl zu mühselig wurde). Bald kommen Ställe, dann Häuschen und schließlich überspannt eine Brücke die Ribeira dos Moinhos und man gelangt an eine **Teerstraße (5).** Hier ginge es rechts weg direkt hinunter nach Boaventura (20 Min.).

Um zur Levada de Cima zu gelangen nimmt man nun den linken Weg (Sackgasse) und geht leicht bergan durch den Ortsteil Roçada, ignoriert an einer Bushaltestelle mit Picknicktisch und Brunnen die Seitenstraße und achte kurz vor Ende der Straße linkerhand auf einen weiteren Brunnen und einen schmalen **Betonweg (6)** zwischen zwei Häusern hindurch, den man nimmt. Entlang eines Bewässerungskanals steigt man zwischen Weinbergen und Feldern leicht bergan.

Nach 5 Min. gabelt sich der Weg an einer Trockenmauer, geradeaus steht ein Haus mit Blechvorbau, rechts ist ein rotes Dach mit verputztem Kamin zu sehen. Auf Letzteres geht man nun sich rechts haltend und der Trockenmauer folgend leicht bis mäßig bergan zu und passiert es auf der linken Seite. Es folgt eine Treppe, an der oben eine Seilsicherung angebracht wurde, und knapp 10 Min. nach der Gabelung ist die **Levada de Cima (7)** erreicht.

040wma sk

Man folgt ihr in Fließrichtung auf relativ gutem und breitem Steig. Nur wenige Bäume (Eukalyptus, Lorbeer) spenden Schatten, die Levada ist teilweise ungefasst und sprudelt als Bächlein zwischen Hang und Weg. Gut 10 Min. an der Levada entlang gegangen beginnt die einzige wirklich unangenehm ausgesetzte Stelle. 35 cm ist die Mauer breit, auf der man am Abhang entlang balancieren muss; und der überhängende Fels engt die Sache auch noch „psychologisch" ein. 5 Min. später passiert man ein Haus an der Unterseite, gelangt über eine kurze Treppe hoch zur Asphaltstraße, geht diese 100 m bergab, vor einer Parkfläche rechts die Treppe runter, quert die Fahrstraße und nimmt schräg gegenüber den Treppenweg durch den Weiler Lombadinha (rechts halten und dem Geländer folgen). An der nächsten Fahrstraße nach rechts gegangen kommt man hinunter ins Tal und zur **ER101 (8),** der man nach rechts und bergan folgt und auf ihr zum Ausgangspunkt **Kirche (1)** zurückkehrt.

Boaventura Kirche (1)	0 Min.	250 m
32.819311, 16.973056		
Fußpfad (2)	20 Min.	380 m
32.813910, 16.974102		
Levada da Achada Grande (3)	40 Min.	510 m
32.811602, 16.972627		
Ursprung Achada Grande (4)	65 Min.	530 m
32.804031, 16.979553		
Teerstraße (5)	105 Min.	300 m
32.812759, 16.978587		
Betonweg (6)	115 Min.	320 m
32.814744, 16.979429		
Levada de Cima (7)	130 Min.	380 m
32.816412, 16.981414		
ER101 (8)	170 Min.	220 m
32.817530, 16.975148		
Boaventura Kirche (1)	180 Min.	250 m
32.819311, 16.973056		

Im Norden

Künstlicher Felsbogen an der Levada de Cima

Watsonie

(watsonia ardernei stearn, port. hastes de são josé, engl. bugle lily)

Die weißen und roten (teils auch blauen) Blüten des ursprünglich aus Südafrika stammenden (und der Fynbos-Vegetation zugehörigen) bis zu 1,50 m hohen Schwertliliengewächses mit den charakteristischen lanzettartigen Blättern sind an sonnigen Standorten zwischen Juni und August häufiger zu sehen. Es kam im 18. Jh. wohl direkt vom Kap auf die Insel und ist sowohl kultiviert als auch wild vorkommend. Die trompetenförmigen Blüten bilden Ähren und sind in ihrer intensiven rötlichen Farbgebung sehr dekorativ.

038wma sk

N5 São Jorge (Levada do Rei/ Ribeiro Bonito)

2½–3 Std. | 9,8 km
leicht
▲ 50 m ▼ 50 m

Die Wanderung entlang der Königslevada (und auf demselben Weg zurück) ist der perfekte **Nachmittagsspaziergang** – auf gutem Pfad mit viel Schatten und doch mit der einen oder anderen Aufregung wie einen den Weg nässenden Wasserfall. Am Ursprung der Levada wartet ein herrlich idyllischer Rastplatz, tiefgrün, schattig, vermoost und mit smaragdfarbenem, klarem Wasser.

1,3 km oberhalb des Weilers Ribeira Funda zwischen Arco de São Jorge und São Jorge (Haltestelle an der Bar Felpa an der ER101, 20 Gehminuten auf der Estrada Achada da Felpa) befinden sich nahe dem Parkplatz am Beginn der Wanderung die Tankanlagen, die die von der Levada hierher geleiteten Wasser des Ribeiro Bonito, des Flusses der Schönheit, zwischenspeichern, bevor sie in drei Endästen zu den Feldern fließen (ein Teil wird auch in die Trinkwasserversorgung eingespeist). 1910 hatte man die Levada geplant (fertig wurde sie allerdings erst 1926). Da das Planungsjahr aber in das letzte Jahr der Monarchie fiel (Manuel II. hatte 1910 abgedankt), gab man ihr – zu Ehren des letzten Regenten – den Namen „Levada des Königs".

Am schönen Fluss

Start/Ende: Ribeira Funda Parkplatz (32.816940, 16.924651)
Gesamtzeit: 2½–3 Std.
Länge: 9,8 km
Anstieg: 50 m
Abstieg: 50 m
Trittsicherheit: leicht
Orientierung: leicht
Schwindel: mittel
Kondition: leicht
Einkehr: Am Weg keine, Felpas Bar in Ribeira Funda (ER101, Tel. 291576092)
Anfahrt/Abfahrt: Horários do Funchal Busse Nr. 103 und 138 von Funchal (tgl. 2–4 mal, einfach 5,35 Euro)
Ausrüstung: Wanderschuhe, Regenjacke

Im Norden

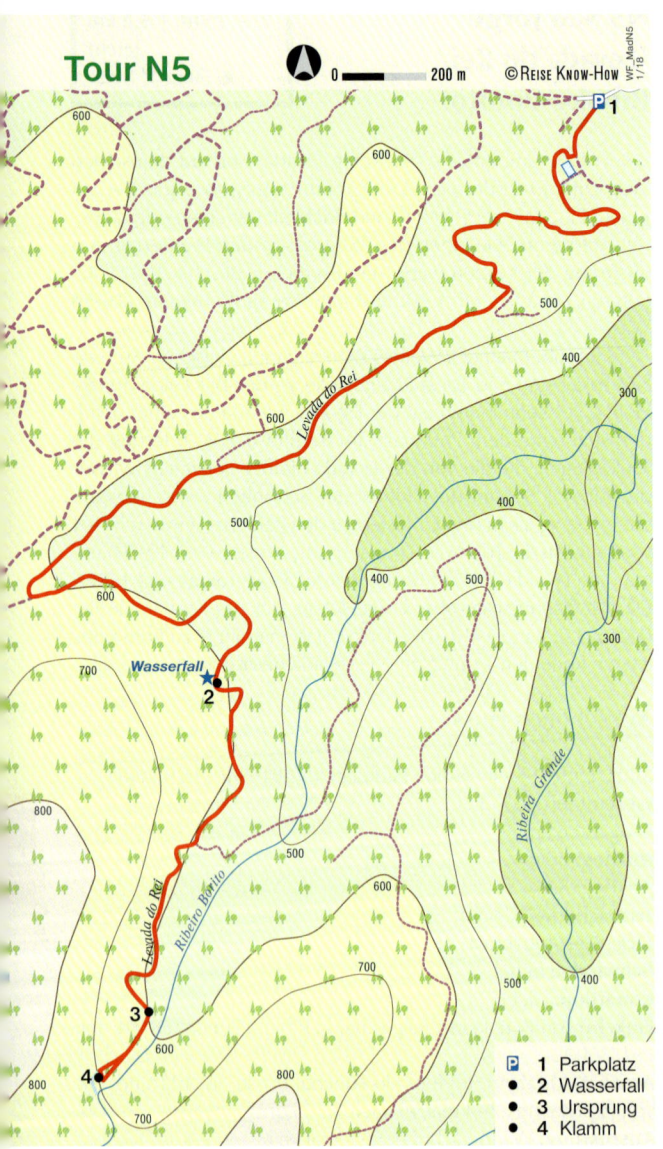

Tour N5

© Reise Know-How
WF_MadN5
1/18

Legada do Rei

Wasserfall

Ribeira Grande

Levada do Rei

Ribeiro Bonito

🅿 **1** Parkplatz
● **2** Wasserfall
● **3** Ursprung
● **4** Klamm

Wegbeschreibung

Vom Hinweisschild am **Parkplatz (1)** nimmt man den breiten Forstweg und gelangt nach 2 Min. zum Wasserwerk von São Jorge mit Tanks, Pumpen und Becken. Die lange Treppe zwischen Tank und Becken neben dem im Kanal herabsprudelnden Wasser führt hoch zur Levada, der man entgegen der Fließrichtung nach links folgt.

Der Weg führt durch Eukalyptuswald, der Pfad ist gut und wenn es ein wenig ausgesetzt ist, kann man meist auf die andere Levadaseite treten. Nach etwa 25 Min. lässt sich ein Blick auf die Küste erhaschen. Jetzt wird es etwas ausgesetzter, doch immer wenn der Pfad schmal wird und am Abhang oder unter einem Felsüberhang entlang führt sind bestens unterhaltene Drahtseilsicherungen vorhanden. Nach weiteren 15 Min. passiert man eine kleine Ribeira, die ebenfalls die Levada speist. Hier herrscht nun der ursprüngliche Urwald vor mit Farnen und Lorbeer. 2,4 km sind es noch zur *madre,* der Levada-„Mutter".

Auf breitem Forstweg geht es weiter und 5 Min. später fließt die Levada einmal kurz in einem Tunnel, da über sie hinweg ein Bach ins Tal sprudelt. Nach weiteren 5 Min. an einem Talschluss geht es auf Trittsteinen über einen Zufluss, danach ist der Weg wieder schmaler und entführt nach 4 Min. in die Unterwelt – ein 8 m langer Tunnel, für den man keine Taschenlampe benötigt. Dahinter folgen mehrere ausgesetzte, aber gut gesicherte Passagen, bei denen man vom schmalen Weg tief ins Tal schauen kann. Gut 10 Min. nach dem Tunnel hört man es rauschen und um eine Ecke gebogen sieht man den hohen **Wasserfall (2),** dessen Wasser punktgenau den Weg erwischt: Regenjacke oder Erfrischung. Auf alle Fälle huschen die meisten durch den Tropfenvorhang, was recht gut gelingt, da die Levada hier mit Betonstreifen abgedeckt ist (die allerdings auch rutschig sein können).

10 Min. hinter dem Wasserfall ist der **Ursprung (3)** der Levada do Rei erreicht. Moosbewachsene Betonmauern leiten das Wasser in den Kanal, was dort nicht mehr Platz findet fließt als Ribeiro Bonito weiter ins Tal und in die Grande Ribeira, die bei São Jorge ins Meer mündet. Hier ist ein perfekter Picknickplatz – am leise glucksenden, klaren Wasser, das grünbewachsene Steine bedeckt und wie ein Spiegel die Farne und Blätter reflektiert.

Ein schmaler, verwurzelter Pfad führt noch 100 m weiter in die Schlucht hinein und zur **Klamm (4)** des Ribeiro Bonito – wenn

es sehr voll ist am Ursprung, ruhiger, und die bessere Wahl für eine Rast.

Nach der Pause und der entsprechenden Bewunderung für diesen stillen, naturbelassen Platz kehrt man auf demselben Weg zurück zum **Parkplatz (1).**

Zugabe: Die **wasserbetriebene Sägemühle** erreicht man auf dem Runterweg zur ER101, wenn man sich bei erster Gelegenheit rechts hält und den Caminho da Corrida bergab Richtung São Jorge nimmt. Kurz vor der ER101 steht links die letzte noch funktionsfähige *serragem a água* nicht nur Madeiras, sondern auch der ganzen Iberischen Halbinsel. 1890 errichtet, klackert es wie eh und je wenn das eiserne Gestänge das Sägeblatt in Bewegung setzt. Liebevoll und mit viel Elan gemacht und vorgeführt sollte eine Spende drin sein (Mo–Sa 10–18, So bis 17 Uhr). Eine weitere Mühle, für Getreide und 300 Jahre alt, ist nicht weit entfernt und vielleicht auch bald zugänglich (fragen!).

Parkplatz (1)	0 Min.	540 m
32.816940, 16.924651		
Wasserfall (2)	65 Min.	580 m
32.804694, 16.934953		
Ursprung (3)	75 Min.	585 m
32.797764, 16.936417		
Klamm (4)	80 Min.	590 m
32.796258, 16.937689		
Parkplatz (1)	150 Min.	540 m
32.816940, 16.924651		

Im Norden

Eine Regenjacke kann hilfreich sein

Schildfarn

(polystichum falcinellum, port. feto áspero, engl. shield-fern)

Die anmutig und leicht in alle Richtungen ragenden Wedel sind auf Madeira fast überall dort zu finden, wo es feucht und schattig ist – im Laurisilva. Diese spezielle Schildfarnart kommt zusammen mit dem (wesentlich selteneren) *polystichum drepanum* aber nur auf der Insel vor (ansonsten ist die Gattung der Schildfarne auf der ganzen Welt zuhause, von polaren Gegenden bis zu den Tropen). Besonders gut gedeiht der Schildfarn mit seinen bis zu 70 cm langen Wedeln in den Urwäldern Madeiras der Nordseite in einer Höhe ab etwa 600 m (und wächst auch noch in Höhen von 1800 m).

038wma sk

N6 Faial – Penha de Águia – Faial

| 3½–4 Std. | 5,4 km schwer ▲ 430 m ▼ 430 m |

Wie ein Block liegt der bewaldete 590 m hohe **Adlerfelsen** zwischen Faial und Porto da Cruz direkt an der Küste und seine Flanken sind in jeder Hinsicht steil – an allen Seiten fast senkrecht abfallend. Zum Meer hin ist von Faial aus die jüngste Fajã Madeiras zu sehen, einer der landschaffenden Felsabbrüche. Der flache Landstreifen entstand erst im Februar 1992 durch einen Bergrutsch. Blickt man vom Strand in die andere Richtung sind im Fels die wohlgeordneten Strukturen oktagonaler Basaltsäulen zu entdecken – Madeira ist ja vulkanischen Ursprungs und das wird hier deutlich.

Es „lockt" ein schmaler und ruppiger Steig, steil und ausgesetzt, durch im Frühjahr den Weg überwuchernde und bei Nässe die Kleidung netzende Pflanzen, mehr oder weniger schattenlos im Aufstieg, während der Abstiegsweg von Busch und Bäumen vor Sonne geschützt ist. Die Aussicht ist selbstredend fantastisch (aber von den diversen Miradouros immer nur in eine (oder zwei) Richtung(en): Auf Faial, auf Porto da Cruz, übers Meer und ins Landesinnere.

Auf dem Rückweg entlang des Tales der Ribeira do Faial begleitet man die **Levada da Penha de Águia ocidente,** die ihren Ursprung bei São Roque do Faial hat und oberhalb von Lombo de Baixo endet.

Kurz und knackig

Start/Ende: Faial/Penha de Águia de Baixo (32.787117, 16.847373)
Gesamtzeit: 3½–4 Std.
Länge: 5,4 km
Anstieg: 430 m
Abstieg: 430 m
Trittsicherheit: hoch
Orientierung: hoch
Schwindel: hoch
Kondition: mittel
Einkehr: Am Weg keine, Bars in Faial

Im Norden

Anfahrt/Abfahrt: Sam Busse Nr. 53 und 208 von Funchal bzw. Machico (werktags 9–17 Uhr etwa ein- bis zweistündlich, einfach 4 Euro)
Ausrüstung: Bergschuhe, Sonnenschutz
Anschluss: Tour O2 Machico – Porto da Cruz

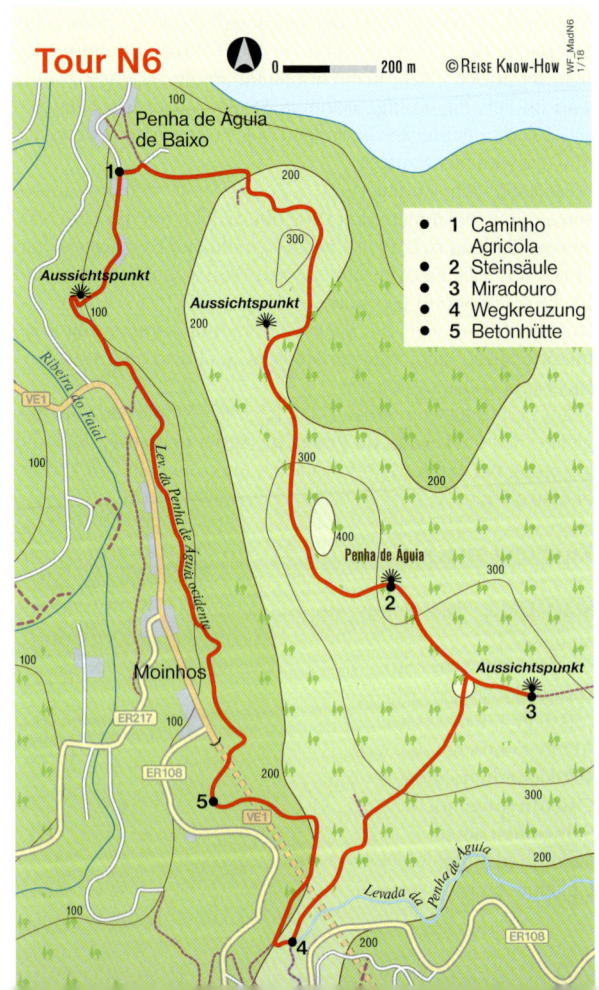

Tour N6

0 — 200 m   © Reise Know-How

- **1** Caminho Agricola
- **2** Steinsäule
- **3** Miradouro
- **4** Wegkreuzung
- **5** Betonhütte

Penha de Águia de Baixo

Aussichtspunkt

Aussichtspunkt

Penha de Águia

Aussichtspunkt

Moinhos

Levada da Penha de Águia

Wegbeschreibung

100 m südlich des Restaurants „Galé" in Penha de Águia de Baixo (von Faial Richtung Porto da Cruz und hinter der Brücke über die Ribeira do Faial links und bergan abbiegen) beginnt die Wanderung am **Caminho Agricola (1),** ein steiles Betonsträßlein. Nach 100 m, noch bevor es flach ausläuft, geht es auf einer Betontreppe weiter, die zum Naturweg wird, der einen Wassertank oberhalb passiert. Steil und bei Nässe rutschig, ausgesetzt, ungesichert, holprig und schmal geht es nun bergan. Man achte darauf sich immer eher links zu halten – früh im Jahr kann der Weg noch überwuchert und schlecht erkennbar sein. Teils ist er als ungleichmäßige Stufen ausgebildet, mal hoch, mal niedriger, mal schief, durch Farne und Brombeerbüsche.

Nach etwa 30 Min. kommt ein flacherer Abschnitt, dann wird es wieder steiler und man wandert auf einer Art Grat weiter bergan. Anfangs begleiten noch Farne und locker stehende Kiefern den Weg, dann gelangt man in Wald und es wird wieder flacher. Nach einer guten Stunde erlaubt ein Aussichtspunkt den Blick auf Faial und die Weiler und Gehöfte im Landesinneren, die sich die Hänge hochstaffeln. Dahinter ist es erneut steiler und unter Eukalyptus und Akazien, zwischen Farnen und Heidebusch geht es nun auf den Gipfel zu. Etwa 90 Min. nach Start steht man an der geweißelten **Steinsäule (2)** des Penha de Águia und genießt die Aussicht Richtung Westen.

5 Min. sind es nun geradeaus weiter und leicht bergab bis zu einer Stelle, wo verdrehte Drahtstangen quer über den Weg laufen. Hier hält man sich links und weiter leicht bergab auf schmalem, rutschigem Pfad – bis zu einem 3 m hohen schrägen Felsabschnitt, den man hochklettert. Oben am **Miradouro (3)** blickt man quasi senkrecht herunter auf Porto da Cruz.

Nun kehrt man zu den Drahtstangen zurück und nimmt den Weg nach links steil bergab auf. Verwurzelt, mit Felsen durchsetzt, im Waldschatten und meist feucht, sollte man auf seinen Tritt achten. In 30 Min. baut man direkt und steil, teils aber auch auf Serpentinen unter dem Eukalyptus (dessen Samen wirken teilweise wie Murmeln und sorgen so für unsicheren Tritt), den Großteil der Höhe ab. Dann wird es flacher und der Weg zieht sich für 5 Min. nach hinten auf einen Grat, an dessen Ende es wieder etwas steiler abwärts geht. Erste Häuser sind nun zu sehen. Nach weiteren 5 Min. steht man an einer **Wegkreuzung**

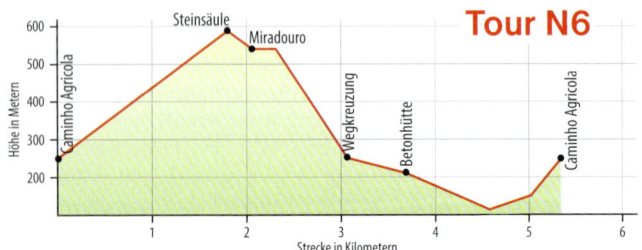

Tour N6

(4). Man nehme den rechten, etwas überwucherten Pfad und gelangt nach 2 Min. an die Levada. 5 m geht man an ihr entlang nach links und folgt dann der zweiten Levada gleich unterhalb nach rechts.

Nun ist es eine gemächliche Wanderung entlang des Kanals auf schmalem Pfad, meist aber auf der schmalen Levadabegren-

042wma sk

zung. Nach 25 Min. verlässt man die Levada an einer **Beton-hütte (5)** mit Blechdach nach unten, passiert nach 2 Min. eine Brunnenfassung wo ein kurzer aber sehr steiler Waldweg bergab beginnt.

Unten trifft man wieder auf die Levada, die man aber schon nach 15 m erneut umgehen muss (kurz hochklettern!). An Wein-reben und Feigenbäumen vorbei wird der Weg nun zunehmend besser bzw. man muss nicht mehr so häufig auf dem Leva-damäuerchen balancieren. 20 Min. nach der Betonhütte passiert man einen 2 m hohen Wasserfall der Levada. Nun ist der Kanal immer wieder durch Bergrutsche verschüttet, die Levada seit Langem ohne Funktion. Gut 5 Min. nach dem Wasserfall geht es an der gewaltigen Felswand des Adlerfelsens in Serpentinen kurz hinunter ins Geröllfeld und auf ihm hinüber zur Felswand zum schwach sichtbaren Pfad. Die Levada verlassend steigt man leicht bergan zu einer Treppe, auf dieser hinauf und an den Häu-sern wieder auf Stufen kurz bergab zum Ende der Fahrstraße, auf der man in zwei Minuten den Ausgangspunkt **Caminho Agrico-la (1)** erreicht.

Anschluss Porto da Cruz: Um nach Porto da Cruz zu gelan-gen wählt man bei der Wegkreuzung (4) den Weg geradeaus, gelangt auf die Estrada da Cruz/ER108 und folgt ihr nach links bis hinunter ans Meer (2 km, 35 Min.).

Caminho Agricola (1) 32.787117, 16.847373	0 Min.	150 m
Steinsäule (2) 32.779382, 16.841177	80 Min.	590 m
Miradouro (3) 32.777195, 16.837969	90 Min.	540 m
Wegkreuzung (4) 32.772837, 16.843591	135 Min.	260 m
Betonhütte (5) 32.775323, 16.845335	160 Min.	210 m
Caminho Agricola (1) 32.787117, 16.847373	210 Min.	150 m

Im Norden

Das Zentrum von Faial

044wma.sk

Brombeere

**(rubus grandifolius lowe, port. silvado,
engl. giant bramble)**

„Beere des Dornstrauchs" (so die deutsche Wortherkunft) ist ein nur allzu treffender Name für die Pflanze aus der Familie der Rosengewächse. Wohlschmeckend sind die Früchte ja und eine willkommene Erfrischung am Wegessrand – doch einige Textilien sind den spitzen, leicht gekrümmten Dornen schon zum Opfer gefallen. Sie verbeißen sich in Stoff und Haut derjenigen, die versuchen querfeldein zu gehen. Und wo das Unterholz dicht und grün ist, ist mit Sicherheit auch die Brombeere vertreten. Von Juni bis September strahlen ihre großen weißen Blüten. Strenggenommen sind die Früchte keine Beeren, sondern setzen sich aus vielen winzigen Steinfrüchten zusammen. Nur ist deren Kern so klein, dass er beim Genuss nicht stört (wohl aber spürbar ist). Die Madeira-Brombeere ist auf der Insel (und den Kanaren) endemisch und schlicht Unkraut, das sich in der freien Natur selbst überlassen ist. Der portugiesische Name bedeutet übrigens „Reisig".

Unterhalb des Penha de Águia treffen sich die Wellensurfer

126wma.sk

Anhang

Kleine Sprachhilfe Portugiesisch

Zahlen

null	zero
eins	um, uma
zwei	dois, duas
drei	três
vier	quatro
fünf	cinco
sechs	seis
sieben	sete
acht	oito
neun	nove
zehn	dez
elf	onze
zwölf	doze
dreizehn	treze
vierzehn	catorze
fünfzehn	quinze
sechzehn	dezasseis
siebzehn	dezassete
achtzehn	dezoite
neunzehn	dezanove
zwanzig	vinte
einundzwanzig	vinte e um(a)
zweiundzwanzig	vinte e dois, -duas
dreiundzwanzig	vinte e três
dreißig	trinta
vierzig	quarenta
fünfzig	cuinquenta
sechzig	sessenta
siebzig	setenta
achtzig	oitenta
neunzig	noventa
hundert	cem
zweihundert	duzentos, -as
dreihundert	trezentos, -as

Kapitelstartseite:
Weiter Blick auf Tour N6, Faial – Penha de Águia – Faial

vierhundert	quatrocentos, -as
fünfhundert	quinhentos, -as
sechshundert	seiscentos, -as
tausend	mil

Wichtige Begriffe und Redewendungen

ja sim	
nein	não
Guten Morgen	Bom dia
Guten Tag	Boa tarde
Guten Abend	Boa noite
Gute Nacht	Boa noite
Hallo	Olá
Tschüss	Ciao
Wie geht's?	Como está?
Auf Wiedersehen!	Adeus!
Gute Reise!	Boa viagem!
Bitteschön	De nada (als Dank)
Bitte ...	Faz favor, ... (um eine Gefälligkeit)
Danke	Obrigado
Entschuldigung!	Desculpe!
Schon gut!	Não importa!
rechts	á direita
links	á esquerda
geradeaus	sempre a direito
hier	aqui
dort	lá
wo	onde
wann	quando
heute	hoje
morgen	amanhã

Wichtige Sätze

Sprechen Sie Englisch?	Fala inglès?
Ein wenig.	Um pouco.
Ich verstehe nicht.	Não comprendo nada.
Die Rechnung bitte!	Faz favor, a conta!
Wie komme ich nach ...?	Para ..., se faz favor.
Wie weit?	Que distância?
Ich weiß nicht.	Não sei.
Helfen Sie mir bitte!	Ajude-me faz favor!

Anhang

Was kostet ...?	Quanto custa ...?
Gibt es ...?	Há ...?
Ich brauche ...	Preciso de ...
Ich hätte gern ...	Queria ...
Ich möchte telefonieren.	Quero telefonar.

Rund ums Essen

portugiesisch	deutsch	englisch
almoço	Mittagessen	lunch
carta	Speisekarte	menu
colher	Löffel	spoon
copo	Glas	glas
faca	Messer	knife
garfo	Gabel	fork
guardanapo	Serviette	napkin
jantar	Abendessen	dinner
pequeno almoço	Frühstück	breakfast
prato	Teller	plate

Fisch und Meerestiere

abrotia	Rotbarsch	redfish
amêijoas	Miesmuscheln	mussels
atúm	Thunfisch	tuna
bacalhau	Stockfisch	dried cod
bodião	Meeräsche	mullet
camarões	Garnelen, Krabben	shrimps
caramujos	Seeschnecken	seasnail
castan hetas	Kleine Fische	small roasted fish
choco	Tintenfisch	cuttlefish
espada	Degenfisch	ribbonfish
espadarte	Schwertfisch	swordfish
lapas	Napfmuscheln	limpet
lulas	Tintenfisch	squid
mariscos	Meeresfrüchte	seafood
pargo	Brasse	brace
peixe	Fisch	fish
salmonete	Meerbarbe	barbel
sardinhas	Sardinen	sardines
truta	Forelle	trout

Fleisch und Geflügel

aves	Geflügel	poultry
bife	Steak	steak
cabrito	Zicklein	kid
carne	Fleisch	meat
coelho	Kaninchen	rabbit
corço	Lamm	lamb
espetada	Rindfleischspieß	spit-roasted beef
febra	Schweineschnitzel	escalope of pork
frango	Huhn	chicken
javali	Wildschwein	wild boar
lebre	Hase	hare
leitão	Spanferkel	porkling
pata	Ente	duck
porco	Schwein	pork
vaca	Rind	beef
vitela	Kalb	veal

Beilagen

arroz	Reis	rice
batatas	Kartoffeln	potatoes
batatas fritas	Pommes Frites	french fries
couve	Kohl	cabbage
ervilhas	Erbsen	peas
espargos	Spargel	asparagus
legumes	Gemüse	vegetable
massa	Nudeln	noodles
pão	Brot	bread
salada	Salat	salad

Zubereitung

assado	gebraten	fried
cozido	gekocht	boiled
fresco	frisch, kühl	fresh
frito	frittiert	deep-fried
grelhado	gegrillt	grilled
no forno	im Ofen gebacken	oven baked
quente	heiß	hot
recheado	gefüllt	filled

Anhang

Desserts

bolo do mel	Honigkuchen	honey pie
fruta	Obst	fruit
gelado	Eis	icecream
pudim	Pudding	pudding
sombresa	Nachspeise	dessert
tarta de amêndoa	Mandelkuchen	almond cake

Sonstiges

alho	Knoblauch	garlic
azeite	Olivenöl	olive oil
azeitonas	Oliven	olives
cebola	Zwiebel	onion
manteiga	Butter	butter
óleo	Öl	oil
pimenta	Pfeffer	pepper
pimento	Paprika	red pepper
queijo	Käse	cheese
sal	Salz	salt
sanduiche	Sandwich	sandwich
sopa	Suppe	soup
vinagre	Essig	vinegar

Getränke

água mineral	Mineralwasser	mineral water
com	mit	with
(sem)	(ohne)	(without)
gás	Kohlensäure	gas
aguardente	Schnaps	spirit
café	Kaffee	coffee
cerveja	Bier	beer
chá	Tee	tea
com açúcar	mit Zucker	with sugar
com limão	mit Zitrone	with lemon
leite	Milch	milk
licor	Likör	liqueur
sumo	Saft	juice
vinho	Wein	wine
verde	grün, jung	green
branco	weiß	white
tinto	rot	red

Buchtipp

Ein sehr praxisorientierter Sprachführer ist im REISE KNOW-How Verlag in der Kauderwelsch-Reihe erschienen: **„Portugiesisch – Wort für Wort"** (Band 11). Dazu ist ein begleitender **AusspracheTrainer** auf Audio-CD oder als mp3-Download erhältlich.

REISETAGEBUCH –
Notizen von unterwegs

Dieses **Reisetagebuch** hat 133 Seiten zur freien Gestaltung. Es gibt noch eine Packliste, eine Budgetliste und Adress-Seiten zum Ausfüllen. Und natürlich viel Nützliches für unterwegs. Es ist liebevoll illustriert mit alten Stichen von Tieren, Pflanzen und Fortbewegungsmitteln aus aller Welt, aufgelockert mit Gedanken und Zitaten zum Thema Reisen.

Es ist ein zuverlässiger und verschwiegener **Gefährte auf Reisen**. Egal ob Wochenendausflug oder Langzeitreise, ob in den Bergen, am Strand oder in der Stadt. Ein Journal für Fernweh und Wanderlust, Wichtiges und Unwichtiges, Schönes und Schwieriges …

- Weltkarte
- Kontinente und Zeitzonen
- Immerwährender Kalender
- Reiseverzeichnis
- Sprachhilfe ohne Worte

160 Seiten
ISBN 978-3-8317-3020-9
€ 12 [D]

Ortsregister

Kartenverzeichnis

Übersichtskarten

Wanderkarten

Anhang

Die Autoren

Daniela Schetar, Ethnologin, und **Friedrich Köthe,** Soziologe, leben als freischaffende Reisejournalisten in München. Ihre Recherchereisen führen sie immer wieder nach Portugal aufs Festland und zum Madeira-Archipel. Im REISE KNOW-HOW Verlag sind unter anderem von ihnen erschienen: „Portugal kompakt", „Madeira" und „InselTrip Madeira".

400wma sk